F.A.W.

Men of Mettle
JOHN F. SHAW & Co LONDON

THE NEW
FOOTBALL GAME OF
KICK
THE ONLY FOOTBALL GAME WITH MECHANICAL KICKING FIGURES.
NO SPRINGS OR INTRICATE PARTS TO GET OUT OF ORDER.
AS SOON AS THE FIGURE TOUCHES THE TABLE IT KICKS.

1887-9

SHEFFIELD WEDNESDAY
ENGLISH CUP WINNERS APRIL 18TH 1896

ARGENTINA
MasterCard
McDonald's
Gillette
TOSHIBA

Ein WAS IST WAS Buch

Fußballbuch

Von Christoph Bausenwein

Illustriert von Uli Knauer

TESSLOFF

Die Schreibweise entspricht den Regeln der neuen Rechtschreibung.

Dieses Buch ist auf chlorfrei gebleichtem Papier gedruckt.

Bildquellennachweis:

Fotos: Action Press, Hamburg: S. 47mr,, 96ol; Adidas, Herzogenaurach: S. 1mr, 3u, 30/31m, 33ul (2), 102o, 112/113o, 112ul; Archiv des Autors: S. 6or, 6ul, 21, 22, 23, 25ur (2), 34, 45r, 48ol, 49or, 52l, 53o, 62o, 63 (2), 65o, 67l, 90ol, 91or, 91ur, 95o, 98o; Archiv Tessloff: S. 110ul (Hintergr.); Associated Press, Frankfurt: S. 11mr; Bongarts, Hamburg: S. 41o, 66or, 69u, 71u, 83u (2), 95ul; BPK, Berlin: S. 20 (2); FIFA: S. 102ml, 103o; Getty Images, München: S. 9ul, 11ml, 37, 57or; Imago, Berlin: S. 0/1, 26mr, 40mr, 58l, 59m, 67u, 68o, 69ml, 76u, , 88or, 88ur, 89ol, 96u, 97o (2), 98u, 99o (2), 99ul, 100o (Fans), 100ur (Schweinsteiger), 104ul (2), 104u,110m (Zidane); Herbert Liedel: S. 30ur, 32ml, 33or, 35or, 38ur, 42or, 44, 46mr, 49ul, 50ul, , 54ol, 59or, 67mr, 70l; Horst Müller, Düsseldorf: S. 33ur, 35ol, 42ol, 43mr, 48ur, 49ur, 51ol, 56ml, 56u, 61or (2), 62ul, 66ul, 69or, 70o, 70u, 71o, 78ol, 78u (3), 79o, 80u, 83or, 84, 88ul (WM-Pokal), 89or, 92o, 93u, 94 (2), 95ur, 97ul; Museen der Stadt Wien: S. 53u; National Football Museum, Preston: S. 2/3, 6ol, 7ur, 8u, 8/9m, 9o, 11or, 12 (2), 13o, 14/15 (6), 16/17, 18, 19 o, 24 (3), 25ol sowie alle Bilder im Vor- u. Nachsatz; Picture Alliance, Frankfurt: S. 25om, 26o, 27 (4), 32ur, 39mr, 39ul, 40o, 43um, 45ul, 49ol, 51ur, 54ul, 55ul, 56o, 57u, 60u, 61u, 68u, 77u, 80o, 81u, 85u, 88ol, 88ul (EM-Pokal), 89ul, 99ur, 100or (Merkel), 100ul, 100u (Klose), 101, 102ul, 103ul (3), 104ol, 104or, 105ul, 106ol, 106ul, 108u, 110o (3), 110ur, 111, 113mr, 113u (Hintergr.); K. Schmidtpeter, Nürnberg: S. 32o, 92u; Shutterstock: 103mr; Ullstein, Berlin: S. 10ur, 19ul, 30ol, 31or, 38l, 46l, 47u, 50ol, 51or, 53mr, 54or, 55mr , 58o, 64 (2), 65u, 67o, 71r, 78r, 79u, 81o, 82or, 82ul, 83mr, 90m, 90ur, 91ol, 91ul, 93or, 97mr

Umschlagfotos: Imago: Xinhua
Umschlaggestaltung: Johannes Blendinger, Nürnberg
Illustrationen: Uli Knauer, Nürnberg; Ralf Stelter (Flaggen)
Karten: Michaela Schneider, Nürnberg
Lektorat: Eva Dix, Dr. Heike Herrmann

Redaktionsschluss dieser Ausgabe: Dezember 2009

Special thanks to Hugh Hornby of The National Football Museum for supporting this project.

ISBN 978-3-7886-1488-1

Vorwort

Zur WM 2006 hatte ganz Deutschland das Fußballfieber gepackt. Leider war das „Sommermärchen" in wenigen Wochen vorbei. Aber das Schöne am Fußball ist ja, dass es immer weitergeht: Da gibt es die Bundesliga, den Europapokal und die Europameisterschaft, und schon steht die nächste WM vor der Tür. Die Begeisterung für den Fußball war wohl noch nie so groß wie heute.
Neu ist sie freilich nicht. Schon seit rund 100 Jahren ist Fußball weltweit die Sportart Nr. 1. In welches Land der Erde man auch kommt – fast überall zieht er die Menschen in seinen Bann. Nicht nur in Europa und Amerika, auch in Afrika und Asien ist Fußball der mit Abstand beliebteste Freizeitsport. Überall wird gekickt, sei es mit Blechbüchsen auf Hinterhöfen oder mit Bällen auf Bolzplätzen, sei es spontan mit wild zusammengewürfelten Mannschaften auf holprigen Wiesen oder nach offiziellen Regeln mit 22 Spielern in großen Stadien. Die Menschen sind vom Fußball begeistert, ganz gleich, ob sie arm sind oder reich, dumm oder gescheit, dick oder dünn, jung oder alt. Fußball kann an jedem Ort gespielt werden und schließt niemanden aus. Aber die Menschen spielen nicht nur gerne selbst, sie schauen auch begeistert anderen beim Fußball zu. Tausende feuern im Stadion ihre Mannschaft an, Millionen fiebern vor dem Fernseher mit. „Warum gehen so viele Menschen zum Fußball?", wurde der ehemalige Bundestrainer Sepp Herberger einmal gefragt. Er antwortete: „Weil keiner weiß, wie's ausgeht." Man könnte hinzufügen: Und weil jeder weiß, worum es geht. Denn Fußball ist einfach zu begreifen. Deswegen bringt er so viele Menschen zusammen. Selbst wenn sie unterschiedliche Sprachen sprechen, über die großen Stars und Spiele kann man sich immer verständigen. Kein Wunder also, dass die „schönste Nebensache der Welt" einen besonderen Namen bekommen hat: „König Fußball".
In diesem WAS IST WAS-Buch erfährst du auf 121 reich bebilderten Seiten alles Wissenswerte zum Thema Fußball. Es enthält eine bunte Vorschau auf die WM 2010 in Südafrika und berichtet über die spannende Geschichte des Spiels: über Vorläufer und Entstehung des modernen Fußballs, über Welt- und Europameisterschaften, über Meisterschaften und Pokalwettbewerbe in Deutschland und Europa, über tolle Spiele und berühmte Spieler. Darüber hinaus werden Regeln, Technik und Taktik des Spiels erklärt. Extraseiten sind dem Jugendfußball und der deutschen Frauen-Nationalmannschaft gewidmet, die bei der WM 2011 im eigenen Land zu den Favoriten gehören wird.

Inhaltsverzeichnis

Wie der Fußball auf die Welt kam

Was ist eigentlich Fußball? 6
Wer spielte zuerst einen Ball mit dem Fuß? 6
Wurde auch in Amerika und Europa Ball gespielt? 7
Woher kommt der Name „Fußball“? 8
Warum wurde der wilde Fußball in England verboten? 9
Wer erfand die ersten Fußballregeln? 10
Wie erfanden englische Schüler den modernen Fußball? 11
Wie entstanden die ersten allgemeinen Fußballregeln? 12
Warum wurde das „Hacking“ im Fußball verboten? 13
Warum durften erst nur Gentlemen Fußball spielen? 14
Was bedeutet der Begriff des „Fair Play“? 14
Warum wurde der Fußball zum Volkssport? 16
Wo entstanden die ersten Arbeitervereine? 16
Wie verbreitete sich der Fußball unter der Jugend? 17
Wann gab es die ersten Liga- und Pokalwettbewerbe? 18
Wie wurde der Fußball zum Massenereignis? 19
Wie verbreitete sich der Fußball in aller Welt? 20
Wie kam der Fußball nach Deutschland? 20
Warum war Fußball an den Schulen verboten? 22
Wann wurde Fußball in Deutschland so richtig beliebt? 23

Frauenfußball

Wo gab es die ersten Frauenteams? 24
Seit wann spielen in Deutschland Frauen Fußball? 24
Welche Wettbewerbe werden ausgetragen? 25
Welches Land ist im Frauenfußball am erfolgreichsten? 26
Wo findet die Frauen-WM 2011 statt? 27

Die Regeln

Was regeln die Regeln? 28
Wie ändern sich die Regeln? 29
Wie muss ein Fußball beschaffen sein? 30
Wie groß muss ein Tor sein? 30
Wann zählt ein Tor? 31
Was ist eine Fußballelf? 32
Welche Ausrüstung benötigen Fußballspieler? 33
Wie lange dauert ein Fußballspiel? 33
Was ist die Aufgabe des Schiedsrichters? 34
Was passiert, wenn der Schiedsrichter pfeift? 34
Wann zeigt der Schiedsrichter Gelb oder Rot? 35
Wann ist ein Spieler im Abseits? 36
Warum ist die Abseitsregel so wichtig? 36

Technik

Wie wird der Ball zum Freund? 38
Wie stoppt und kontrolliert man den Ball? 38
Was ist ein Dribbling? 39
Warum darf man nicht mit der Fußspitze schießen? 40
Was sind Effet, Volley und Dropkick? 41
Was muss ein Torwart können? 42
Wie fängt und faustet man den Ball? 42
Wann muss der Torwart herauslaufen? 43
Was muss ein Verteidiger können? 44
Was geschieht beim Tackling? 44
Warum ist das Stellungsspiel in der Abwehr so wichtig? 45
Welche Aufgaben haben die Mittelfeldspieler? 46
Was sind Spielmacher und Wasserträger? 47
Was muss ein Stürmer können? 48
Wie wird der Torschuss erfolgreich? 48

Taktik

Was ist Taktik? 50
Wonach richtet sich die Taktik? 50
Was versteht man unter einem Spielsystem? 51
Was sind Passpyramide und WM-System? 52
Wo liegen die Grenzen eines Spielsystems? 52
Welche berühmten Fußballschulen gab es? 53
Wie organisiert man die Defensive? 54
Was unterscheidet Mann- und Raumdeckung? 55
Wie organisiert man die Offensive? 56
Warum muss man „sein“ Spiel spielen? 56
Was ist Pressing? 57
Was sind Standardsituationen? 58
Wie trainiert man Eckstöße? 58
Welche Tricks werden bei Freistößen angewandt? 59

Deutsche Meisterschaften und Pokale
Was sind Liga- und K.o.-System? 60
Wie ist der deutsche Vereinsfußball organisiert? 60
Wer war der erste Deutsche Meister? 62
Wo war die erste „Fußballhochburg"? 62
Wodurch wurde Schalke 04 berühmt? 64
Wann wurde Rapid Wien Deutscher Meister? 64
Was geschah nach dem Zweiten Weltkrieg? 65
Wie entstand die Bundesliga? 66
Wie viel verdienen die Bundesligaprofis? 66
Wer landet (fast) immer auf dem ersten Platz? 67
Wann ist die Bundesliga besonders spannend? 68
Wann fällt die knappste Entscheidung? 68
Was ist ein Abstiegsdrama? 69
Warum hat der Pokal seine eigenen Gesetze? 70

Fußball in der DDR
Wer war im Osten Deutschlands top? 71

Vereine der Bundesliga 72

Bundesliga-Rekorde 75

Jugendfußball
Wo beginnen die Bundesligastars ihre Karriere? 76
Gibt es Kinderprofis? 77

Der Europacup
Welche Europapokal-Wettbewerbe gibt es? 78
Wann wurde der erste Europacup ausgetragen? 78
Was ist die Champions League? 78
Wer gewinnt im Europacup? 80
Warum ist der Europacup besonders spannend? 81
Wann klatschten sogar die Gegner Beifall? 82
Was war der Büchsenwurf vom Bökelberg? 82
Wann war die letzte Minute entscheidend? 83
Was war die Katastrophe von Heysel? 84
Welche deutschen Pokalsieger gewannen im Europacup? 84
Welche Bundesligaklubs gewannen den UEFA-Pokal? 84
Was ist die Klub-Weltmeisterschaft? 85

Die besten Vereine Europas 86

Fußball weltweit – Die großen Turniere
Wer nimmt an der Fußballweltmeisterschaft teil? 88
Was sind Kontinentmeisterschaften? 89
Wer war der erste Weltmeister? 90
Wer war der erste Gegner der deutschen Nationalelf? 90
Was war das „Fußballwunder" von 1954? 92
Wie wurde Brasilien zur besten Fußballnation? 93
Wie wurde Deutschland Doppelweltmeister? 94
Wer bildete das „Dream Team" des deutschen Fußballs? 94
Warum war die deutsche Nationalelf gefürchtet? 95
Wann täuschte sich Teamchef Beckenbauer? 96
Wann gewann Deutschland zum dritten Mal die EM? 96
Wer waren die Stars der WM von 1998? 97
Wo wird derzeit der beste Fußball gespielt? 98
Was geschah im Endspiel der WM 2002? 98
Wie verlief die WM 2006 in Deutschland? 100
Wer war das beste Team bei der EM 2008? 101

FIFA Fußball-Weltmeisterschaft™
Wo findet die FIFA Fußball-Weltmeisterschaft™ statt? 102
Wie lautet das Motto? 103
Welche Rolle spielt der Fußball in Südafrika? 104
Die Teams 2010 105

EM-Rekorde 110
WM-Rekorde 111
Geschichten zu WM & EM 112
Spielerlexikon 114
Statistik 118
Index 121

sverzeichnis

Das japanische Spiel Kemari (Abbildung aus dem 19. Jh.) soll einer Legende nach von drei chinesischen Fußballgeistern mit Menschengesichtern und Affengliedern nach Japan gebracht worden sein.

„Brustballspieler“ der Maya mit großem Kautschukball und typischem Brustpanzer

Wie der Fußball auf die Welt kam

Was ist eigentlich Fußball?

Die Spielidee beim Fußball ist ganz einfach: Zwei Mannschaften treten gegeneinander an mit dem Ziel, einen Ball über die Torlinie ins gegnerische Tor zu befördern. Das Besondere daran ist, dass der Ball, wie der Name schon sagt, mit dem Fuß gespielt wird. Nur der Torwart darf innerhalb seines eigenen Strafraums Hände und Arme benutzen. Sieger ist immer die Mannschaft, die am Ende der Spielzeit mehr Tore erzielt hat.

Wer spielte zuerst einen Ball mit dem Fuß?

Ballspiele, bei denen der Einsatz der Hände verboten war, gibt es schon sehr lange. Die ältesten Ballspiele dieser Art entstanden in Asien. In China soll das Spiel „T'suh-küh“, das bedeutet übersetzt „einen Ball mit dem Fuß stoßen“, schon im Jahr 2967 v. Chr. von dem legendären Kaiser Huang-Ti erfunden worden sein. Zur Zeit der Han-Dynastie (206 v. Chr. – 220 n. Chr.) gab es ein Handbuch des Fußballspiels, in dem über 70 typische Spielzüge aufgezählt wurden. Neben dem „Stoß-Fußball“ war in China auch der „Kreisfußball“ verbreitet, bei dem ein mit Federn gefüllter Ball mit Fuß oder Knie möglichst lange in der Luft gehalten werden musste. Verschiedene Varianten dieses Spiels haben sich später

Die älteste bekannte Darstellung eines Fußballspielers, ein Steinabrieb aus China (124 n. Chr.). Die Schusstechnik wirkt ganz modern.

Ballwettläufer aus Arizona mit kleinem Holzball

Kopfballspiel der Paressi-Kabisi-Indianer (Brasilien)

in ganz Asien ausgebreitet. In Japan ist das sogenannte Kemari, das man auf einem 14 x 14 Meter großen Sandplatz spielte, schon seit dem 7. Jahrhundert n. Chr. nachweisbar.

Wurde auch in Amerika und Europa Ball gespielt?

Nicht nur in Asien, auch in Mittelamerika waren seit der Olmeken-Kultur um 1300 v. Chr. fußballähnliche Spiele sehr beliebt. Die Azteken zum Beispiel traten mit Mannschaften, die aus zwei bis sieben Spielern bestanden, zum „Ulama" an. Ziel des Spiels war es, einen massiven Kautschukball durch einen steinernen Ring zu stoßen, der an der Längsseite des etwa 50 Meter langen, rechteckigen Spielfeldes angebracht war. Um dieses Ziel zu erreichen, war viel Geschicklichkeit erforderlich: Die Spieler durften den Ball nur mit der Hüfte, dem Gesäß oder dem Knie stoßen.

In Amerika gab es auch noch eine Reihe anderer seltsam anmutender Ballspiele. Bei den Maya zum Beispiel spielte man, mit regelrechten Ritterrüstungen gepanzert, nur mit der Brust. Andere Indianervölker kannten Spiele, bei denen nur der Kopf oder die Schulter benutzt werden durften. Wieder andere trieben in Ballwettläufen kleine Holzkugeln über Distanzen von mehreren Kilometern. Selbst die Eskimos betrieben eine Art Fußballspiel. In Europa kannten die Griechen und Römer Ballspiele, die wie Übungen im modernen Fußballtraining anmuten.

Weder die Griechen oder Römer noch die Azteken oder Chinesen können allerdings als Erfinder des Fußballspiels gelten. Denn bei all diesen „Fußballspielen" handelte es sich eher um Geschicklichkeitswettbewerbe und nicht um Spiele, bei denen zwei Mannschaften, wie im heutigen Fußball, in direktem Körperkontakt um einen Ball kämpfen.

Aztekisches „Steißballspiel" nach einer Skizze aus dem Jahr 1529

Ballspiel und Religion

Der alte chinesische Fußball wurde vor allem von Soldaten gespielt. Er war Freizeitbeschäftigung und körperliches Training zugleich. Bei den meisten anderen Völkern jedoch waren die Ballspiele kein bloßer Zeitvertreib, sondern ein Teil der Religion. Bei den meist im Frühjahr veranstalteten kultischen Spielen ging es darum, eine Verbindung zu den Göttern und zum Jenseits herzustellen. Das Ergebnis des Spiels wurde als Offenbarung des göttlichen Willens gedeutet: Je nachdem, ob es günstig oder ungünstig ausfiel, sahen die Menschen darin ein Zeichen für gute Ernten und Fruchtbarkeit oder eben für das Gegenteil. Je länger es zum Beispiel beim japanischen Kemari gelang, den etwa 22 Zentimeter großen Lederball in der Luft zu halten – durchschnittlich waren es 300 bis 400 Stöße, als Rekord ist ein Spiel mit über 5000 Stößen überliefert –, desto größer, so glaubte man, würde die Gunst der Götter ausfallen.

Fuß- und Handballspiele der Grönland-Eskimos (aus einem dänischen Reisebuch von 1763)

Ballschlachten

Die urtümlichen Formen des Fußballspiels, wie wir sie seit dem Mittelalter aus England kennen, waren wild und von gewöhnlichen Raufereien kaum zu unterscheiden. Ähnliche Raufspiele gab es auch in Nordfrankreich, wo sie unter dem Namen „Soule“ bekannt waren. Sogar die alten Römer und Griechen kannten „Ballschlachten“ mit Hunderten von Teilnehmern. Aus Deutschland sind derartige Spiele nicht überliefert.

Woher kommt der Name „Fußball“?

Im Jahr 1314 taucht in England erstmals der Begriff „Fußball“ (englisch „football“) auf, und zwar in einer Bekanntmachung des Bürgermeisters von London, in der das Fußballspielen in der Stadt verboten wurde. Bei dieser frühen Form des Fußballs handelte es sich um ein wildes und oft brutales Geraufe, bei dem schwere Verletzungen keine Seltenheit waren. Mit dem Fuß durfte genauso wie mit der Hand gespielt werden. Spielfeld, Spielerzahl und Spieldauer waren nicht festgelegt. Nicht einmal zwischen Zuschauern und Spielern wurde eindeutig unterschieden. Wenn jemand einen Ball in die Menge warf, waren alle Umstehenden sofort dabei. So kam es manchmal zu Spielen mit Hunderten von Teilnehmern, auf dem Land spielten oft ganze Dörfer gegeneinander.

Warum dieses Spiel als „Football“ bezeichnet wurde, weiß man nicht genau. Vermutlich hat der Name damit zu tun, dass es im Gegensatz zu den Adelsspielen, die meist zu Pferde ausgetragen wurden, zu Fuß gespielt wurde. Es könnte aber auch sein, dass sich der Name auf die Größe des ausgestopften Lederballes bezog. Dieser hatte einen Durchmesser von einem englischen Fuß (etwa 30 Zentimeter).

Klassischer Derby-Ball aus Ashbourne

So könnte ein Fußballspiel im mittelalterlichen London ausgesehen haben. Jeder, der Lust hatte oder zufällig des Weges kam, beteiligte sich an der wilden Rauferei.

Dieser Kupferstich zeigt ein spontanes und regelloses Fußballspiel von Soldaten um 1820. Das urtümliche Fußballspiel war so gefährlich, dass Knochenbrüche keine Seltenheit waren, manchmal gab es sogar tödliche Verletzungen.

Warum wurde der wilde Fußball in England verboten?

Die Geschichte des wilden Fußballs von seiner ersten schriftlichen Erwähnung im Jahr 1314 bis zu seinem endgültigen Aus im Jahr 1847 ist eine Geschichte der Verbote. Immer wieder versuchten die staatlichen Behörden, zum Teil sogar unter Einsatz von Soldaten, das beliebte Spiel zu verbieten. Gewalttätige Spiele wie der Fußball, so hieß es, erhitzten die Gemüter der Menschen und könnten leicht zu Aufruhr und Rebellion führen.

Alle Verbote jedoch konnten über Jahrhunderte hinweg nichts an der Beliebtheit dieses rauen Vergnügens ändern. Erst im 19. Jahrhundert, als das Leben in den großen Städten zivilisierter geworden war, konnte das Fußball-Verbot polizeilich durchgesetzt werden. Ganz verschwunden ist der volkstümliche Fußball aber auch heute noch nicht. Alljährlich am Faschingsdienstag wird in Ashbourne, einem kleinen Ort in Mittelengland, ein Spiel nach traditioneller Art durchgeführt. So wild wie früher geht es dabei allerdings nicht mehr zu, denn es ist in erster Linie eine Veranstaltung für Touristen.

Der Volksfußball in England wurde hauptsächlich mit der Hand gespielt und notfalls auch im Wasser fortgesetzt (Szene vom Traditionsspiel in Ashbourne, 1931).

Derby

Die meisten traditionellen Fußballspiele fanden im Fasching zwischen benachbarten Stadtteilen oder Gemeinden statt. Am bekanntesten war das Spiel in der englischen Stadt Derby, wo sich alljährlich am Faschingsdienstag zwei Kirchengemeinden gegenüberstanden. An dem sechs Stunden dauernden Spiel nahmen bis zu tausend Menschen teil. Es wurde so berühmt, dass man bis heute die Spiele zwischen benachbarten Fußballteams – zum Beispiel zwischen Bayern München und 1860 München – als „Derby" bezeichnet. Derbys gelten als besonders heiß umkämpfte Spiele. Wie chaotisch es beim Derby im Jahr 1829 zuging, wissen wir aus dem Bericht eines Augenzeugen. Das Spiel begann um die Mittagszeit auf dem Marktplatz. Dort hatten sich die Mannschaften beider Gemeinden aufgestellt. Dann wurde ein großer Ball in ihre Mitte geworfen. Sogleich stürzten sich einige der stärksten und schnellsten Männer jeder Mannschaft auf ihn und versuchten, ihn an sich zu reißen. Der Rest der Spieler schloss sich ihnen an, und im Nu hatte sich ein undurchdringliches Knäuel aus Armen, Beinen und Leibern gebildet. Irgendwie versuchte nun jede Partei, die raufende Menschenmenge in die Richtung des gegnerischen Tores zu treiben.

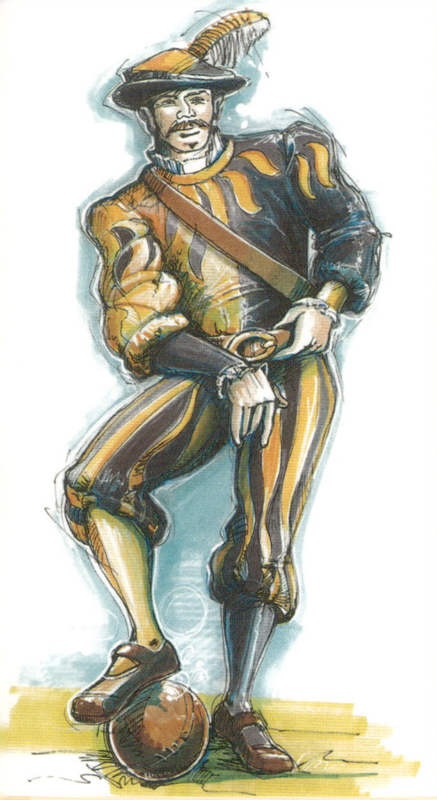

So könnte ein Calcio-Spieler im 17. Jahrhundert ausgesehen haben.

Wer erfand die ersten Fußballregeln?

In Italien gab es schon seit dem 15. Jahrhundert ein Spiel namens Calcio, das, wie schon der Name sagt, mit einem Fußtritt begonnen wurde (das italienische Wort „calcio" bedeutet auf Deutsch „Fußtritt"). Neben dem gewöhnlichen Calcio, der den englischen Raufspielen ähnelte, gab es auch eine Art „Edelcalcio" (Calcio a livrea, „livrea", besonderer Anzug), der den Adligen vorbehalten war. Aus den frühen Regelbüchern von Antonio Scaino (1555, für den Calcio in Parma und Venedig) und Giovanni de Bardi (1580, für den Calcio in Florenz) geht zwar hervor, dass keines dieser Spiele ein reines Fußballspiel war, doch das Spiel mit dem Fuß war auf jeden Fall erlaubt. Beide Spiele lassen sich wohl am ehesten mit dem heutigen Rugby vergleichen. Vermutlich haben die italienischen Regeln auch die Fußballspiele beeinflusst, die später in den englischen Eliteschulen verbreitet waren.

Im Sinne einer militärischen Ertüchtigung sollte der Calcio die jungen Adligen einerseits körperlich und geistig trainieren, andererseits sollte der Fußballplatz aber auch als Bühne dienen, auf der die Reichen und Vornehmen ihre Tugenden zur Schau stellen konnten. Vom Volksspiel unterschied sich dieser Fußball der Reichen und Edlen vor allem dadurch, dass das Werfen des Balles mit offener Hand als „dumm und unschön" verpönt war. Alle Aktionen hingegen, die eine besondere Geschicklichkeit verlangten – wie zum Beispiel das Vorantreiben eines Balles mit dem Fuß – galten als besonders vornehm. Entscheidend für den Spielerfolg sollte nicht, wie im derben Volksspiel, die rohe Gewalt sein, sondern kluges Vorgehen und tänzerische Eleganz.

Calcio in Venedig. Dieses Gemälde von 1779 zeigt, dass die Calcio-Tore „echten" Torbögen ähnelten. Man vermutet, dass sich der Calcio aus einem Wettbewerb entwickelte, der bei mittelalterlichen Ritterturnieren üblich war und die Eroberung eines Burgtores zum Ziel hatte.

Bei den Fußballspielen zwischen jüngeren und älteren Schülern bezogen die „Kleinen" oft heftige Prügel. Nach dem Anpfiff werden die Älteren (rechts) über die Jüngeren herfallen.

Wie erfanden englische Schüler den modernen Fußball?

Ende des 18. Jahrhunderts waren die alten und brutalen Formen des Volksfußballs in England weitgehend ausgerottet. Doch in den englischen Internaten lebten sie weiter: Dort, in den sogenannten „Public Schools" für die Söhne wohlhabender Engländer, waren fußballähnliche Wettkämpfe sehr beliebt. Die Spiele, die in Eton, Harrow, Rugby und anderen Privatschulen betrieben wurden, unterschieden sich stark voneinander. Jede Schule hatte ihr eigenes Spiel mit mündlich überlieferten Regeln. Das bekannteste ist das erstmals für das Jahr 1717 belegte „Wall Game" in Eton. Die Tradition dieses komplizierten „Mauerspiels" wird bis heute gepflegt. Angeblich ist sogar das in den „Harry Potter"-Büchern beschriebene „Quidditch" diesem historischen Mauerspiel nachempfunden.

Beim Eton Wall Game ist das Spielfeld nur 4,5 Meter breit, aber 107 Meter lang und auf einer Seite von einer Mauer begrenzt. Viele Tore fallen in diesem Spiel nicht – zwischen 1849 und 1973 waren es lediglich drei.

So unterschiedlich die Spiele an den verschiedenen Schulen auch waren, eines hatten sie alle gemeinsam: Sie waren sehr gewalttätig. Beim „Mauerspiel" in Eton war es zum Beispiel erlaubt, den Gegner mit dem Kopf vor die Mauer zu stoßen. Verantwortlich für diese Härte war vor allem das Herrschaftssystem in den Public Schools, das auf der Unterwerfung der Jüngeren durch die Älteren beruhte. Alle Jungen, die neu an die Schule kamen, wurden erst einmal beim Fußball verprügelt. Danach waren die „Kleinen" so eingeschüchtert, dass sie bereitwillig den „Großen" zu Diensten waren. In der Public School von Shrewsbury trug das brutale Ballspiel denn auch den Namen „Sklavenspiel".

Im Laufe der Zeit bemühten sich einige Lehrer darum, die Härte dieser brutalen Wettkämpfe zu mildern. Sie führten Regeln ein, die das Spiel kontrollierbar machen und die Gewalttätigkeit eindämmen sollten. Die ersten schriftlichen Regeln wurden, angeregt von Schulleiter Thomas Arnold, 1845 in der Schule von Rugby festgelegt. In Rugby spielte man Fußball „mit der Hand" – Rugby eben. In Eton hingegen, wo 1849 die Regeln für das neu erfundene Feldspiel („Field Game") festgelegt wurden, galt die Vorschrift, dass die Berührung des Balles mit der Hand zu vermeiden sei.

Eton Field Game (1909)

Fußballtrikot von Eton (Field Game)

Prinz Harry beim Eton Wall Game

Fußball- und Rugby-Spieler im Jahr 1881. Obwohl sich die beiden Sportarten zu diesem Zeitpunkt bereits getrennt hatten, posierten die Stars noch gemeinsam für den Zeichner.

Wie entstanden die ersten allgemeinen Fußballregeln?

Mitte des 19. Jahrhunderts überlegten sportbegeisterte Studenten an den Universitäten von Cambridge und Oxford, wie die unterschiedlichen Football-Regeln, die sie aus ihren Herkunftsschulen kannten, zu allgemein gültigen Regeln vereinheitlicht werden könnten. Sie wollten ein Football-Spiel erfinden, das die Vorteile des in Rugby üblichen Spiels mit den besten Elementen aus den Spielen vereinigte, die in Eton, Harrow und anderswo üblich waren. Wie nicht anders zu erwarten, stritt man sich vor allem darüber, ob der Ball nur mit dem Fuß oder aber auch mit der Hand gespielt werden durfte. Die Rugby-Anhänger waren für das Spiel mit der Hand, denn es machte den Sport um vieles härter und kämpferischer.

Die „Freemasons Tavern" (Freimaurer-Taverne), das Gründungslokal des englischen Fußballverbandes

Am 26. Oktober 1863 versammelten sich in der Gaststätte „Freemasons Tavern" die Vertreter von elf Londoner Schulen und Klubs, um einen nationalen Verband – die sogenannte „Football Association" – zu gründen. Bei dieser Versammlung waren auch die Rugby-Anhänger noch dabei. Bei weiteren Treffen diskutierte man die Regeln, die für die Football Association gelten sollten. Doch schon nach kurzer Zeit kam es zum Bruch zwischen der „Fuß-" und der „Hand-Partei". Die Fuß-Partei setzte sich für Regeln ein, die bereits 1848 an der Universität Cambridge entworfen worden waren. In diesen „Cambridge Rules" war es nicht erlaubt, den Ball mit den Händen zu halten oder zu schlagen. Sie wurden nun zur Grundlage des Regelwerks, das der englische Fußballverband 1863 aus-

Dieses Bild von 1895 zeigt ein Spiel zwischen den Universitätsmannschaften von Oxford und Cambridge.

arbeitete. Die Rugby-Anhänger konnten sich mit ihren Vorstellungen nicht durchsetzen. Sie traten daraufhin aus der Football Association aus und gründeten im Jahr 1871 ihren eigenen Verband, die Rugby Union.

Warum wurde das „Hacking" im Fußball verboten?

Außer der Frage, ob man den Ball nun nur mit dem Fuß spielen durfte oder nicht, gab es unter den Mitgliedern der Gründungsversammlung von 1863 noch einen weiteren strittigen Punkt: ob es zulässig sei, dem Gegner in die Beine zu treten. Beim Rugby nämlich war dieses sogenannte „Hacking" erlaubt, beim Association-Football hingegen sollte es, wie die Mehrheit meinte, verboten sein.

Viele befürchteten, dass das Hacking wegen des Verletzungsrisikos die angestrebte Verbreitung des Spiels verhindern könnte. Andere hingegen, insbesondere F. W. Campbell, der Wortführer der Rugby-Partei, waren der Ansicht, dass ein Verbot des Hackings das Wesen des Spiels zerstören würde: „Auch nach dem Gegner zu treten, das ist wahrer Fußball. Die in Cambridge hatten kein Recht, dagegen eine Regel einzuführen. Sie scheint für jene gemacht, die lieber ihre Pfeife, ihren Grog und ihren Schnaps mögen als das mannhafte Spiel. Ich glaube, die Einwände gegen das Treten kommen von Leuten, die einfach zu alt für den Geist dieses Spiels sind."

Campbell konnte mit seiner Meinung nicht durchdringen. Die Mehrheit wollte lieber ein zivilisiertes, ungefährliches Spiel. So setzte sich unter der Bezeichnung „Soccer" (abgeleitet von „Association Football") ein Spiel durch, bei dem es, anders als beim Rugby, nicht nötig war, die Brutalität mit vielen Vorschriften einzuschränken. Die Soccer-Regeln waren leicht durchschaubar, und jeder konnte mitmachen, unabhängig davon, wie kräftig er war.

Erstes Länderspiel

Bereits 1872 kam es zum ersten Länderspiel in der Geschichte des Fußballs. Das Match zwischen England und Schottland in Glasgow endete 0:0. Organisator des Spiels war Charles William Alcock, einer der wichtigsten Fußballpioniere. Der Begründer des berühmten Wanderers FC gilt nicht nur als „Vater des internationalen Fußballs", sondern auch als Erfinder des englischen Pokalwettbewerbs (F. A. Cup). 1872 wurde er mit den Wanderers erster Pokalsieger.

Hacking, wie es beim Spiel in der Schule von Rugby üblich war. Hatte sich ein Spielerhaufen gebildet, hieß es: „Trete den Ball, wenn du es kannst, und wenn du es nicht kannst, dann trete dem anderen gegen das Schienbein."

Beim disziplinierten und fairen Spiel: Gentlemen am Ball (Ende des 19. Jahrhunderts). Der Titel des Buches lautet übersetzt „Männer mit Feuereifer" und nimmt Bezug auf einen Vers von William Shakespeare.

Als der Schiedsrichter eingeführt wurde, trat das ein, was viele Gentlemen befürchteten: Die „Pfeifenmänner" wurden von Spielern und Zuschauern oft übel zugerichtet (Karikatur, Anfang 20. Jh.).

„The Corinthians"

Der legendäre Amateurklub „The Corinthians" wurde 1882 von „Pa" Jackson gegründet und repräsentierte die hohen Ideale des Gentlemen-Fußballs. Die Corinthians hatten zum Beispiel die Angewohnheit, Strafstöße absichtlich zu verschießen. Wenn sie selbst einmal aus Versehen einen Strafstoß verursacht hatten, ließen sie den Elfmeterschützen in ein leeres Tor schießen. Ihren Namen hatten sie einem Vers des englischen Dichters Shakespeare entnommen, der lautet: „Ein Korinther, ein Bursche mit Feuereifer, ein guter Junge."

Fußballschuhe um 1910. Sie haben bereits verstärkte Kappen und genagelte Stollen.

Warum durften erst nur Gentlemen Fußball spielen?

Nachdem sich in London die Vertreter des „sanften" Fußballs gegenüber den Verfechtern des „harten" Rugby durchgesetzt hatten, gab es zwar endlich Regeln, die schon sehr deutlich den heutigen ähnelten, aber der Fußball war damit noch lange kein Volkssport. Sport war damals noch eine Sache, die ausschließlich den Gentlemen vorbehalten war. Als Gentleman galt nur der, der von vornehmer Geburt war und eine Ausbildung in einer der angesehenen Public Schools erhalten hatte.

Nur sehr zögernd wurden auch die sogenannten „einfachen" Leute zum Spielbetrieb zugelassen. Vor allem Rugby, so meinte man damals, sei ein hartes Spiel, das nur von Leuten betrieben werden sollte, die in der Lage seien, sich selbst zu beherrschen. Es sei daher nur für höfliche Gentlemen, nicht aber für rohe und unbeherrschte Arbeiter geeignet. Deswegen ließ man Arbeiter zunächst nur für den relativ gewaltfreien Soccer zu. Um „nichtgentlemanhaftes" Verhalten auf den Fußballplätzen zu unterbinden, führte die Football Association 1874 Schiedsrichter ein, die sogenannten „Umpires" (seit 1878 mit Pfeife), den Platzverweis (1877) und den Strafstoß (1891).

Was bedeutet der Begriff des „Fair Play"?

Den britischen Gentlemen ging es beim Sport nicht nur darum, dass sie gewannen, viel wichtiger war ihnen, wie sie gewannen. Sie vertrauten so sehr auf das Ehrgefühl des Sportlers, dass sie in ihrem Regelentwurf von 1863 zunächst ganz darauf verzichteten, irgendwelche Bestimmungen über Schiedsrichter oder Frei- und Strafstöße festzulegen. Gentlemen, so waren sie überzeugt, brauchten keine Vorschriften, sondern sorgten selbst dafür, dass die Regeln eingehalten und keine unlauteren Mittel eingesetzt wurden. Fiel zum Beispiel einmal ein Spieler durch Verletzung aus, so

sorgten Gentlemen selbst für eine Wiederherstellung des Kräftegleichgewichts, indem ein Spieler der bevorteilten Mannschaft den Platz verließ.

Viele Gentlemen sahen mit der Einführung von Spielstrafen das Ideal des Fair Play, des fairen Spiels, in Frage gestellt. Als 1891 der Strafstoß eingeführt wurde, meinte C. B. Fry, einer der berühmtesten Gentlemen-Kicker jener Zeit: „Es ist eine Beleidigung des Ansehens von Sportsleuten, wenn sie unter einer Regel spielen müssen, die unterstellt, dass die Spieler ihrem Gegner absichtlich ein Bein stellen, treten und schlagen und sich benehmen wie üble Kerle der gewissenlosesten Sorte. Ich behaupte, dass die Linien, die den Strafraum markieren, eine Schande für das Spielfeld einer Public School sind."

Heutzutage werden an den Begriff des Fair Play, der unverändert auch ins Deutsche übernommen worden ist, nicht mehr ganz so hohe Ansprüche gestellt. Oder kann man sich vorstellen, dass ein heutiger Bundesligaspieler auf die Ausführung eines unberechtigten Strafstoßes verzichten würde oder so anständig wäre, ein von ihm begangenes Foul zu melden, wenn es der Schiedsrichter nicht gesehen hat?

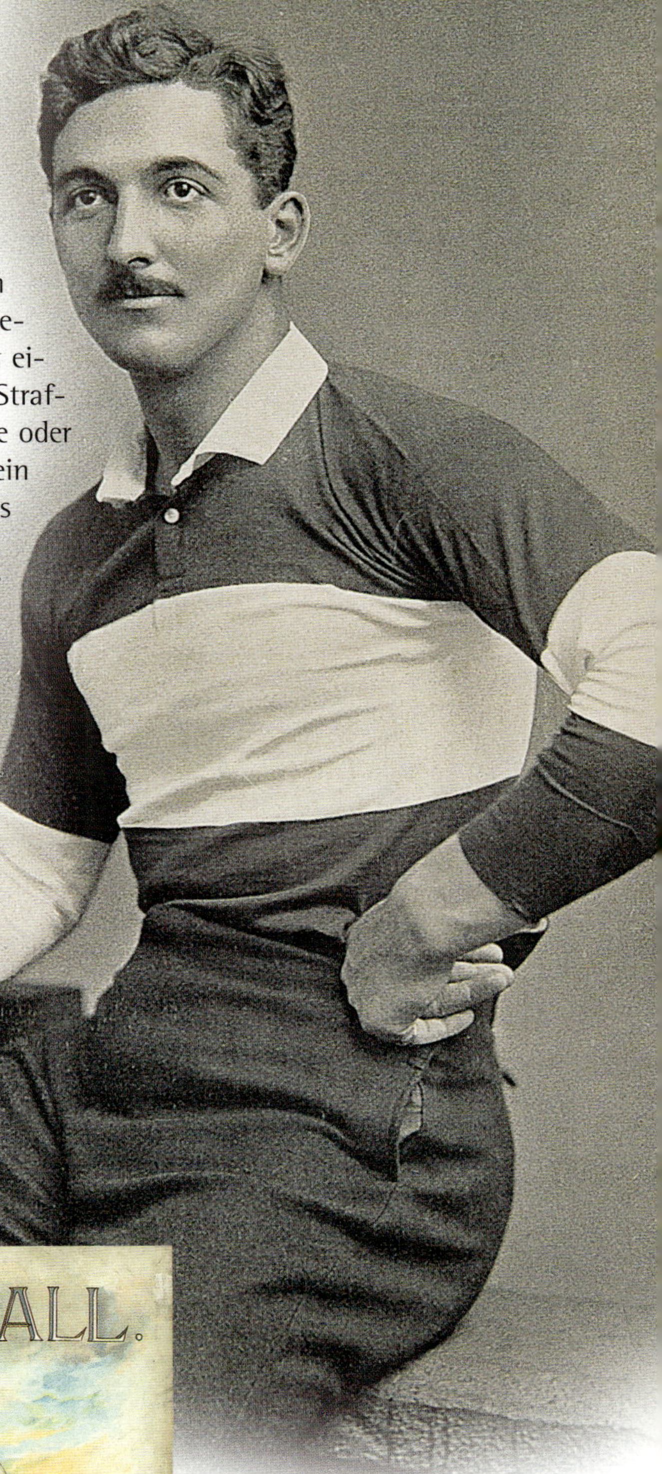

C. B. Fry, ein berühmter Gentlemen-Fußballer, der sich 1891 über die neu eingeführte Strafstoßregel fürchterlich aufregte.

Ein Paar braune Herrenschuhe, wie sie auch die Spieler der Corinthians um 1895 trugen.

Gentlemen-Fußballer um 1900

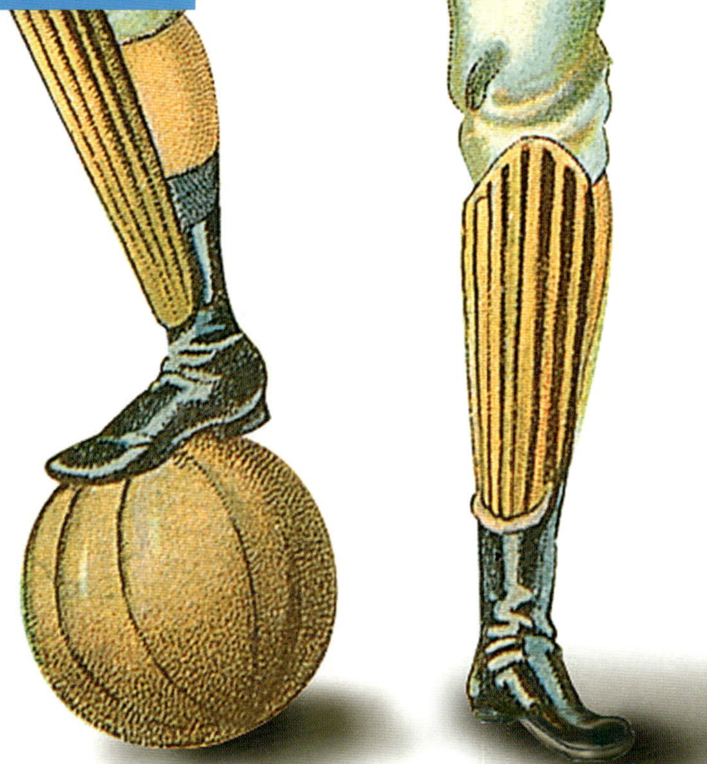

Das Wappen von Arsenal London, dem als „Gunners“ berühmt gewordenen Klub. Der Verein wurde 1886 von Arbeitern der Rüstungsfirma Woolwich Arsenal gegründet.

Oben: Die ersten Schienbeinschoner trug man über den Strümpfen.
Links: „Baines Cards“ englischer Fußballvereine. Diese gedruckten Karten wurden als Serien paketweise verkauft und waren das erste begehrte Sammel- und Tauschobjekt von Fußballfans.

Warum wurde der Fußball zum Volkssport?

Entwickelt hatten das Fußballspiel junge Männer aus Adel und Bürgertum. Doch populär geworden ist es als Spiel der Arbeiter, die Ende des 19. Jahrhunderts rund drei Viertel der englischen Bevölkerung ausmachten. In Massen waren die Menschen vom Land in die Städte geströmt und mussten dort ohne die gewohnte Geborgenheit auskommen, die das heimatliche Dorf geboten hatte. Es waren vor allem die Fußballvereine im eigenen Wohnviertel, die ihnen seit den 1870er-Jahren eine Art „Ersatzheimat“ boten. In den vielen kleinen Klubs, in denen man selbst kickte, hatte man die Gelegenheit, Freundschaften zu schließen und Gemeinsamkeiten zu pflegen. Und wenn man zusammen mit anderen ins Stadion ging, um „seine“ Mannschaft anzufeuern, konnte man etwas erleben, das bei der anonymen Arbeit in der Fabrik nicht möglich war: das Gefühl, zu einer großen Gemeinschaft zu gehören.

Rechts: Ein Ball und ein Paar Schienbeinschoner, wie sie nach 1900 modern waren. Deutlich zu sehen ist die damals übliche Verschnürung des Balles, die verhinderte, dass er richtig rund wurde. Die Schienbeinschoner trug man nun unter den Strümpfen.

Wo entstanden die ersten Arbeitervereine?

Viele Arbeitervereine wurden in Kirchengemeinden gegründet. Die Pastoren hatten in dem neuen Sport sehr schnell ein taugliches Mittel erkannt, um die Jugend von der Straße zu holen. Berühmte Vereine wie zum Beispiel der FC Everton, Aston Villa oder die Wolverhampton Wanderers haben sich aus kirchlichen Ursprüngen entwickelt. Ein weiterer wichtiger Entstehungsort von Fußballvereinen waren die Betriebe. Arsenal London war eine Gründung von Arbeitern einer Rüstungsfirma, Manchester United wurde von Eisenbahnarbeitern gegrün-

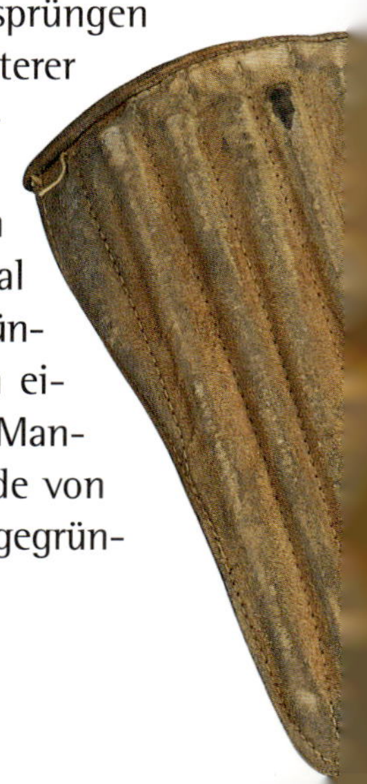

det. Andere Vereine wurden nicht von den Arbeitern, sondern von Unternehmern ins Leben gerufen, so zum Beispiel West Ham United. Der Besitzer der Thames Ironworks erhoffte sich durch Erfolge des United-Teams eine Verbesserung der Stimmung unter der Belegschaft. Und schließlich gab es auch etliche Vereine, die als Kneipenmannschaften starteten. Heute noch bedeutende Klubs wie Nottingham Forest und die Blackburn Rovers wurden an den Theken von englischen Bierlokalen, den Pubs, gegründet.

Wie verbreitete sich der Fußball unter der Jugend?

Seit den 1870er-Jahren schossen in England die Fußballvereine wie Pilze aus dem Boden. Doch ohne die Vorarbeit von Fußballpionieren, die das Spiel bei der Jugend populär machten, wäre das wohl kaum denkbar gewesen. Vor allem C. W. Alcock, Mitglied des Forest Club, den ehemalige Schüler der Public School von Harrow im Jahr 1859 gegründet hatten, warb voller Eifer für den neuen Sport. Pausenlos ging er mit seinem Klub auf Reisen, damit sich die Jugend überall für das Spiel mit dem runden Leder begeistern sollte. Sein später auf den Namen „Wanderers" umgetaufter Verein wurde auf diese Weise weithin berühmt.

Verantwortlich für den endgültigen Siegeszug des Arbeiterfußballs waren schließlich die staatlichen Grundschulen. Nach Ansicht vieler englischer Fußball-Forscher hat kaum jemand so viel für die Ausbreitung des Fußballs getan wie die Lehrer. Sie hatten den Fußball meist beim Studium kennen- und lieben gelernt und vermittelten ihre Leidenschaft nun an ihre Schüler weiter.

Vom Schulfußball bis zur Gründung eigener Vereine war es nur ein kleiner Schritt. Aus der Eigeninitiative von Schülern und Kindern entstanden viele Straßen- und Wohnviertelmannschaften, aus denen so berühmte Klubs wie die Queens Park Rangers oder die Tottenham Hotspurs hervorgingen.

Viele englische Klubs nannten sich damals „Wanderers" oder „Rovers", was auf Deutsch so viel wie „Umherstreifer" bedeutet. Sie besaßen nämlich zunächst keine eigenen Spielstätten und mussten daher von Platz zu Platz ziehen. Eine der erfolgreichsten Mannschaften waren die Blackburn Rovers, die 1884 den englischen Pokalwettbewerb gewannen. Der Verein wurde 1875 in einem Hotel gegründet, das noch lange Zeit „Vereinsheim" blieb.

Anzeige eines Fußball-Ausrüsters in einer Zeitschrift für junge Leute (1900)

Die Mannschaft von Preston North End, dem ersten Champion in der englischen Football League

Die Unbesiegbaren

Das Spiel der Gentlemen-Fußballer bestand vor allem aus Einzelaktionen, mit denen sich jeder Spieler hervortun wollte. So etwas wie Kombinationsfußball gab es noch nicht. Erst der Konkurrenzdruck unter den Profimannschaften sorgte dafür, dass sich die Spieler um ein wirkungsvolles Zusammenspiel bemühten. Preston North End war die erste Mannschaft, die solches „Teamwork" mit großem Erfolg betrieb: Weil sie in den Jahren 1888 und 1889 ohne Niederlage blieben, nannte man Prestons Spieler „die Unbesiegbaren".

Wann gab es die ersten Liga- und Pokalwettbewerbe?

Nach der Gründung des englischen Fußballverbandes 1863 fand der Fußball rasch eine große Anhängerschaft. Um die wachsende Anzahl von Spielen zentral zu organisieren, wurde 1871 der Pokalwettbewerb eingeführt. Der Cup wurde schnell beliebt und brachte beträchtliche Einnahmen. Die Vereine wetteiferten nun verstärkt um den Erfolg und um die besten Spieler. Als Problem erwies sich dabei aber sehr schnell das K.o.-System der Pokalspiele. Hatte eine Mannschaft verloren, musste sie sich für den Rest der Saison mit Freundschaftsspielen gegen andere Verlierer begnügen, die natürlich viel weniger Zuschauer anlockten und so weniger Geld einbrachten.

Für Abhilfe sorgte schließlich die Einführung einer professionellen Fußballliga. Im April 1888 schlossen sich zwölf Klubs zur „Football League" zusammen. Ligaspiele garantierten eine feste Anzahl von Spielen und boten den Vereinen über die wenig berechenbaren Pokalspiele hinaus eine regelmäßige und verlässliche Einnahmequelle. Jetzt konnten die Klubs mit dem Fußball richtig Geld verdienen und sich mehr und mehr auch bezahlte Berufsspieler leisten. 1885 waren Profimannschaften offiziell erlaubt worden, und nun erlebte der Fußball als Profisport seinen großen Aufschwung. Profis und Amateure gingen von nun an getrennte Wege. Während am Cup-Wettbewerb alle Teams des britischen Verbandes teilnehmen durften, war die Liga allein für Profispieler reserviert.

Wie wurde der Fußball zum Massenereignis?

Wie schnell der Fußball zum Massenereignis wurde, zeigen ein paar Zahlen: Nur 2 000 Zuschauer hatten das Cup-Finale von 1872 sehen wollen, doch schon 1901 barst der Londoner Crystal Palace, gefüllt mit 111 000 Zuschauern, aus allen Nähten. 1913 starteten allein aus der Stadt Birmingham 13 (!) Sonderzüge zum Pokalfinale nach London.

Der große Erfolg des Fußballs war allerdings nur möglich, weil es Ende des 19. Jahrhunderts in England wirtschaftlich bergauf ging. Die Löhne stiegen, der arbeitsfreie Samstag wurde allmählich eingeführt, und das Eisenbahnnetz wurde weiter ausgebaut. Nun hatten auch die einfachen Leute genug Zeit und Geld, um Spiele zu besuchen, und mit der Bahn konnten sie auch größere Entfernungen zurücklegen, um bei Auswärtsspielen ihres Klubs dabei zu sein.

Im gleichen Maße, wie der Fußball als Zuschauersport populär wurde, waren die Arbeiter auch selbst zu den Königen des Spiels geworden. Die Eintrittsgelder füllten die Kassen der Vereine und die Geldbeutel der Spieler. Diese konnten nun ihren normalen Beruf aufgeben und mit dem Fußball ihr Geld verdienen.

Die Gentlemen-Spieler aus der höheren Gesellschaft, die im Fußball nur eine Freizeitbeschäftigung sahen, hatten gegen diese Profiteams schon bald keine Chance mehr. 1883 gewann mit Blackburn Olympic die erste professionell trainierte Arbeitermannschaft den Cup der Football Association. Die Gentlemen-Supermannschaft „The Corinthians" landete im Jahr 1884 ihren letzten großen Sieg, als sie dem Cup-Sieger Blackburn Rovers mit 8:1 das Nachsehen gab. Danach hatte sie gegen die professionellen Arbeitermannschaften keine Chance mehr.

Die Mannschaft von Aston Villa in den dunkelroten Trikots mit hellblauen Ärmeln im Angriff auf das Tor von Sunderland (Gemälde von 1893). Aston Villa und Sunderland waren in der Anfangszeit der englischen Liga die bedeutendsten Klubs.

Das Cup-Finale 1910 im Londoner Crystal Palace zog ungeheure Zuschauermassen in seinen Bann. Aston Villa aus Birmingham besiegte den Liverpooler FC Everton mit 3:2.

DIE ERSTEN ARBEITERPROFIS, die bei englischen Klubs in Lohn und Brot standen, waren ihren Kollegen in den Fabrikhallen vom Verdienst her etwa gleichgestellt. Bis 1914 betrug das Einkommen eines Vollprofis ungefähr vier Pfund in der Woche. Ein Eisenbahnarbeiter verdiente bei einer Wochenarbeitszeit von 54 Stunden etwa drei Pfund. Jahrzehntelang war für Profis eine Lohnobergrenze festgelegt. Noch 1960 betrug sie bescheidene 20 Pfund in der Woche.

In vielen deutschen Städten gab es rein englische Klubs, so in Leipzig und Dresden. Das Bild aus dem Jahr 1902 zeigt ein Spiel zwischen den „Football-Clubs“ dieser Städte.

Das im Jahr 1892 ausgetragene Fußballspiel zwischen einer Berliner Auswahl und dem Dresdener FC war das erste in der deutschen Hauptstadt, das im Bild dargestellt wurde. Der Exerzierplatz „Einsame Pappel“, auf dem es stattfand, war dann auch die erste Spielstätte des im selben Jahr gegründeten Vereins Hertha BSC.

Wie verbreitete sich der Fußball in aller Welt?

England war im 19. Jahrhundert eine große See- und Handelsmacht, und so kam es, dass britische Matrosen und Geschäftsleute den Fußball rasch in alle möglichen Länder exportierten. Bereits gegen Ende des 19. Jahrhunderts gab es kaum ein Land mehr, in dem nicht Fußball gespielt wurde. Für die schnelle Verbreitung sorgten vor allem englische Handelsschiffe, die in allen Hafenstädten der Welt anlegten. Nach Südamerika zum Beispiel gelangte der Fußball durch englische Seeleute, die in Rio de Janeiro (Brasilien), Montevideo (Uruguay) und Buenos Aires (Argentinien) an Land gingen und die Menschen dort mit dem Fußballspiel bekannt machten.

In Europa wurde der Fußball zuerst in der Schweiz bekannt und beliebt. Bereits um 1860 wurde das Spiel von englischen Schülern eingeführt, die damals sehr zahlreich Schweizer Privatschulen besuchten. Schweizer spielten auch eine große Rolle bei der weiteren Verbreitung des Spiels. Zu vielen französischen Mannschaften gehörten Schweizer, und Schweizer waren auch maßgeblich beteiligt an der Gründung von Fußballklubs in Spanien (FC Barcelona, 1899) und Italien (Inter Mailand, 1908).

Wie kam der Fußball nach Deutschland?

Die ersten erfolgreichen Klubs auf dem europäischen Festland kamen jedoch nicht aus der Schweiz, sondern aus Ungarn und Österreich. Die ältesten Wiener Fußballklubs, Austria und Vienna, haben nicht zufällig englische Namen: Gegründet wurden sie

Embleme von Vienna und Austria Wien sowie Grasshoppers Zürich

im Jahr 1894 von Arbeitern und Angestellten verschiedener englischer Unternehmen in Wien.

Auch in Deutschland wurden die ersten Vereine überall dort gegründet, wo englische Geschäftsleute und Studenten ansässig waren. Besonders viele waren es in der größten Stadt Deutschlands, in Berlin. Es war daher kein Zufall, dass der Fußballsport gerade dort sehr viele Anhänger fand. Zuerst führten die Engländer ihren Gastgebern das neue Spiel vor, dann forderten sie ihre deutschen Bekannten zu einem Wettkampf auf. Da war es nur eine Frage der Zeit, bis auch die ersten deutschen Vereine entstanden. Der älteste heute noch bestehende Klub ist der Berliner FC Germania von 1888.

Daneben sorgten auch einige fußballbegeisterte Deutsche für die Verbreitung des Spiels. Zu ihnen gehörte zum Beispiel der Braunschweiger Lehrer Konrad Koch, der, angeregt durch eine Englandreise, bereits 1874 in seinem Gymnasium den Rugby-Fußball als Schulspiel einführte. Einer der einflussreichsten Fußballpioniere war Walter Bensemann, der fließend Englisch sprach und schon während seiner Studentenzeit im süddeutschen Raum internationale Fußballturniere veranstaltete. Bensemann, der 1889 den späteren Meisterklub Karlsruher FV gründete, blieb auch nach seiner aktiven Zeit dem Sport verbunden: 1920 rief er die Fachzeitschrift „Kicker“ ins Leben.

Wettbewerbe zwischen den einzelnen Vereinen gab es zunächst fast nur auf Stadtebene. In Berlin oder Hamburg zum Beispiel wurde jeweils ein „Stadtmeister“ ermittelt. Später schlossen sich die Vereine zu größeren Verbänden zusammen, wie etwa dem Süddeutschen Fußballverband. Schließlich wurde am 28. Januar 1900 in Leipzig der Deutsche Fußballbund (DFB) gegründet, dem zunächst 86 Vereine angehörten. Nun hatte man auch in Deutschland endlich einen nationalen Fußballverband, der in der Lage war, eine Deutsche Meisterschaft zu organisieren.

So sah das alte Emblem des am 28. Januar 1900 gegründeten DFB aus.

Die Mannschaft des Berliner Fußballklubs Germania im Jahr 1888. Der Verein besteht heute noch.

Grasshoppers Zürich

Der bekannte Schweizer Klub wurde 1886 in Zürich gegründet und war 1898 der erste offizielle Landesmeister der Schweiz. Seinen Namen erhielt er von dem englischen Biologiestudenten Tom Griffith. Griffith hatte im Züricher Café „Stäubli“ kurz vor der Gründungsversammlung eine Heuschrecke, auf Englisch „grasshopper“, entdeckt. So wurde aus dem ersten Schweizer Verein der „Grashüpfer-Verein“.

Warum war Fußball an den Schulen verboten?

Ähnlich wie in England war der Fußball auch in Deutschland vor allem bei Schülern beliebt. Am Wochenende zogen sie los, um auf irgendeiner holprigen Wiese den neuen Sport auszuprobieren. Richtige Fußballplätze gab es damals noch kaum, geschweige denn Tore mit Netzen. Wäschestangen wurden zu Torpfosten umfunktioniert, dazwischen spannte man Stricke, die als Querlatten dienten. Und auch das Spiel selbst hatte mit modernem Fußball noch nicht viel zu tun. So gab es zum Beispiel noch keinerlei Aufgabenverteilung unter den Spielern. Ein Zeitzeuge um 1900 berichtet: „Wenn auch bereits nach festen Regeln gespielt wurde, der Ball zog, wohin auch immer er im Spielfeld geriet, den größten Teil der Spieler auf sich, um von diesen gleich einer Meute losgelassener Hunde aufs Hitzigste umkämpft zu werden."

Die meisten Erwachsenen standen dem englischen Sport damals noch sehr ablehnend gegenüber. Besonders die Turnlehrer hielten nichts von der wilden „Fußlümmelei". Jahrelang war der neue Sport im Turnunterricht verboten. In Bayern war den Gymnasiasten das Fußballspielen auch außerhalb der Schule untersagt. Wurden die Schüler dabei erwischt, konnte dies den Verweis von der Schule nach sich ziehen. So blieb ihnen nichts anderes übrig, als heimlich in ihrer Freizeit dem Ball hinterherzujagen. Trotzdem wagten es manche, sich einem der Vereine anzuschließen, die – zum Beispiel in Nürnberg oder Leipzig – von ehemaligen Gymnasiasten gegründet worden waren.

Turner gegen Fußball

Obwohl der Fußball bei vielen Jugendlichen in Deutschland großen Anklang fand, gab es in der Zeit vor dem Ersten Weltkrieg auch eine breite Front des Widerstands. Besonders die Turnlehrer wetterten gegen den „rauen und hässlichen" Fußball. Sie waren der Ansicht, dass man nur durch das Turnen einen gut trainierten, wohlgeformten Körper bekommen könne. Fußball hingegen sei ungesund. Auch der Wettkampfgedanke des englischen Sports war den Vertretern der deutschen Turnerschaft fremd, denn beim Turnen sollte nicht das Siegen im Vordergrund stehen, sondern die disziplinierte und korrekte Ausführung von Übungen.

Berliner Schüler beim Fußballspielen im Jahr 1913

Mitgliederstatistik

In welchem Tempo sich die Fußballbegeisterung ausbreitete, zeigt die Mitgliederstatistik des DFB:

1904 – 10 000 Mitglieder
1913 – 160 000 Mitglieder
1920 – 750 000 Mitglieder

Titelblatt des Fußballjahrbuches des DFB von 1913

Viele Turnlehrer waren gegen die Einführung des Fußballs in Deutschland. 1898 verfasste der Lehrer Karl Planck eine Streitschrift mit dem Titel „Fußlümmelei", in der das Fußballspiel als lächerlich und widernatürlich gebrandmarkt wurde.

Die Fußballmannschaft eines Infanterie-Regimentes (1909)

Wann wurde Fußball in Deutschland so richtig beliebt?

Im Gegensatz zu vielen Lehrern standen einige hochgestellte Persönlichkeiten dem Fußball sehr positiv gegenüber. Der deutsche Kronprinz Wilhelm stiftete 1907 einen Pokalwettbewerb, Prinz Friedrich Karl von Preußen war selbst aktiver Fußballer beim SC Charlottenburg Berlin. Auch die Militärbehörden förderten den Fußball. Seit 1910 war Fußball Teil der militärischen Grundausbildung, in Heer und Marine wurden eigene Wettbewerbe veranstaltet. Da war es nur selbstverständlich, dass die Exerzierplätze für das Fußballspiel zur Verfügung gestellt wurden. Auch deshalb entwickelte sich Berlin, wo es viele Kasernen gab, zur ersten Hochburg des Fußballs in Deutschland.

In den Jahren des Ersten Weltkriegs (1914-1918), als alle jungen Männer zum Militär einberufen wurden, lernten auch diejenigen den Fußball kennen, die von diesem Sport bis dahin noch nichts gehört hatten. Tausende von Soldaten fanden im Fußball eine Ablenkung von den Gräueln des Krieges. So wurde die Zahl der Fußballanhänger immer größer. Und als der Krieg vorbei war, wurde das Fußballspiel, von dem selbst die Turnlehrer inzwischen eine bessere Meinung hatten, nun auch an den Schulen geduldet.

Das erste Endspiel um die Deutsche Meisterschaft im Jahr 1903 sahen ganze 2 000 Zuschauer. Es fand auf einem Exerzierplatz in Hamburg-Altona statt. Wenig später genügten einfache Fußballplätze schon nicht mehr, um der wachsenden Zahl von Fans Platz zu bieten. Nun wurden für die Zuschauer Holztribünen gebaut und Erdwälle aufgeschüttet. Im Jahr 1911 drängelten sich 12 000 Zuschauer in solch einem einfachen Stadion in Dresden. Das „Stadion an den Sandhöfer Wiesen" in Frankfurt bot 1920 bereits 35 000 Zuschauern Platz. Drei Jahre später war das neu erbaute Grunewaldstadion in Berlin Schauplatz des Endspiels. 64 000 Fußballfans wurden Zeuge, wie der Hamburger SV gegen Union Oberschöneweide mit 3:0 gewann.

Zuschauermassen in Berlin, 1919

Frauenfußball

Wo gab es die ersten Frauenteams?

Schon aus der Anfangszeit des Profifußballs in England wird berichtet, dass gut gekleidete Damen sehr häufig die Spiele in den Stadien besuchten. Und bald traten die Frauen auch selbst gegen den Ball. 1894 gründete Nettie Honeyball in London die erste englische Frauen-Fußballmannschaft mit dem Namen „British Ladies". Ein Jahr später fand das erste „Ladies Football Match" vor 10 000 Zuschauern statt. Frauen, die öffentlich in kurzen Hosen herumliefen, waren jedoch für viele ein Ärgernis. Frauen sollten Röcke tragen und Tennis spielen, meinten die meisten Männer, und so wurden die Frauenfußballspiele im Jahr 1902 verboten.

Als im Laufe des Ersten Weltkriegs der Betrieb der englischen Profiliga eingestellt worden war, wurde der Frauenfußball plötzlich wieder beliebt. Der Zweck der vor Zuschauern veranstalteten Frauenwettkämpfe bestand vor allem darin, Geld für wohltätige Zwecke zu sammeln. Unter den etwa 150 Frauenteams waren die „Dick Kerr's Ladies" am berühmtesten. 1920 lockten sie 53 000 Zuschauer in das Liverpooler Stadion. Dieser Erfolg war den Männern wohl zu viel. Nur ein Jahr später wurde den Frauen verboten, in Stadien aufzutreten. Der englische Verband erklärte, dass das Fußballspiel für Frauen ungeeignet sei. Nur noch wenige Frauen spielten weiter Fußball, und kaum jemand schaute zu.

Fußballspielerin auf einer englischen Postkarte von 1906

Seit wann spielen in Deutschland Frauen Fußball?

In Deutschland wurde 1930 in Frankfurt die erste „Damen-Fußballmannschaft", wie es damals hieß, gegründet. Aber auch in Deutschland gab es große Widerstände gegen Fußball spielende Frauen. Bereits nach einem Jahr gaben die Fußballerinnen wieder auf. Erst 1954, nachdem die deutsche Nationalmannschaft der Männer die Weltmeisterschaft gewonnen hatte, durften auch die Frauen wieder auf den Fußballplatz. Doch zum

Nettie Honeyball gründete die erste englische Frauen-Fußballmannschaft.

Erste Kickerinnen

Die ersten Fußballspielerinnen gab es im alten China. Dort spielten die Frauen schon vor über tausend Jahren ebenso Ball wie die Männer. Bestimmte Spiele, bei denen man einen Ball möglichst lange mit dem Fuß in der Luft halten musste, betrieben beide Geschlechter sogar gemeinsam. Im 17. Jahrhundert besang der Dichter Li Yu die „grazilen Kicks" der Fußballspielerinnen in der alten Hauptstadt Chang'an (heute Xian in der Provinz Shanghai).

Die „Dick Kerr's Ladies", das berühmteste englische Frauenteam in den 1920er-Jahren

Französisches Showgirl mit Fußball, 1920er-Jahre

offiziellen Spielbetrieb waren sie nicht zugelassen. Wegen seiner „unweiblichen Rohheit“, so befand man beim DFB, sei das Fußballspielen für Frauen ungeeignet. Und so verbot der DFB seinen Vereinen, Frauenabteilungen zu gründen und Plätze für Frauenteams zur Verfügung zu stellen.

Die Frauen ließen sich jedoch nicht abhalten. 1957 und 1958 wurden sogar mehrere Länderspiele in großen Stadien veranstaltet. So trat etwa eine Elf des „Westdeutschen Damen-Fußball-Verbandes“ (WDFV) im Juli 1957 im Stuttgarter Neckarstadion gegen eine englische Auswahl an. 1970 fand dann in Italien eine inoffizielle Weltmeisterschaft statt, an der auch ein Team aus Bad Neuenahr als Vertreter Deutschlands teilnahm. Zum Finale in Turin kamen 40 000 Zuschauer; sie sahen einen 2:0-Sieg Dänemarks gegen Italien. Nun hatten auch die Herren beim DFB endlich ein Einsehen: Noch im selben Jahr erlaubten sie den Frauen offiziell das Fußballspielen.

Welche Wettbewerbe werden ausgetragen?

Nach der Anerkennung durch den DFB ging es mit dem Frauenfußball stetig bergauf. Seit 1974 wird in Deutschland um die Meisterschaft gekämpft, seit 1981 gibt es den Pokalwettbewerb. 1990 wurde die Frauen-Bundesliga ins Leben gerufen, in der heute zwölf Vereine spielen. Am erfolgreichsten war bislang der 1. FFC Frankfurt: Bis 2009 errangen die Frankfurterinnen je sieben Meistertitel und Pokalsiege.

Eröffnungsfeier zur ersten Frauen-Fußball-weltmeisterschaft 1991 in China

Seit 2001 gibt es auch einen internationalen Wettbewerb, die Women's Champions League (vorher Women's Cup). Die deutschen Frauenvereine erwiesen sich bisher als am stärksten. Dreimal war der 1. FFC Frankfurt erfolgreich (2002, 2006, 2008), einmal Turbine Potsdam (2005) und zuletzt im Jahr 2009 der FCR Duisburg. Duisburg hatte schon im Pokalendspiel mit einem 7:0 gegen die „Turbinen“ für Aufsehen gesorgt. Das Pokalfinale wurde letztmals vor dem Finale der Männer im Berliner Olympiastadion ausgetragen. Künftig sollen die Endspiele an verschiedenen Orten stattfinden.

In Frankreich gab es, wie in England, schon frühzeitig Frauenteams. 1919 fand in Paris ein erster großer Wettbewerb im Frauenfußball statt. 1920 traf eine Auswahl französischer Spielerinnen in England auf die „Dick Kerr's Ladies“ und verlor mit 1:2. Ab 1921 wurden regelmäßig eine französische Meisterschaft und Pokalwettbewerbe ausgetragen. Erste Länderspiele fanden statt. In den 1930er-Jahren wurden aber auch in Frankreich immer mehr Bedenken gegen den Frauenfußball laut, seine Ausbreitung wurde verhindert.

Der erste Deutsche Damenfußball-Klub

1930 wurde in Frankfurt/Main die erste deutsche Frauen-Fußballmannschaft gegründet.

Jugend

Die Jugendmannschaften der Mädchen sind wie die der Jungen in Altersklassen unterteilt (siehe S. 76), doch es wird nur eine B-Jugend-Meisterschaft ausgespielt (seit 2000). Die 17-Jährigen spielen schon bei den Erwachsenen. Erfolgreichster Verein war Turbine Potsdam (sieben Titel bis 2009). International sind die Jugend-Nationalteams der Mädchen sehr erfolgreich: In den verschiedenen Altersklassen holten sie bis 2009 sechs EM- und einen WM-Titel.

Welt- und Europameisterschaften

Weltmeisterschafts-Endspiele:

1991
USA – Norwegen 2:1
1995
Norwegen – BRD 2:0
1999
USA – China 5:4
(nach Elfmeterschießen)
2003
BRD – Schweden 2:1 (n.V.)
2007
BRD – Brasilien 2:0

Europameisterschaften:

1984 Schweden
1987 Norwegen
1989 BRD
1991 BRD
1993 Norwegen
1995 BRD
1997 BRD
2001 BRD
2005 BRD
2009 BRD

Torfrau Nadine Angerer klärt gegen Marta (Weltfußballerin 2006 bis 2008) vom Team Brasiliens, das in den letzten Jahren immer stärker geworden ist.

Welches Land ist im Frauenfußball am erfolgreichsten?

Anfang der 1980er-Jahre fand die erste Frauen-Europameisterschaft statt. Das Turnier wurde über einen Zeitraum von zwei Jahren ausgetragen. Den Titel holten 1984 die Schwedinnen mit einem 4:3-Sieg im Endspiel gegen England.

Die erste Weltmeisterschaft der Frauen fand 1991 in China statt. Als beste Nation erwiesen sich zunächst die USA. Sie gewannen 1991 den Titel, holten 1996 und 2004 bei den Olympischen Spielen Gold und wurden 1999 im eigenen Land erneut Weltmeister. In den USA, wo sich die Männer eher für einen anderen Sport, den American Football, interessieren, ist Frauenfußball beliebter als bei uns. Der erste Versuch, eine Profiliga einzurichten, scheiterte zwar, doch seit 2009 gibt es wieder eine Liga mit gut bezahlten Spielerinnen („Women's Professional Soccer").

Da haben es die Fußballerinnen in Deutschland schwerer. In der Frauen-Bundesliga liegen die Zuschauerzahlen nur selten im Tausenderbereich. Auch die besten Spielerinnen bekommen als Amateure von den Vereinen nur wenig Geld und sind auf Werbeeinnahmen und Sponsorengelder angewiesen.

Fatmire Bajramaj, als Vierjährige aus dem Kosovo geflohen, ist heute Weltmeisterin.

Dennoch hat die deutsche Frauen-Nationalmannschaft, die 1982 ihr erstes Länderspiel bestritt, international eine Spitzenstellung erreicht. Bereits siebenmal gewann sie die Europameisterschaft, den Weltmeistertitel errang sie, nach einem zweiten Platz 1995, erstmals

2003 beim Turnier in Nordamerika. Als erstes Frauenteam konnte sie dann sogar im Jahr 2007 bei der WM in China ihren Titel verteidigen. 31 000 Zuschauer sahen in Shanghai die Tore von Birgit Prinz und Simone Laudehr zum 2:0-Sieg im Finale gegen Brasilien. Mehr als neun Millionen Zuschauer verfolgten das Spiel in Deutschland vor dem Fernseher. Für den Erfolg erhielt jede Spielerin eine Prämie von 50 000 Euro.

Wo findet die Frauen-WM 2011 statt?

2011 wird die Endrunde der sechsten Fußballweltmeisterschaft erstmalig in Deutschland ausgetragen. Ab dem 26. Juni treten 16 Nationalmannschaften zunächst in vier Gruppen und danach im K.o.-System gegeneinander an. Als Spielorte sind Augsburg, Berlin, Bochum, Dresden, Leverkusen, Mönchengladbach, Sinsheim, Wolfsburg und Frankfurt vorgesehen.

Die von der ehemaligen Nationalspielerin Silvia Neid trainierten deutschen Frauen zählen natürlich zu den Top-Favoritinnen. Aber der Wettbewerb bei den Olympischen Spielen 2008 in China hat gezeigt, dass die Konkurrenz deutlich stärker geworden ist: Das deutsche Team schied im Halbfinale mit 1:4 gegen die spielstarken Brasilianerinnen aus. Mit einem 2:0-Sieg gegen Japan konnte man sich immerhin die Bronzemedaille sichern. Gold holten die USA mit einem 1:0 gegen Brasilien. Man darf also gespannt sein, wie sich das deutsche Team bei der WM 2011 schlagen wird.

Die Europameisterinnen von 2009 mit Nadine Angerer, Torjägerin Inka Grings (vorn ganz links) und Birgit Prinz, Weltfußballerin 2003 bis 2005 (hinten, zweite von rechts).

Im Frankfurter Stadion wird am 17. Juli 2011 das Finale der Frauen-WM stattfinden.

Trainerin Silvia Neid

Weltmeister 2007! Die deutsche Nationalelf erringt ihren zweiten WM-Titel. Nadine Angerer wurde zur besten Torhüterin gewählt.

Das Spielfeld
Alle Punkte, Linien und Felder auf einem Fußballfeld haben eine besondere Bedeutung und sind in ihren Maßen festgelegt. Nur die Größe eines Spielfeldes kann unterschiedlich sein. Es darf eine Länge von 90 bis 120 Metern und eine Breite von 45 bis 90 Metern haben. Die Normalgröße beträgt 105 Meter in der Länge und 68 bis 70 Meter in der Breite.

Torauslinie
Wird der Ball von der verteidigenden Mannschaft neben oder über das eigene Tor ins Aus gespielt, so gibt es Eckball für die gegnerische Mannschaft. Schießt ein Spieler der angreifenden Mannschaft den Ball ins Aus, so wird der Ball durch Abstoß wieder ins Spiel gebracht.

Abstoss
Der Abstoß wird von einem Spieler der verteidigenden Mannschaft von irgendeinem Punkt innerhalb des Torraumes ausgeführt. Der Ball muss mindestens über die Strafraumgrenze hinausgeschossen werden. Alle gegnerischen Spieler müssen sich dabei außerhalb des Strafraums aufhalten.

Eckstoss
Der Eckstoß erfolgt von dem Eckraum aus, der der Stelle am nächsten liegt, an der der Ball ins Aus gegangen ist. Der Ball wird in den Viertelkreis der Ecke gelegt und ins Feld geschossen. Die Spieler der verteidigenden Mannschaft müssen beim Eckstoß einen Abstand von mindestens 9,15 Metern zum Ball einhalten.

In der Coaching-Zone
(oder „technischen Zone") rund um die Ersatzbank halten sich Trainer, Betreuer und Auswechselspieler während eines Spiels auf. Sie dürfen diesen Bereich nur in Ausnahmefällen verlassen. Der sogenannte vierte Offizielle, eine Art Zusatzschiedsrichter, wacht darüber, dass sich die Personen in der technischen Zone nicht ungebührlich benehmen.

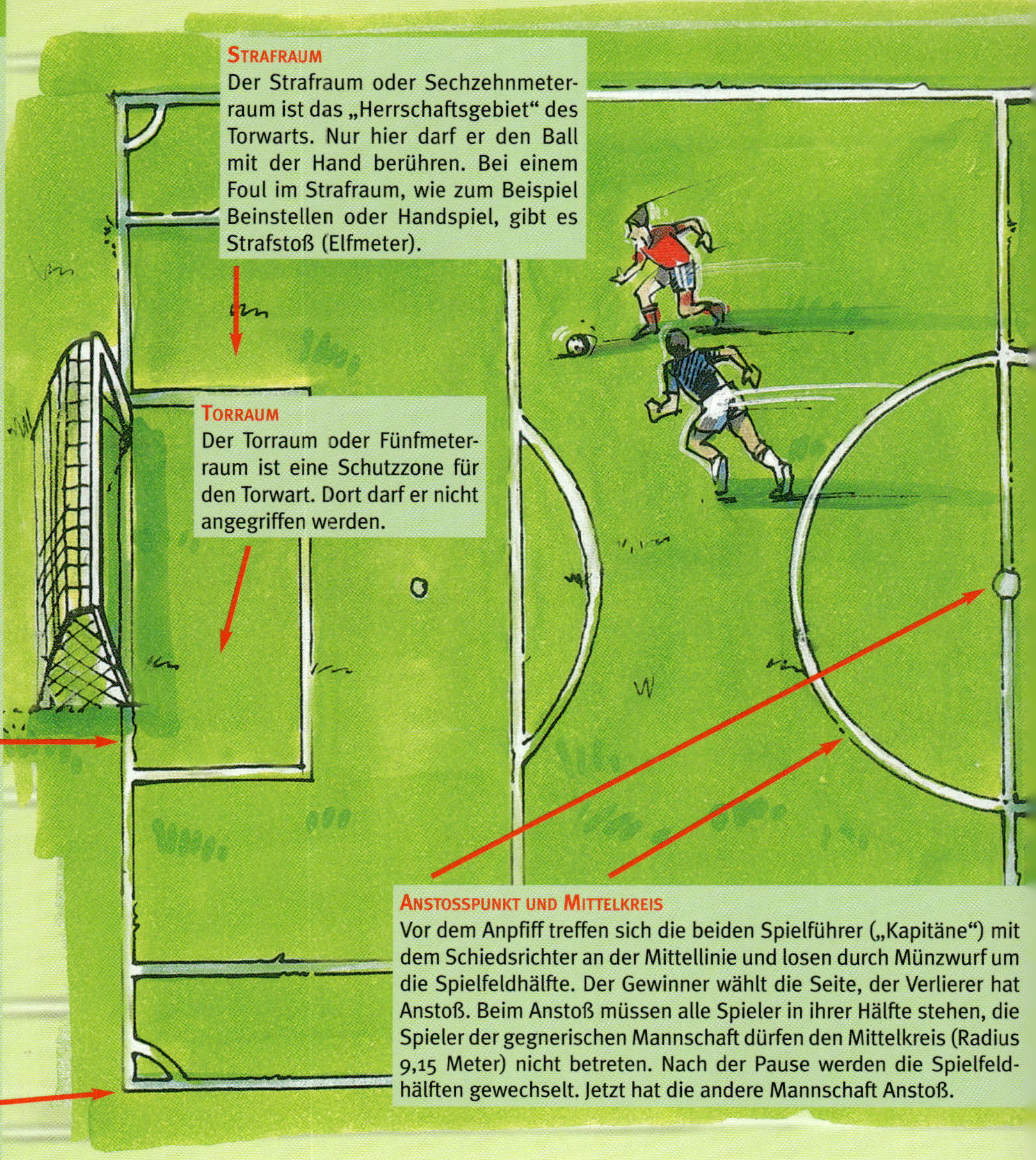

Strafraum
Der Strafraum oder Sechzehnmeterraum ist das „Herrschaftsgebiet" des Torwarts. Nur hier darf er den Ball mit der Hand berühren. Bei einem Foul im Strafraum, wie zum Beispiel Beinstellen oder Handspiel, gibt es Strafstoß (Elfmeter).

Torraum
Der Torraum oder Fünfmeterraum ist eine Schutzzone für den Torwart. Dort darf er nicht angegriffen werden.

Anstosspunkt und Mittelkreis
Vor dem Anpfiff treffen sich die beiden Spielführer („Kapitäne") mit dem Schiedsrichter an der Mittellinie und losen durch Münzwurf um die Spielfeldhälfte. Der Gewinner wählt die Seite, der Verlierer hat Anstoß. Beim Anstoß müssen alle Spieler in ihrer Hälfte stehen, die Spieler der gegnerischen Mannschaft dürfen den Mittelkreis (Radius 9,15 Meter) nicht betreten. Nach der Pause werden die Spielfeldhälften gewechselt. Jetzt hat die andere Mannschaft Anstoß.

Die Regeln

Was regeln die Regeln?

Ohne Regeln gäbe es kein Fußballspiel. Erst durch die Regeln, die der englische Fußballverband im Jahr 1863 erstmals festlegte, wurde eine Abgrenzung zu anderen Spielformen, wie zum Beispiel dem Rugby, möglich. Darüber hinaus stellen sie sicher, dass das Fußballspiel überall auf der Welt in gleicher Weise durchgeführt wird. In den Vereinen Deutschlands wird nach denselben 17 Regeln gespielt wie in allen anderen Ländern, die sich dem Weltfußballverband (FIFA) angeschlossen haben.

Jeder Spieler muss die Regeln kennen und ist dazu angehalten, sie zu beachten. Wenn man einmal mit einer Entscheidung des Schiedsrichters unzufrieden ist, sollte man nie vergessen, dass ein Fußballspiel ohne einen „Wächter" über die Regeln gar nicht möglich wäre. Die Spieler würden sich ständig darüber streiten, was erlaubt ist und was nicht – und kämen dabei gar nicht mehr zum Fußballspielen.

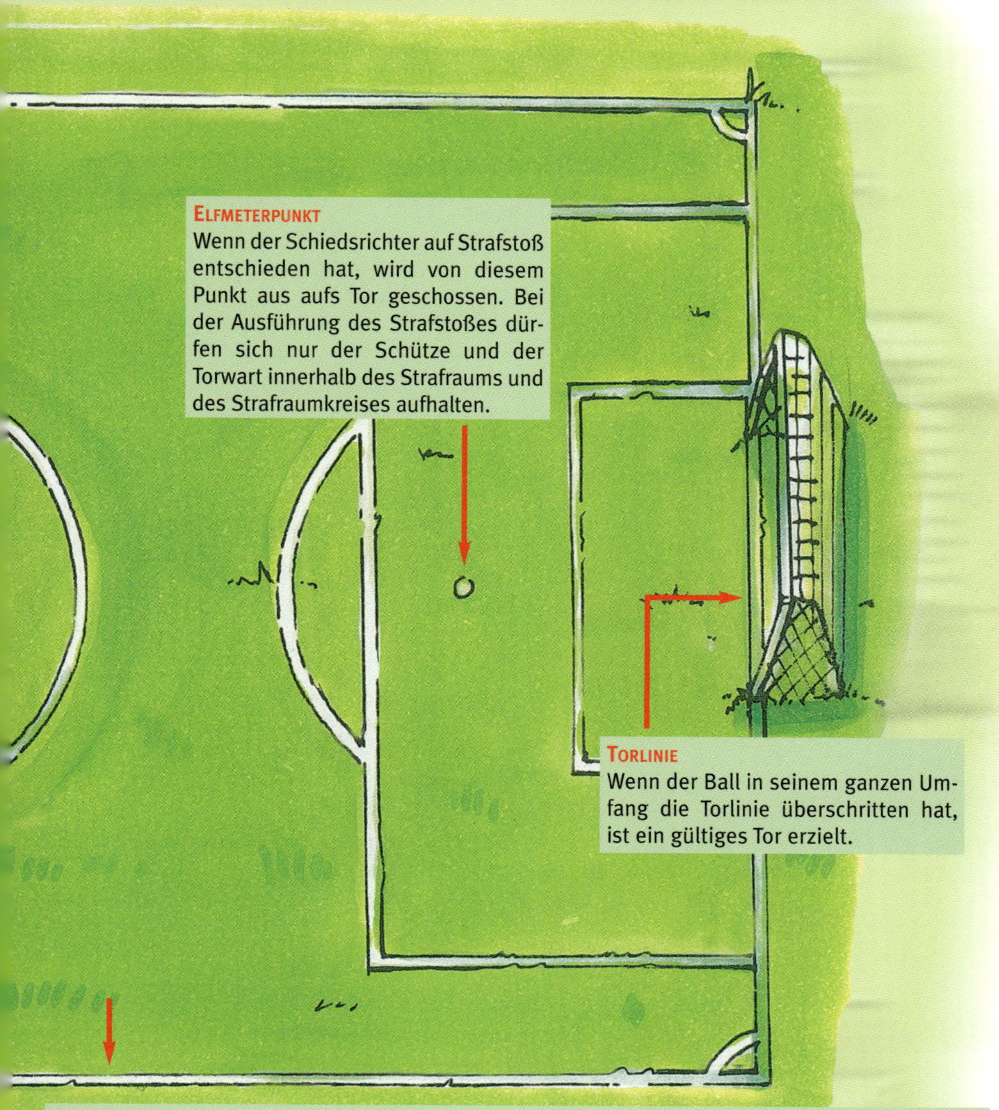

SEITENLINIE
Wenn der Ball in vollem Umfang die Seitenlinie überschritten hat, gibt es Einwurf. Der Einwurf wird von derjenigen Mannschaft ausgeführt, die den Ball vorher nicht berührt hat. Beim Einwurf muss der Ball mit beiden Händen von hinten über den Kopf ins Spielfeld geworfen werden. Beide Füße des Spielers müssen dabei auf oder hinter der Seitenlinie stehen bleiben. Wird der Einwurf nicht korrekt durchgeführt („falscher Einwurf"), erhält die gegnerische Mannschaft das Recht, einzuwerfen.

Wie ändern sich die Regeln?

Die Regeln, die heute gelten, sind nicht mehr genau dieselben, die 1863 niedergeschrieben wurden. Immer wieder hat man sich Verbesserungen ausgedacht. Seit 1886 ist der International Football Association Board (IFAB), die internationale Regelbehörde, für alle Änderungen der Spielregeln zuständig. Sie tritt einmal im Jahr in London zusammen. Die Beschlüsse, die sie über das Regelwerk trifft, benötigen die Zustimmung von 75 Prozent der Stimmberechtigten.

Dem IFAB gehörten zunächst nur die vier britischen Landesverbände an (England, Schottland, Wales und Irland). Später durften vier weitere Mitgliedsländer der FIFA in den IFAB. Bis heute hat sich an dieser Zusammensetzung nichts geändert. Darin zeigt sich, dass die historische Rolle Großbritanniens bei der Entstehung des Spiels bis heute Berücksichtigung findet. Die Erfinder des Fußballs wachen noch immer über die Regeln des Spiels.

IN DEN REGELN sind nicht nur die Größe und die Markierungen des Spielfeldes festgelegt (Regel 1), sondern auch Ausmaß und Gewicht des Balles (Regel 2), die Zahl und die Ausrüstung der Spieler (Regel 3 und 4), die Aufgaben des Schiedsrichters (Regel 5 und 6), der Beginn und die Dauer des Spiels (Regel 7 und 8), wann der Ball aus dem Spiel und wann ein Tor erzielt ist (Regel 9 und 10), das Foulspiel, das mit Frei- und Strafstößen geahndet wird (Regel 12 bis 14), die Ausführung von Abstoß, Eckstoß und Einwurf (Regel 15 bis 17) sowie, als einzige wirklich komplizierte Vorschrift, das Abseits (Regel 11).

WICHTIGE REGELÄNDERUNGEN SEIT 1863

1864 – Hosen müssen über die Knie reichen
1870 – Begrenzung der Spielerzahl auf elf
1871 – Handspiel nur für Torwart möglich
1875 – Tore müssen eine Querlatte haben
1877 – Platzverweis für grobes Foul
1890 – Tornetze werden eingeführt
1891 – Elfmeter bei Foul im Strafraum
1925 – Änderung der Abseitsregel
1968 – Einwechslung von zwei Ersatzspielern
1970 – Gelbe Karte bei leichtem Foul
1992 – Rückpass zum Torwart wird verboten
1993 – Grätsche von hinten führt zu Rot
1995 – Einwechslung von drei Ersatzspielern

Das Wembley-Tor: Bei der WM 1966 gewann England im Endspiel gegen Deutschland mit 4:2. Bis heute umstritten ist das entscheidende dritte Tor der Engländer im Londoner Wembley-Stadion. Der Ball sprang nach Geoffrey Hursts Schuss von der Latte nach unten. Aber war er im Tor? Viele bestreiten dies – obwohl jüngste Computeranalysen bewiesen haben, dass der Ball tatsächlich drin war.

Wie muss ein Fußball beschaffen sein?

Der Gegenstand, um den sich alles dreht, ist der Ball. Er muss kugelförmig sein, einen Umfang von 68 bis 70 Zentimetern haben und 410 bis 450 Gramm schwer sein. Der Jugendball (Ballgröße 4) ist etwas kleiner und leichter (63,5 bis 66 Zentimeter groß und 350 bis 390 Gramm schwer). Für von der FIFA durchgeführte Wettbewerbe dürfen nur Bälle verwendet werden, die offiziell getestet wurden. So soll sichergestellt werden, dass alle Spiele unter gleichen (Ball-)Bedingungen stattfinden.

Heutige Bälle sind in der Regel ganz aus Kunststoff und daher entsprechend standardisiert. In früheren Zeiten konnten die Bälle, die in Handarbeit aus Leder gefertigt wurden, sehr unterschiedlich sein. Oft gab es vor den Spielen Streit darüber, mit welchem Ball gespielt werden sollte. Jede Mannschaft hatte einen bestimmten Ball, an den sie gewöhnt war. So war oftmals bereits der Beschluss, welchen Ball man benutzte, nicht unwesentlich für den Ausgang des Spiels. Denn die Mannschaft, die mit einem für sie ungewohnten Ball spielen musste, hatte einen deutlichen Nachteil.

Wie groß muss ein Tor sein?

Nur bis zur E-Jugend wird auf kleinere Tore gespielt (2 Meter hoch, 5 Meter breit), ab der D-Jugend (10 Jahre) betragen die Tormaße einheitlich 7,32 Meter in der Breite und 2,44 Meter

Eindeutig drin war der Ball bei dem Tor, das Jürgen Klinsmann am 31.7.1997 in Mönchengladbach erzielte. Es war der letzte Bundesliga-Treffer des Stürmers von Bayern München.

in der Höhe. Diese etwas seltsam anmutenden Maße haben ihren Ursprung in den englischen Maßeinheiten Foot (30,48 Zentimeter) und Yard (0,9144 Meter). Die englischen Regeln legten die Torgröße auf 8 Feet Höhe (243,84 Zentimeter) und 8 Yards Breite (7,3152 Meter) fest. In offiziellen Spielen müssen die Maße auf den Zentimeter genau stimmen. 1997 war der FC Sion (Schweiz) gegen Spartak Moskau im UEFA-Cup ausgeschieden (0:1 zu Hause und 2:2 in Moskau) und legte Protest gegen die „zu kleinen russischen Tore“ ein. Tatsächlich ergab sich, dass die Moskauer Tore nur 2,36 bzw. 2,32 Meter hoch waren. Es kam zum Wiederholungsspiel. Aber die größeren Tore nutzten nur Moskau. Es gewann mit 5:1.

Der Ball für die WM 2006. In speziellen Test-Centern werden Bälle wie dieser stundenlang gerubbelt, in Wasser getaucht, zusammengestaucht, von Robotern getreten und an die Wand geschleudert. Wenn sie all das überstanden und dabei die Form nicht verloren haben, dürfen sie mit dem FIFA-Stempel auf den Platz.

Wann zählt ein Tor?

Ein Tor gilt dann als erzielt, wenn der Ball die Torlinie zwischen den Pfosten und unter der Querlatte mit vollem Umfang überquert hat. Dabei spielt es keine Rolle, von welcher Partei das Tor geschossen wurde.

Hat ein Verteidiger den Ball ins eigene Tor befördert, dann hat er ein sogenanntes Eigentor verschuldet. Nach einem Torerfolg hat die Mannschaft, die den Treffer nicht erzielt hat, Anstoß. Die Mannschaft, die am Ende des Spiels mehr Tore geschossen hat, hat gewonnen. Wenn kein Tor erzielt wurde oder beiden Teams gleich viele Tore gelungen sind, gilt das Spiel als unentschieden. Im Ligafußball erhält die siegreiche Mannschaft drei Punkte zugeschrieben, bei einem Unentschieden bekommt jede Mannschaft einen Punkt.

Weil es so schwer ist, den Ball mit Fuß oder Kopf am Torwart vorbeizubringen, fallen beim Fußball im Vergleich zu anderen Sportarten sehr wenig Tore. In der Bundesliga sind es im Schnitt etwa drei pro Spiel. Diesem Durchschnitt entspricht das 2:1 als häufigstes Spielergebnis. Das heißt: Die Mannschaft, die in einem Spiel zwei Treffer erzielt, hat eine sehr hohe Chance auf den Sieg.

Jeder Verein hat dafür zu sorgen, dass seine Tore in Ordnung sind. Früher, als die Tore noch aus Holz und nicht aus Metall waren, konnte Überraschendes passieren.
Am 3. April 1971 rutschte der Bremer Herbert Laumen auf dem Bökelberg in Mönchengladbach nach einem Sprint über die Torlinie der Gladbacher und verfing sich im Netz. Ein lautes Krachen – und das Tor brach zusammen. Das Spiel musste abgebrochen werden und wurde 2:0 für Bremen gewertet, weil die Gladbacher für das schadhafte Tor verantwortlich waren.

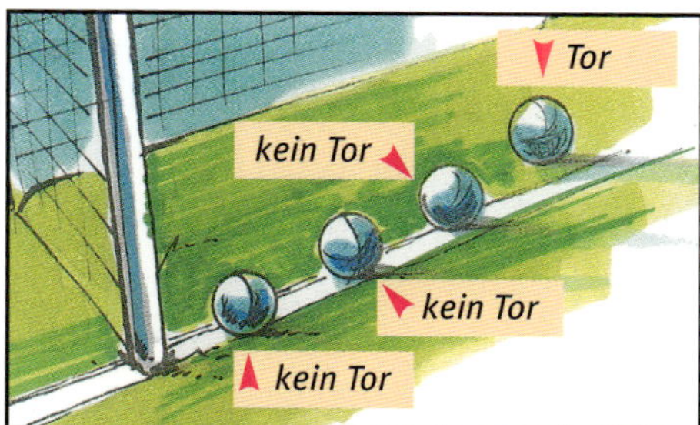

Solange der Ball die Linie nicht mit vollem Umfang überquert hat, ist kein Tor erzielt!

Die berühmte Elf, die 1954 den ersten WM-Titel für Deutschland gewann (v.l.n.r.): Fritz Walter (1. FC Kaiserslautern), Toni Turek (Fortuna Düsseldorf), Horst Eckel (Kaiserslautern), Helmut Rahn (Rot-Weiß Essen), Ottmar Walter, Werner Liebrich (beide Kaiserslautern), Karl Mai (SpVgg Fürth), Hans Schäfer (1. FC Köln), Werner Kohlmeyer (Kaiserslautern), Josef Posipal (Hamburger SV), Max Morlock (1. FC Nürnberg)

Bis zur E-Jugend besteht eine Fußballelf aus sieben Spielern.

Was ist eine Fußballelf?

Eine Fußballmannschaft besteht in der Regel aus zehn Feldspielern und einem Torwart. In jedem offiziellen Wettbewerb dürfen bis zu drei Spieler ausgewechselt werden. Die Auswechslung wird beim Schiedsrichter angemeldet und erfolgt immer auf der Höhe der Mittellinie. Darüber hinaus kann ein Spieler den Torwart ersetzen, wenn der Schiedsrichter dazu seine Erlaubnis gibt. Ein Spiel darf nicht angepfiffen oder fortgesetzt werden, wenn eine Mannschaft aus weniger als sieben Spielern besteht.

Wie die Idee entstanden ist, dass eine Fußballmannschaft gerade elf Spieler haben soll, weiß man nicht genau. Klar ist aber, dass jeder Spieler in einer Elf eine bestimmte Aufgabe hat, je nachdem, auf welcher Spielposition er eingesetzt wird. Der Torwart ist der letzte Mann und der Einzige im Team, der den Ball mit der Hand berühren darf. Vor ihm sind die Abwehrspieler postiert. Sie haben die Aufgabe, Tore des Gegners zu verhindern. Vorne sind die Stürmer aufgestellt, die Tore erzielen sollen. Und dazwischen, als Verbindung von Abwehr und Sturm, stehen die Mittelfeldspieler, die sowohl im Angriff als auch in der Verteidigung Aufgaben übernehmen.

Selbst ein Star wie Luis Figo, der berühmteste Nationalspieler Portugals, wurde schon häufig ausgewechselt. Hier muss Figo während der EM 2004 im Spiel gegen Russland dem jungen Cristiano Ronaldo Platz machen.

Neben einem lang- oder kurzärmeligen Trikot tragen Fußballspieler eine kurze Sporthose und Stutzen. Im Spiel müssen die Mannschaften verschiedene Farben tragen. Dabei unterscheiden sich die Trikots der Torhüter farblich von denen aller anderen Spieler und dem des Schiedsrichters. Im Wettkampf muss jeder Spieler, auch der Torwart, unter den Stutzen Schienbeinschoner tragen, um Verletzungen vorzubeugen. Denn im Kampfgetümmel kann es sehr schnell passieren, dass man einmal nicht den Ball, sondern das Schienbein des Gegners trifft.

Welche Ausrüstung benötigen Fußballspieler?

Das Wichtigste aber sind die Fußballschuhe. Unter den Sohlen sind Gumminocken (vor allem für harte, trockene Böden) oder auswechselbare Schraubstollen angebracht, die auf weichen, matschigen Plätzen festen Halt geben. Moderne Schuhe sind auch an der Oberseite speziell geformt. Das soll ermöglichen, dass man den Ball schärfer schießen und zugleich die Schussbahn besser kontrollieren kann.

Die deutsche Nationalelf vor der Verlängerung des Halbfinales gegen England bei der EM 1996. Das Spiel stand 1:1, in der Verlängerung fielen keine Tore mehr. Es kam zum Elfmeterschießen, das Deutschland mit 6:5 gewann.

Moderne Fußballschuhe mit Nocken und ein Paar Schienbeinschoner

Wie lange dauert ein Fußballspiel?

Die Spieldauer beim Fußball ist je nach Alter verschieden. Die F-Jugend (bis 8 Jahre) spielt 2 x 20 Minuten. Von Altersklasse zu Altersklasse steigert sich die Spieldauer um je 2 x 5 Minuten, bis in der A-Jugend die normale Spielzeit erreicht ist. Bei der A-Jugend und den Erwachsenen (Senioren) beträgt sie 2 x 45 Minuten.

Es wird in zwei Abschnitten (Halbzeiten) gespielt; dazwischen gibt es eine kurze Erholungspause. Wird das Spiel durch Verletzungen oder andere Unterbrechungen verzögert, kann der Schiedsrichter die verlorene Zeit nachholen lassen (Nachspielzeit). Bei Profiwettbewerben wird die Nachspielzeit von Assistenten auf speziellen Tafeln angezeigt.

Verlängerung

Entscheidungs- oder Pokalspiele, die nach der normalen Spielzeit unentschieden stehen, werden um 2 x 15 Minuten verlängert. Fällt auch in der Verlängerung keine Entscheidung, kommt es zum Elfmeterschießen. Vorübergehend galt die Regel, dass Spiele durch das erste in der Verlängerung erzielte Tor entschieden werden (Golden Goal oder Silver Goal, siehe S. 97).

SCHIEDSRICHTERBALL

Wenn ein Spiel zeitweilig unterbrochen werden musste, aber ohne einen Grund, der in den Spielregeln festgelegt ist, wird es mit einem Schiedsrichterball fortgesetzt. Der Schiedsrichter lässt den Ball an der Stelle fallen, wo er sich bei der Unterbrechung des Spiels befand. Das Spiel ist fortgesetzt, wenn der Ball den Boden berührt.

Aufforderung zum Fair Play: Jimmy Howcroft, Englands strengster Schiedsrichter in der Zeit nach dem Ersten Weltkrieg, bewirkt vor dem Beginn eines Spiels zwischen Notts County und Aston Villa eine freundschaftliche Geste zwischen den Kapitänen Billy Flint (links) und Frank Barson (rechts). Barson galt als einer der brutalsten Spieler dieser Zeit. Selbst im letzten Spiel seiner Karriere wurde er vom Platz gestellt.

Was ist die Aufgabe des Schiedsrichters?

Ohne Schiedsrichter geht im Fußball gar nichts. Er ist der Leiter des Spiels und muss dafür sorgen, dass die Regeln eingehalten werden. Und nur er hat das Recht, ein Spiel bei Regelverstößen, schlechtem Wetter oder Störungen durch Zuschauer zu unterbrechen oder sogar abzubrechen.

Alle Entscheidungen des Schiedsrichters sind Tatsachenentscheidungen. Das heißt: Sie gelten selbst dann, wenn er sich geirrt hat. Es hat also gar keinen Zweck, sich darüber aufzuregen, wenn der Schiedsrichter ein Foul gepfiffen hat, obwohl es gar keines war. Was der Schiedsrichter pfeift, gilt ohne Wenn und Aber. Das ist auch gut so, denn sonst würde es nach jedem Pfiff Diskussionen geben. Und wer sich darüber aufregt, wenn der Schiedsrichter einmal danebenliegt, sollte immer daran denken, dass er seine Entscheidung in Sekundenschnelle treffen muss. Da können eben schon mal Fehler passieren.

Unterstützt wird der Schiedsrichter bei all seinen Entscheidungen durch zwei Assistenten (Linienrichter), die jeweils für eine Hälfte des Spielfelds zuständig sind. Sie verfolgen das Geschehen von den Seitenlinien aus und schwingen ihre Fähnchen, um anzuzeigen, wenn der Ball im Aus ist und welche Mannschaft den Einwurf, Eckstoß oder Abstoß auszuführen hat. Zu ihren wichtigsten Aufgaben gehört es außerdem, dem Schiedsrichter Abseitssituationen zu melden.

Mit indirektem Freistoß wird das Sperren ohne Ball geahndet.

Was passiert, wenn der Schiedsrichter pfeift?

Die wichtigste Funktion des Schiedsrichters ist die Ahndung von Foulspiel und unsportlichem Betragen. Schwere Regelverstöße bestraft er mit direktem Freistoß (der Ball darf direkt aufs Tor geschossen werden), leichte mit indirektem Freistoß (der Ball muss vor dem Torschuss noch von einem weiteren Spieler berührt werden; dabei ist es egal, ob von einem Gegner oder von einem Mitspieler).

Beinstellen führt zu einem direkten Freistoß.

Ein Spieler verursacht zum Beispiel einen direkten Freistoß für die gegnerische Mannschaft, wenn er einen Gegner festhält, rempelt, stößt, anspringt, schlägt, tritt oder ihm ein Bein stellt. Einen direkten Freistoß gibt es außerdem auch bei Vergehen wie Anspucken oder absichtlichem Handspiel. Findet das Foul innerhalb des Strafraums statt, entscheidet der Schiedsrichter auf Strafstoß.

Ein indirekter Freistoß wird zum Beispiel verhängt, wenn ein Spieler den Lauf des Gegners behindert (Sperren ohne Ball) oder durch eine Aktion – etwa einen Fallrückzieher im Gedränge vor dem Tor – die Gesundheit des Gegners gefährdet (gefährliches Spiel). Außerdem gibt es

Rote Karte für Christian Wörns im Viertelfinale der WM 1998 gegen Kroatien. Deutschland verlor mit 0:3.

indirekten Freistoß, wenn der Torwart innerhalb seines Strafraums den Ball länger als sechs Sekunden festhält oder einen Ball mit der Hand aufnimmt, der ihm von einem Mitspieler absichtlich mit dem Fuß zugespielt wurde.

Wann zeigt der Schiedsrichter Gelb oder Rot?

Das unsportliche Verhalten eines Spielers kann zusätzlich zum Freistoß auch mit einer persönlichen Strafe geahndet werden. Mit einer Gelben Karte wird zum Beispiel wiederholtes Foulspiel, das Vortäuschen eines Fouls („Schwalbe"), absichtliches Verzögern des Spiels oder Meckern gegen eine Entscheidung des Schiedsrichters bestraft. Begeht ein Spieler mehrere gelbwürdige Vergehen nacheinander, zeigt der Schiedsrichter die Gelb-Rote Karte (Ampelkarte), die einen Platzverweis zur Folge hat. Im Jugendfußball kann er den Täter vorher auch noch für fünf oder zehn Minuten vom Platz stellen (Zeitstrafe).

Bei Verstößen, die mit Feldverweis geahndet werden, gibt es die Rote Karte. Ein Feldverweis ist immer dann fällig, wenn ein Spieler seinen Gegner absichtlich tritt oder schlägt (Tätlichkeit), sich unsportlich verhält (z.B. Anspucken, Beleidigungen) oder eine Torchance des Gegners durch absichtliches Handspiel oder ein Foul („Notbremse") verhindert.

Wenn es ein Foul gegeben hat, die angreifende Mannschaft aber durch einen Pfiff an einer guten Chance gehindert würde, lässt der Schiedsrichter die Vorteilsregel gelten. Er rudert dann mit den Armen, um zu zeigen: „Weiterspielen!"

Direkter Freistoß *Indirekter Freistoß* *Weiterspielen*

Sperre

Hat ein Spieler während eines Wettbewerbs (Meisterschaft, Pokal) mehrere Gelbe Karten erhalten, so kann er für ein folgendes Spiel gesperrt werden. Bei der Gelb-Roten Karte ist der Spieler ebenfalls für das nächste Spiel gesperrt. Die Rote Karte hat je nach Schwere des Fouls eine Sperre für ein oder mehrere Spiele zur Folge.

Wenn der Schiedsrichterassistent die Fahne nach oben hält, zeigt er damit meist eine Abseitssituation an. Oft pfeift dann im Stadion das Publikum – wenn sich die Entscheidung gegen die eigene Mannschaft richtet.

Kein Abseits

In einigen Fällen ist die Abseitsregel außer Kraft gesetzt. Kein Abseits liegt vor, wenn ein Spieler den Ball in seiner eigenen Spielhälfte zugespielt bekommt oder direkt von einem Abstoß, einem Einwurf oder einem Eckstoß erhält.

Abseits: A schlägt einen Pass zu B. B ist abseits, weil er sich vor A befindet und weil sich im Augenblick, als ihm der Ball von A zugespielt wird, nur noch ein Gegner, nämlich der Torwart, zwischen ihm und der Torlinie befindet.

Wann ist ein Spieler im Abseits?

Die Abseitsregel ist diejenige Fußballregel, die am schwierigsten zu erklären ist. Selbst Fußballprofis tun sich schwer damit, diese Regel so darzustellen, dass man sie auf Anhieb verstehen kann. Um zu begreifen, was mit „Abseits" gemeint ist, sollte man sich daher auch die Zeichnungen auf dieser Seite genau anschauen.

Ein Spieler befindet sich dann in einer Abseitsstellung, wenn er der gegnerischen Torlinie näher ist als der Ball und sich nicht mehr als ein Gegenspieler in dem Raum zwischen ihm und der Torlinie befindet. Die Abseitsstellung selbst ist noch nicht strafbar. Der Schiedsrichter pfeift erst dann, wenn der Ball dem im Abseits stehenden Spieler von einem Mannschaftskollegen zugespielt wird.

Entscheidend ist dabei der Moment der Ballabgabe durch den Mitspieler: Eine Regelübertretung liegt nur dann vor, wenn der Ball, der dem im Abseits stehenden Spieler zugespielt werden soll, den Fuß seines Mitspielers noch nicht verlassen hat. Nach jeder in diesem Sinn strafbaren Abseitsstellung verhängt der Schiedsrichter einen indirekten Freistoß für die gegnerische Mannschaft, und zwar an der Stelle, wo sich der Verstoß ereignete.

Begibt sich ein Spieler erst nach der Ballabgabe in eine Abseitsstellung – also dann, wenn der Ball den Fuß seines Mitspielers bereits verlassen hat und gerade „unterwegs" ist –, so liegt keine Regelübertretung vor. Dasselbe gilt, wenn sich der Spieler bei der Ballabgabe auf gleicher Höhe mit dem – von der gegnerischen Torlinie aus betrachtet – vorletzten Abwehrspieler des Gegners befindet.

Warum ist die Abseitsregel so wichtig?

Wie wichtig die Abseitsregel für den Ablauf des Fußballspiels ist, kann man sich anhand eines Vergleichs mit Handball und Basketball klarmachen. Diese beiden Spiele kennen keine Abseitsregel. Deswegen läuft dort das Spiel vor allem vor dem Tor bzw. unter dem Korb ab. Der Raum zwischen den Toren, das Mittelfeld, hat für den Ablauf des Spiels kaum eine Bedeutung. Ganz anders ist es beim Fußball. Weil sie eine Abseitsstellung vermeiden müssen, können die Angreifer nicht einfach vor dem Tor des Gegners auf den Ball warten. Daher müssen die entscheidenden Aktionen, die später zu Torchancen führen, bereits im Mittelfeld eingeleitet werden.

Durch die Abseitsregel bekommt der Fußball eine gewisse Ähnlichkeit mit dem Schachspiel. Eine Mannschaft, die im Fußball ein Tor erzielen will, muss kluge Spielzüge ersinnen, mit denen die Abwehr des Gegners überlistet werden kann. Um nicht aus Versehen ins Abseits zu laufen, müssen die Angreifer die Verteidiger des Gegners ständig im Auge behalten. Die einen müssen im richtigen Moment den Ball abgeben, und die anderen müssen im richtigen Moment nach vorne laufen, den Ball annehmen und aufs Tor schießen.

Nach der Änderung der Abseitsregel im Jahr 1925 stellte Dixie Dean, Stürmer des FC Everton, einen sagenhaften Torerekord auf. In der Saison 1927/1928 erzielte er in 39 Spielen 60 Tore.

Kein Abseits: A schlägt einen Pass zu B, der von Position 1 zu Position 2 läuft, um den Ball anzunehmen. B ist nicht abseits, weil er sich in dem Moment, in dem A den Ball berührt (Ballabgabe), nicht in einer Abseitsstellung befindet. Er steht nicht näher bei der gegnerischen Torlinie als zwei Gegenspieler.

Alte Abseitsregel

Nach der ersten Abseitsregel, die bis 1925 gültig war, befand sich ein Spieler im Abseits, wenn er der gegnerischen Torlinie im Moment der Ballabgabe näher war als die drei letzten Abwehrspieler der verteidigenden Mannschaft. Um nicht ins Abseits zu laufen, mussten die Stürmer also statt auf zwei, wie heutzutage, auf drei Gegner achten. Das ist natürlich ziemlich schwierig, und deshalb gab es damals in manchen Spielen der englischen Liga bis zu 40 Abseitsentscheidungen. Die Stürmer kamen praktisch gar nicht mehr vor das Tor des Gegners, und es gab kaum Treffer. Nach der Regeländerung verringerte sich die Zahl der Abseitspfiffe, und die Stürmer hatten nun viel mehr Torchancen.

Kein Abseitspfiff

Es gibt Spielsituationen, in denen der Schiedsrichter eine Abseitsstellung nicht abpfeift: Wenn ein Spieler im Abseits steht, aber nicht ins Spiel eingreift und den Gegner auch nicht behindert, lässt der Schiedsrichter das Spiel weiterlaufen. Greift der Spieler allerdings aktiv ins Spielgeschehen ein, indem er zum Beispiel dem Torwart die Sicht versperrt und dadurch seiner Mannschaft einen Torerfolg ermöglicht, wird das Tor vom Schiedsrichter nicht gegeben. Das Spiel wird dann mit einem indirekten Freistoß für den Gegner fortgesetzt.

So wird ein Ball mit dem Oberschenkel gestoppt.

Technik

Der Portugiese Eusebio, 1968 und 1973 bester Torschütze in Europa, jongliert gekonnt mit dem Ball.

Wie wird der Ball zum Freund?

Ein guter Fußballer muss die Fähigkeit haben, mit dem Ball zu machen, was er will. Früher, als die Bälle noch aus Leder waren und keiner dem anderen glich, hatten die Spieler ein sehr intensives Verhältnis zum Ball. Fritz Walter, der ehemalige Kapitän der deutschen Nationalmannschaft, behauptete, dass ein „schlechter“ Ball nicht mitspiele: „Er sang nicht, er ließ sich nicht streicheln, er war nicht Kamerad und Freund des Spielers, sondern ein Fremder.“ Bis einem der Umgang mit dem Ball vertraut wird, dauert es einige Zeit. Man muss immer wieder üben, um das richtige Ballgefühl zu bekommen und das Einmaleins des Fußballspiels zu lernen.

Eine gute Übung zur Ballbeherrschung ist zum Beispiel das Jonglieren. Dabei wird der Ball mit der Fußsohle nach hinten gezogen und dann auf die Oberseite des Fußes, den Spann, genommen. Nun kann man mit ihm jonglieren – von einem Fuß auf den anderen, dann nimmt man die Oberschenkel dazu, und wenn man ganz gut ist, sogar den Kopf.

Wie stoppt und kontrolliert man den Ball?

Bevor man mit dem Ball laufen, einen Pass auf einen Mitspieler geben oder aufs Tor schießen kann, muss man ihn sicher annehmen und kontrollieren können – egal, ob er hoch oder flach angeflogen kommt. Der Ball kann mit der Außenseite des Fußes oder mit der Sohle gestoppt werden, doch im Normalfall benutzt man dazu die Innenseite des Fußes. Dabei wird der Fuß dem heranrollenden Ball entgegengeführt und noch vor dem Moment des Auftreffens im richtigen Tempo wieder zurückgenommen. So wird die Wucht des ankommenden Balles abgefedert, und er springt nicht weg. Bei Könnern sieht es beinahe so aus, als bliebe der Ball am Fuß kleben.

Ähnlich funktioniert auch eine Annahme aus der Luft. Wenn man viel übt, kann man den Ball mit der

Hohe Bälle können auch mit der Innenseite des Fußes „heruntergepflückt“ werden.

Flache Bälle werden meist mit der Innenseite gestoppt.

Gar nicht so einfach: die Ballannahme mit der Brust.

Oberseite des Fußes richtig auffangen: Er bleibt liegen, als wäre er in Butter gefallen. Hohe Bälle können auch mit der Brust, halbhohe mit dem Oberschenkel gestoppt werden. Dabei muss man ebenfalls die Eigenbewegung des Balles aufnehmen. Mit viel Übung kann man den Ball am Körper sanft „abtropfen“ lassen.

Was ist ein Dribbling?

Beim Fußball genügt es nicht, den Ball nur an Ort und Stelle zu kontrollieren. Fußball ist ja ein Laufspiel, bei dem der Ball meistens in der Bewegung mitgenommen werden muss. Bevor man ihn an einen Mitspieler weiterleiten kann, muss man selbst oft größere Strecken mit ihm zurücklegen.

Die wichtigste Technik, die man dazu braucht, ist das Dribbeln (vom englischen Wort „to dribble“, was so viel heißt wie „tröpfeln lassen“). Beim Dribbeln treibt man den Ball im Laufen mit kurzen Stößen vor sich her. Dabei kann der Ball sowohl mit der Innenseite des Fußes als auch mit der Außenseite oder mit dem Spann geführt werden. Sichere Ballkontrolle hat man erreicht, wenn man den Ball mit beiden Füßen so eng führen kann, dass der angreifende Gegner praktisch keine Chance mehr hat, ihn wegzuspitzeln. Ein perfekter Dribbler ist in der Lage, den Ball blind zu kontrollieren. Dadurch hat er den Vorteil, dass er das Geschehen auf dem Spielfeld immer im Auge behalten kann.

Der Franzose Franck Ribéry (Bayern München) gilt als einer der besten Dribbler.

Im Spiel müssen die Bälle oft im Lauf angenommen werden. Dann kann man ein Dribbling starten oder den Ball zu einem Mitspieler weitergeben.

Beidfüssig

Ein Fußballer ist erst dann perfekt, wenn er den Ball mit beiden Füßen gut spielen kann. Nur ein beidfüßiger Spieler kann jede Spielsituation meistern, denn er muss den Ball nicht erst auf seinen starken Fuß legen. Daher ist es nicht erstaunlich, dass der Linksfüßer Wolfgang Overath auf die Frage nach seinem größten Problem antwortete: „Mein rechter Fuß.“

Brasiliens Supertechniker Ronaldinho stoppt gekonnt den Ball.

Beim Dribbling muss der Ball immer eng am Fuß bleiben.

Zinedine Zidane demonstriert eine perfekte Schusstechnik.

Didier Drogba (FC Chelsea) ist einer der besten Kopfballspieler.

Kopfball

Beim Kopfball (unten im Bild) muss man im richtigen Augenblick hochspringen, den Oberkörper wie einen Bogen nach hinten spannen und dann mit dem Kopf schlagartig nach vorne schnellen. Der Ball muss möglichst frontal mit der Stirn getroffen werden, und zwar genau dann, wenn man den höchsten Punkt des Sprunges erreicht hat.

Warum darf man nicht mit der Fußspitze schießen?

Fast alle Fußballanfänger spielen den Ball zunächst mit der Fußspitze. Doch diese Stoßtechnik ist falsch, weil sie nur völlig unberechenbare Schüsse erlaubt. Das richtige Schießen muss man erst lernen. Je nachdem, mit welcher Partie des Fußes geschossen wird (ob mit Innenseite, Innenspann, Vollspann oder Außenspann), spricht man von Innenseit-, Innenspann-, Vollspann- oder Außenspannstoß. Will man den Ball auf einen Mitspieler passen, benutzt man den Innen- und Außenspann, den Kurzpass spielt man mit der Innenseite. Wichtig für die sichere Ausführung aller Stöße ist, dass man das Standbein direkt neben den Ball stellt. Will man den Ball flach spielen, muss man den Oberkörper leicht nach vorn beugen.

Der Innenseitstoß ist die Grundlage des Fußballspiels. Dabei wird die Innenseite des Fußes gegen den Ball bewegt. Trifft man den Ball in seinem Zentrum, so sind sehr zielgenaue Stöße möglich. Während man mit der Innenseite meist kurze Pässe spielt, benutzt man für weite und schärfere Bälle den Innenspann.

Innenseite

Die Grundtechnik des Fußballspiels ist der Stoß mit der Innenseite. So werden die meisten Pässe gespielt.

Manfred Kaltz, Offensivverteidiger des HSV mit 581 Bundesligaeinsätzen, war berühmt für seine gefährlich angeschnittenen „Bananenflanken".

Den Vollspann verwendet man vor allem, wenn man den Ball wuchtig und gerade aufs Tor schießen will. Dabei kommt es weniger auf die Kraft als auf die richtige Technik an. Für einen sicheren Stoß muss man den Fuß so weit nach unten drücken, dass er mit dem Schienbein fast eine Gerade bildet. Dann muss der Ball, bei fixiertem Fußgelenk, möglichst mit der ganzen Schnürung des Schuhs getroffen werden.

Was sind Effet, Volley und Dropkick?

Nach einem Schuss drehen sich Bälle oft um die Kurve – manchmal, ohne dass man das beabsichtigt hat. Die Erklärung dafür: Wenn man den Ball mit dem Innen- oder Außenspann spielt und dabei nicht genau im Zentrum trifft, sondern nur an der Außenseite „anschrammt", wird er in eine Eigendrehung (Drall) versetzt. Solche angeschnittenen Bälle bekommen Effet: Sie fliegen nicht mehr auf einer geraden, sondern auf einer gebogenen Bahn.

Der Ausdruck „Effet" war früher nur beim Billard gebräuchlich. Deshalb hämmerte der ungarische Trainer Gyuri Orth seinen Spielern immer wieder ein: „Ball muss für guten Fußballspieler sein wie Kugel für Billardspieler. Also kann ich auch schießen und flanken mit Effet." Effetbälle werden vor allem bei Eckstößen und Flanken geschlagen. Besonders gefährlich sind sie bei Freistößen, wenn der Schütze den Ball an den Gegnern vorbeizirkelt.

Manchmal bietet es sich an, einen hoch heranfliegenden Ball direkt aus der Luft zu nehmen und zu schießen, bevor er den Boden berührt hat. Einen solchen Schuss nennt man Volley. Ist der Ball vorher auf dem Boden aufgekommen und der Spieler trifft ihn genau im Moment des Abprallens, spricht man von Dropkick (vom englischen Wort „to drop": tropfen).

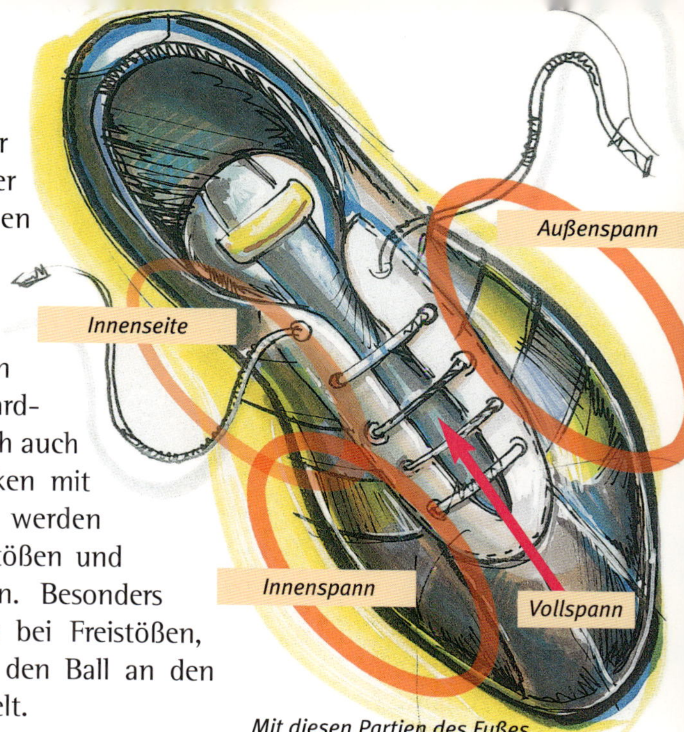

Mit diesen Partien des Fußes wird der Ball geschossen. Die Fußspitze sollte nicht verwendet werden.

So funktioniert der Schuss mit dem Außenspann. Er eignet sich besonders für elegante Heber („Schlenzer").

Beim kraftvollen Torschuss wird der Ball mit dem Vollspann gespielt.

Der Innenspannstoß eignet sich für lange Pässe und Effetschüsse. Beim Effet wird der Ball seitlich getroffen und dadurch so angeschnitten, dass er fast um die Kurve fliegt.

Oliver Kahn (Bayern München) hält konzentriert den Ball fest. In den Jahren 2001 und 2002 ernannte ihn eine internationale Expertenkommission zum besten Torhüter der Welt.

Was muss ein Torwart können?

Der Torwart hat eine sehr schwierige Aufgabe. Als „letzter Mann“ ist er der Einzige, der Fehler seiner Mitspieler noch ausbügeln kann. Greift er allerdings selbst einmal daneben, gibt es meist ein Tor. Als Torwart muss man über eine ausgereifte Fangtechnik, ein gutes Stellungsspiel und nicht zuletzt über eine große Portion Mut verfügen. Nur wer sich traut, sich ins Spielergetümmel vor dem Tor zu werfen, kann seinen Strafraum beherrschen. Der Torwart dirigiert bei einem Freistoß die Mauer und macht seine Verteidiger auf gefährliche Situationen aufmerksam. Schließlich hat er von hinten den besten Überblick. Wichtig ist auch, dass er immer die Ruhe bewahrt. Wenn der letzte Mann nervös ist, kann das die ganze Mannschaft verunsichern.

Ein guter Torwart beherrscht jedoch nicht nur Techniken wie das Fangen und Fausten. Er ist nicht nur dazu da, Tore zu verhindern, sondern er ist auch der erste Spieler, der die Angriffe seiner Mannschaft einleitet. Wenn er den Ball gefangen hat, muss er ihn einem frei stehenden Mitspieler zuwerfen oder aber mit einem weiten Abschlag sofort wieder Gefahr vor das gegnerische Tor bringen.

Wie fängt und faustet man den Ball?

Grundlage des Torwartspiels ist das Fangen. Bei flachen Bällen geht der Keeper leicht in die Knie und führt die Hände mit gespreizten Fingern dem Ball entgegen. Dabei muss sich der Körper immer hinter dem Ball befinden, und die Beine sollten geschlossen sein, denn sonst könnte der Ball leicht hindurchrollen. Hat der Torwart den

So wird der Ball gefangen und anschließend an der Brust gesichert.

So werden flache Bälle sicher aufgenommen.

Ball aufgenommen, drückt er ihn an die Brust und umschließt ihn fest mit Händen und Armen. So ist er sicher unter Kontrolle. Bei halbhohen Bällen sollten Hände und Unterarme den Ball wie eine Schaufel aufnehmen. Wenn man den Oberkörper etwas nach vorn beugt, den Bauch einzieht und den Rücken rund macht, entsteht eine „Höhle", in der man den Ball sicher „verstecken" kann. Bei hohen Bällen muss der Torwart oft nach dem Ball hechten. Wenn er mit Daumen und Zeigefinger ein Dreieck bildet, kann er den Ball herunterpflücken und anschließend an der Brust sichern.

Bei besonders scharfen und schwierigen Bällen ist es oft schwer, den Ball sicher zu fangen. Dann sollte ihn der Torwart besser wegfausten. Dabei reißt er die geballten Fäuste vor der Brust hoch und befördert den Ball mit einem Stoß aus der Gefahrenzone. Auf zwei Dinge muss er dabei achten: dass der Daumen nicht innen ist (Verletzungsgefahr) und dass er den Ball genau in der Mitte trifft, denn nur dann prallt er kontrolliert ab. Schüsse, die weder gefangen noch gefaustet werden können, lenkt der Torwart mit den Handflächen über die Latte oder am Pfosten vorbei.

Wann muss der Torwart herauslaufen?

Gute Torhüter zeichnen sich nicht nur dadurch aus, dass sie katzengleich durch die Luft fliegen und die Bälle aus dem Toreck fischen. Sie müssen außerdem ihren Strafraum beherrschen und Flanken außerhalb des Torraums sicher abfangen. Ein Torwart sollte auch nicht nur auf der Linie kleben. Kommt ein gegnerischer Stürmer auf ihn zu, muss er rechtzeitig herauslaufen und so den Schusswinkel verkürzen. Dann bleibt dem Gegner weniger Raum, das Leder an ihm vorbei ins Tor zu schieben. Manchmal kommt es sogar vor, dass der Torwart einen Angriff schon vor dem Strafraum mit dem Fuß abwehren muss.

Da der Torwart nach der Rückpassregel einen Ball, den ihm ein Verteidiger der eigenen Mannschaft absichtlich mit dem Fuß zugespielt hat, nicht mehr mit der Hand aufnehmen darf, ist es heutzutage wichtiger denn je, dass der Torwart auch ein sehr guter Fußballer ist. Denn er muss den Ball bei Rückpässen sicher mit dem Fuß kontrollieren und dann mit einem gezielten Pass zu einem seiner Mitspieler weiterleiten können.

Ausrüstung

Zum Schutz vor Verletzungen gibt es für Torwarte spezielle Pullover und Hosen, die an Ellenbogen, Hüften und Knien gepolstert sind. Wichtig sind auch Torwarthandschuhe. Sie haben eine spezielle Beschichtung, sodass man den Ball besser fangen und festhalten kann.

Er gilt als bester Torwart aller Zeiten: Lew Jaschin, der „schwarze Panther", der 78-mal für die russische Nationalmannschaft im Tor stand.

Unten: Läuft der Torwart dem Stürmer entgegen, verengt er den Schusswinkel und verringert so die Möglichkeit für einen erfolgreichen Schuss.
Links: Manuel Neuer (Schalke) beim Abstoß

Klaus Augenthaler (Bayern München) war mit sieben deutschen Meisterschaften einer der besten Verteidiger der Bundesliga. Hier zeigt er ein perfektes Gleittackling.

So funktioniert das Tackling: Der Ball wird abgeblockt und über den Fuß des Gegners gedrückt. Oft gelingt es nicht beim ersten Versuch, dem Stürmer den Ball abzujagen. Dann muss man nachsetzen und es erneut probieren.

1.

2.

3.

Was muss ein Verteidiger können?

Die Abwehr einer Fußballmannschaft besteht aus Außenverteidigern und Innenverteidigern. Sie können auf einer Linie spielen (Kette) oder mit einer doppelten Sicherung in der Mitte, also mit Libero und Vorstopper.

Die Hauptaufgabe der Abwehr ist das Bewachen und Ausschalten (Decken) der gegnerischen Stürmer. Verteidiger müssen wendig und hart im Zweikampf sein, und auch das Kopfballspiel zur Abwehr von Flanken müssen sie gut beherrschen. Weil sie manchmal vom Trainer die Anweisung bekommen, den Gegner mit enger Deckung auszuschalten, nennt man sie auch Manndecker. Jürgen Kohler (Borussia Dortmund) hat auf dieser Position jahrelang viele Gegner das Fürchten gelehrt.

Früher sollten Verteidiger ihren Gegenspieler auf Schritt und Tritt verfolgen, notfalls, so hieß es, „bis aufs Klo". Natürlich muss auch heute noch ein Verteidiger dem Stürmer nachsetzen, ihn am Toreschießen hindern und versuchen, ihm den Ball abzujagen. Doch im modernen Fußball müssen Verteidiger darüber hinaus jederzeit bereit sein, sich in den Angriff einzuschalten. Oft übernehmen die beiden Außenverteidiger die Rolle von Flügelstürmern. Sie stürmen an der Seitenlinie nach vorn und bereiten mit ihren Flanken Tore vor. Und die Innenverteidiger, die meist sehr kopfballstark sind, rücken bei Frei- und Eckstößen in den gegnerischen Strafraum vor und erzielen dabei nicht selten schöne Tore.

Was geschieht beim Tackling?

Die Grundtechnik der Abwehrspieler ist das Tackling. Der Begriff leitet sich von dem englischen Wort „to tackle" ab, das so viel wie „jemanden angreifen" bedeutet. Beim Tackling versucht der Verteidiger, den Gegner vom Ball zu trennen. Dabei stellt er sich, leicht vorgebeugt, dem Stürmer in den Weg und versucht, den Ball im richtigen Moment mit der Fußinnenseite abzublocken und über den Fuß des Gegners zu drücken. Wenn der Ball frei ist, setzt er ihm nach und geht mit ihm auf und davon.

Ist dem Verteidiger das Tackling nicht gelungen, muss er dem Stürmer, der an ihm vorbeigedribbelt ist, sofort nachsetzen und einen neuen Angriff versuchen. Aber Vorsicht! Das Tackling von hinten ist seit 1993 verboten und wird als Foulspiel geahndet.

Riskant ist auch das Gleittackling. Bei dieser Technik versucht der Verteidiger, dem Angreifer den Ball durch seitliches Hineingrätschen vom Fuß zu spitzeln. Es ist nicht einfach, dabei gezielt den Ball und nicht die Beine des Gegners zu treffen. Die Verletzungsgefahr ist groß, und der Pfiff des Schiedsrichters, der ein Foul gesehen hat, liegt immer in der Luft. Außerdem kann man den Ball leicht verfehlen. Dann liegt man am Boden, und der gegnerische Stürmer hat freie Bahn zum Tor.

Warum ist das Stellungsspiel in der Abwehr so wichtig?

Ein Abwehrspieler muss immer Ball und Gegner im Auge behalten. Nur so kann er zur rechten Zeit eingreifen. Wichtig ist dabei auch, dass er immer auf seine eigene Stellung zum Gegner achtet. Er sollte stets zwischen dem Angreifer und dem eigenen Tor stehen und versuchen, diesen zur Seitenlinie hin abzudrängen. Indem er darauf achtet, dass sein Weg zum eigenen Tor immer kürzer ist als der des Gegners, kann ein Verteidiger der Gefahr vorbeugen, überlaufen zu werden.

Bei Flanken und Eckstößen, die im Strafraum vor dem Tor erwartet werden, sollte sich der Abwehrspieler seitlich hinter dem Stürmer aufhalten und stets mit ihm in Schulterkontakt bleiben. Es ist wichtig, die beste Ausgangsposition für die Kopfballabwehr zu erreichen. Überhaupt sollte der Verteidiger den Stürmer, wenn möglich, immer direkt bei der Ballannahme stören. Denn es ist leichter, den Ball zu erobern, wenn ihn der Stürmer noch nicht unter Kontrolle hat.

Per Mertesacker (Bremen), hier im Zweikampf mit Bayern-Stürmer Miroslav Klose, ist ein zuverlässiger Innenverteidiger.

Libero

Früher hieß der letzte Mann in der Abwehrkette „Ausputzer". Er verließ seine Abwehrposition nie und hatte die Aufgabe, gefährliche Situationen durch Wegschlagen des Balles zu bereinigen. An seine Stelle trat später der „freie Mann", der Libero. Wie der Ausputzer hat auch er keinen direkten Gegenspieler und die Aufgabe, gefährliche Situationen im Strafraum zu bereinigen. Darüber hinaus soll er sich bei Ballbesitz aber auch spielgestaltend in den Angriff einschalten. Die Position des Liberos füllte niemand so perfekt aus wie Franz Beckenbauer, der bei seinen Ausflügen in die Offensive von Vorstopper Georg Schwarzenbeck zuverlässig abgesichert wurde.

Franz Beckenbauer, der elegante Libero der deutschen Nationalmannschaft in den 1970er-Jahren

Stellungsspiel: Der Verteidiger schirmt den Angreifer ab und achtet dabei immer darauf, den kürzeren Weg zum eigenen Tor zu haben. Ziel ist, den Stürmer zur Seitenlinie hin abzudrängen.

Michel Platini, berühmter Spielmacher der französischen Nationalelf, führte seine Mannschaft 1984 zum Europameistertitel und schoss dabei neun Tore. Er ist der einzige Spieler, der dreimal nacheinander zu Europas Fußballer des Jahres gewählt wurde (1983–1985).

Welche Aufgaben haben die Mittelfeldspieler?

Die Mittelfeldspieler sind das Bindeglied zwischen Abwehr und Sturm. Sie haben offensive und defensive Aufgaben. Einerseits treiben sie den Ball nach vorn, versorgen die Stürmer mit Vorlagen und versuchen oft selbst einen Torschuss, andererseits helfen sie aber auch in der Verteidigung aus, wenn der Gegner in Ballbesitz ist.

Die zentralen Mittelfeldspieler müssen Spielsituationen sehr rasch erkennen und mit intelligenten Aktionen darauf reagieren können. Oft genügt bereits ein einziger guter Pass, um einem Mitspieler den Raum für einen Angriff auf das Tor des Gegners zu öffnen. Dabei sind die Spieler, die das Spiel mit genauen und weiten Pässen öffnen, natürlich abhängig von anderen, die sich richtig freilaufen und weite Wege gehen. Im Mittelfeld müssen oft lange Strecken ohne Ball zurückgelegt werden. Darum werden dort meist Spieler eingesetzt, die sehr schnell und konditionsstark sind.

Ein erfolgreiches Spiel im Mittelfeld hängt davon ab, dass möglichst immer ein Spieler der eigenen Mannschaft ungedeckt und damit frei für ein Anspiel ist. Trainer bezeichnen dies als „Überzahl schaffen".

Überzahl kann man natürlich nur dann schaffen, wenn viele Spieler viel laufen und auch Verteidiger mit nach vorn gehen, um sich zum Anspiel anzubieten. Rechtzeitig freilaufen und rechtzeitig abspielen: So kann man das Mittelfeld schnell und kraftsparend überbrücken und den Ball gefährlich vor das Tor des Gegners bringen.

Indem sie sich freilaufen, helfen Mittelfeldspieler sich gegenseitig und vermeiden kraftraubende Zweikämpfe.

Was sind Spielmacher und Wasserträger?

Jede Mannschaft braucht einen zentralen Spieler, der den anderen Kommandos gibt und sie antreibt, der die Bälle verteilt und die entscheidenden Pässe spielt. Dieser Spieler macht sozusagen das Spiel, und man nennt ihn daher auch Spielmacher. Weil er eine ähnliche Funktion hat wie der Filmregisseur für die Schauspieler oder der Dirigent für die Musiker, spricht man manchmal auch vom Regisseur oder Dirigenten.

Spielmacher erkannte man früher an dem Trikot mit der Nummer 10. Der Erste, der dieses Trikot trug, war der Brasilianer Pelé. Die „10" trugen Günter Netzer, der wie kaum ein Zweiter weite Pässe schlagen konnte, und Diego Maradona, der Ballzauberer aus Argentinien. Berühmte Beispiele für Mittelfeldregisseure, die toll dribbeln, passen und schießen können, sind auch die Franzosen Michel Platini und Zinedine Zidane oder der Holländer Johan Cruyff.

Neben den Regisseuren darf man aber auch die „Regieassistenten" nicht vergessen. Es sind lauf- und konditionsstarke Spieler, die im Mittelfeld lange Wege gehen und die notwendigen Defensivaufgaben übernehmen. Solche Spieler, die sich den Spielmachern der Mannschaft unterordnen und für sie Hilfsdienste leisten, nannte man früher Wasserträger. Ein wertvoller Spieler dieser Art war zum Beispiel „Hacki" Wimmer. In der deutschen Nationalelf, die 1972 Europameister wurde, schleppte Wimmer für den eher lauffaulen Günter Netzer die Bälle durchs Mittelfeld. Heute sind die Aufgaben im Mittelfeld auf viele Schultern verteilt. Am perfektesten zirkuliert der Ball beim FC Barcelona, wo die Supertechniker Xavi und Iniesta den Takt vorgeben.

Der einfachste Weg, einen Gegenspieler zu umspielen, ist der Doppelpass. Spieler A hat gerade zu einem frei stehenden Mitspieler gepasst. Nun läuft er schnell an seinem Gegenspieler vorbei, um den direkten Rückpass seines Mitspielers sofort wieder aufzunehmen.

Diego Maradona, Weltmeister 1986, war in der Lage, allein eine ganze gegnerische Mannschaft auszuspielen.

Bobby Charlton, der Spielmacher des englischen Weltmeister-Teams von 1966, war viele Jahre lang der beste Fußballer Englands.

Stanley Matthews, der berühmte englische Rechtsaußen, hatte die wohl längste Profikarriere aller Zeiten. Er begann 1932 als 17-Jähriger bei Stoke City und beendete 1965 als 50-Jähriger seine Laufbahn.

Täuschungen, Tricks und Finten

Um den Ball beim Dribbling am Gegner vorbeizubringen, sind Körpertäuschungen und Schussfinten (angetäuschte Schüsse) die wichtigsten Mittel. Ein berühmter Trick ist zum Beispiel der „Matthews-Trick", nach dem Engländer Stanley Matthews: Der ballführende Spieler täuscht links an und zieht dann, wenn der Gegner auf die angedeutete Bewegung reagiert, rechts vorbei. Ein anderer Trick ist der „Übersteiger", den der Brasilianer Garrincha zum ersten Mal gezeigt hat: Man steigt mit dem ballführenden Bein über den Ball und führt ihn dann mit demselben Bein in gleicher Richtung weiter.

Was muss ein Stürmer können?

Der Sturm besteht aus Außenstürmern und dem Mittelstürmer. Die Position der Außenstürmer wird heute meistens von Mittelfeldspielern ausgefüllt, die mit nach vorn gehen. Sie sorgen mit ihren Flanken für Torvorlagen, während der Mittelstürmer im Strafraum lauert. Außenstürmer müssen vor allem trickreich sein, der Mittelstürmer dagegen soll vor allem viele Tore schießen. Von allen Stürmern jedoch wird erwartet, dass sie jederzeit anspielbar sind und je nach Spielsituation mit ihren Sturmpartnern die Positionen wechseln, um den Gegner zu verwirren.

An einen perfekten Stürmer werden hohe Anforderungen gestellt. Er soll kräftig sein und sich vor dem Tor körperlich gegen die Abwehr durchsetzen – wie Wayne Rooney –, er soll groß sein und per Kopf die Flanken verwerten können – wie Miroslav Klose –, er soll flink sein und den Verteidigern auf engstem Raum Knoten in die Beine dribbeln – wie Lionel Messi –, und er soll schnell sein und im Konterspiel die Abwehr des Gegners übersprinten – wie Cristiano Ronaldo. Mit seinem Torriecher soll er immer an der richtigen Stelle bereitstehen – wie einst Gerd Müller – und dann den Ball entweder mit Wucht unter die Latte hämmern – wie Lukas Podolski – oder aber sanft und gefühlvoll ins Eck heben – wie Ronaldinho.

Einen solchen Superstürmer, der all diese Anforderungen auf einmal erfüllen würde, gibt es natürlich im wirklichen Leben nicht. Wichtig für den Erfolg einer Mannschaft ist vielmehr, dass sich die unterschiedlichen Stürmertypen im Team gut ergänzen.

Wie wird der Torschuss erfolgreich?

Es gibt eine Reihe komplizierter Schusstechniken, mit denen man wunderbare und spektakuläre Tore erzielen kann, doch sie gelingen nur selten (wie zum Beispiel Fallrückzieher, Hackentrick, Scherenschlag oder Hüftdrehstoß). Wichtiger als die Beherrschung solcher Kunststücke ist für einen Stürmer die Konzentration beim Schuss. Wenn er sich zu sehr vom Torwart ablenken lässt, schießt er diesen oft ungewollt an. Damit der Torschuss gelingt, muss man sich auf die „leere Stelle" im Tor konzentrieren. Mit den Worten „Ich sah nur Loch!" beschrieb einmal ein Schütze seinen Treffer und damit die Kunst der Torjäger vom Schlage

Ein gekonnter Fallrückzieher des Schalker Stürmers Klaus Fischer. Keinem anderen Spieler gelangen auf diese Weise so viele Tore wie ihm. Sein Treffer zum 4:1 im Länderspiel gegen die Schweiz am 16.11.1977 wurde zum „Tor des Jahrzehnts" gewählt.

Der Matthews-Trick: links antäuschen, rechts vorbeigehen

eines Gerd Müller. Der Stürmer von Bayern München, der in seinen 62 Länderspielen unglaubliche 68 Tore schoss, hatte eine so unnachahmliche Art, mit plötzlichen Drehungen aus allen Lagen Tore zu schießen, dass die Journalisten ein neues Wort erfanden: Wenn der Ball wieder einmal im Netz zappelte, dann hatte es „gemüllert".

Bis heute haben es vier Stürmer geschafft, im Laufe ihrer Karriere mehr als tausend Tore zu schießen. Der Erste war der Brasilianer Arthur Friedenreich im Jahr 1929. Insgesamt erzielte er 1 329 Treffer. Sein Rekord wurde nie mehr übertroffen. Der beste Spieler aller Zeiten, der Brasilianer Pelé, ist als Torschütze nur der zweitbeste: Bis 1977 brachte er es auf 1 281 Treffer. Ferencz Puskás, der Star der ungarischen Superelf in den 1950er-Jahren, soll mit seinem starken linken Fuß bis zu seinem Rücktritt 1965 1 176 Tore geschossen haben. Und der Österreicher „Bimbo" Binder (Rapid Wien) brachte es zwischen 1921 und 1950 auf 1 006 Treffer.

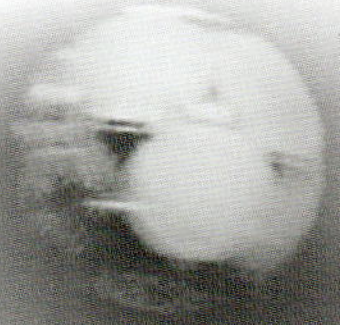

Schnell, trickreich und torgefährlich: Der portugiesische Superstar Cristiano Ronaldo ist für seine Gegenspieler kaum zu halten.

Der Algerier Madjer vom FC Porto erzielte im Europapokal-Endspiel 1987 gegen Bayern München ein Tor mit der Hacke.

Die Entscheidung im Europameisterschaftsfinale 1980: Horst Hrubesch köpft das 2:1 gegen Belgien. Er versetzte die gegnerischen Abwehrreihen oft so in Schrecken, dass man ihm den Spitznamen „das Kopfball-Ungeheuer" verpasste.

Taktik

Was ist Taktik?

Einer allein kann beim Mannschaftsspiel Fußball nichts ausrichten. Deshalb ist neben Technik und Kondition die Taktik die dritte Säule des erfolgreichen Fußballspiels. Taktik, das bedeutet übersetzt „Kunst der Anordnung", meint das kluge und zweckmäßige Verhalten des einzelnen Spielers innerhalb der Mannschaft. Je schneller und besser das Zusammenspiel funktioniert, desto schwerer hat es der Gegner.

Taktiken können unterschiedlich ausgerichtet sein, je nachdem, ob man offensiv oder defensiv spielen will, ob man die Raum- oder die Manndeckung bevorzugt, ob das Mittelfeld die Stürmer mit langen Pässen oder durch geschicktes Kurzpass-Spiel in Szene setzt, ob die Außenstürmer den Ball hoch oder flach in den Strafraum flanken. Wenn mehrere taktische Entscheidungen vor dem Spiel festgelegt sind, können diese zu einer Strategie gebündelt werden: zu einem ausgetüftelten Plan, wie der Gegner besiegt werden soll.

Wonach richtet sich die Taktik?

Die Taktik einer Mannschaft hängt von vielen Gegebenheiten ab. Ein wichtiger Faktor ist zum Beispiel das Wetter. Wenn es regnet und der Boden matschig ist, wird man wenig dribbeln und möglichst sichere Pässe spielen, weil der Ball schwer zu kontrollieren ist. Gegen eine spielerisch überlegene Mannschaft wird man eher auf die Defensive setzen, zum Beispiel durch Manndeckung des Spielmachers oder durch Doppeln (dabei wird der ballführende Gegner von zwei Spielern attackiert). Bei einer schwächeren Mannschaft wird man versuchen, diese durch offensives Kombinationsspiel unter Druck zu setzen. Auch das Auswechseln kann eine taktische Maßnahme sein. Der Trainer kann zum Beispiel kurz vor Spielende für einen Verteidiger noch einen zusätzlichen Stürmer auf den Platz schicken, wenn seine Mannschaft im Rückstand ist.

Ottmar Hitzfeld, heute Nationaltrainer der Schweiz, ist ein Taktik-Fuchs und einer der erfolgreichsten Trainer überhaupt. Mit Borussia Dortmund (bis 1997) und Bayern München (bis 2008) gewann er sieben deutsche Meistertitel und zweimal die Champions League.

Was versteht man unter einem Spielsystem?

Vor dem Spiel stellt der Trainer zunächst die Mannschaft zusammen. Ein gutes Team besteht nicht einfach aus den besten elf Einzelspielern, sondern aus den Spielern, die am besten miteinander harmonieren. Angestrebt wird immer eine möglichst perfekte Mischung aus technisch guten, kampfstarken und ideenreichen Spielern. Auch die Kombination von erfahrenen und jungen, unbekümmerten Spielern muss stimmen.

Je nach Taktik entscheidet sich der Trainer für ein bestimmtes Spielsystem, das jedem Spieler Position, Spielraum und Aufgabe zuteilt. Es wird meist in Zahlen ausgedrückt. Spielt ein Team beispielsweise mit 4 Verteidigern, 3 Mittelfeldspielern und 3 Stürmern, so spricht man von einem 4-3-3-System. Diese Aufstellung war viele Jahre lang üblich.

Im alten 4-3-3-System durften die Spieler ihre Positionen in der Regel nicht verlassen. Heute gibt es nicht nur viele unterschiedliche Systeme – zum Beispiel 4-4-2- und 3-5-2-System –, sie sind auch nicht mehr so starr wie früher. Je nach Situation müssen die Spieler auf dem Platz unterschiedliche Positionen ausfüllen. Nach wie vor gibt es aber eine taktische Grundaufstellung.

Besonders variabel ist das 4-4-2-System mit Raute im Mittelfeld. Dabei gibt es zwei Innenverteidiger und zwei Außenverteidiger, die beim Angriff entlang den Außenlinien nach vorn stürmen. In der Mittelfeld-Raute spielen auf der zentralen Achse zwei Spieler nebeneinander, abgesichert nach hinten durch einen defensiven Spieler (den sogenannten Staubsauger vor der Abwehr). Die wichtigste Rolle hat der offensive Spieler in der Spitze der Raute. Er versorgt die beiden Stürmer mit Vorlagen, nimmt manchmal aber auch selbst die Position des Mittelstürmers ein, um ein Tor zu erzielen. Teams mit defensiver Ausrichtung bevorzugen neuerdings ein System mit einer Doppel-Sechs. Bei dieser Spielweise, benannt nach den früher üblichen Rückennummern, gibt es nicht nur einen, sondern zwei defensive Spieler im Mittelfeld.

Die Europameister-Mannschaft von 1972 gilt als beste deutsche Mannschaft aller Zeiten. Im Bild zu sehen sind (oben, von links): Beckenbauer, Bundestrainer Schön, Schwarzenbeck, Heynckes, Müller, Höttges, Netzer. Unten, von links: Erwin Kremers, Wimmer, Breitner, Maier, Hoeneß. Die deutsche Nationalelf trat im 4-3-3-System an (unten).

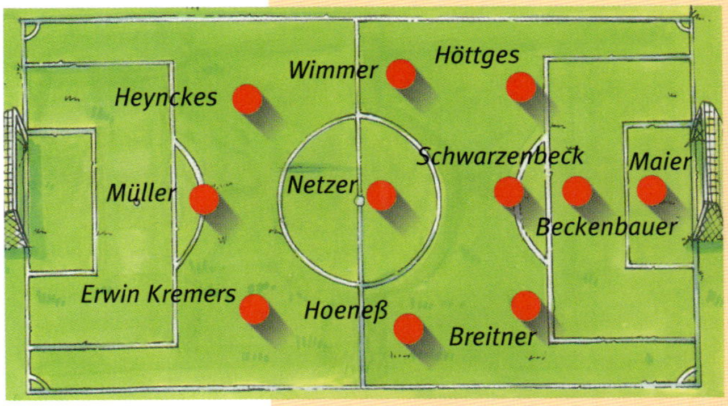

Das 4-4-2-Spielsystem mit Mittelfeld-Raute (unten) kommt bei heutigen Mannschaften häufig zum Einsatz.

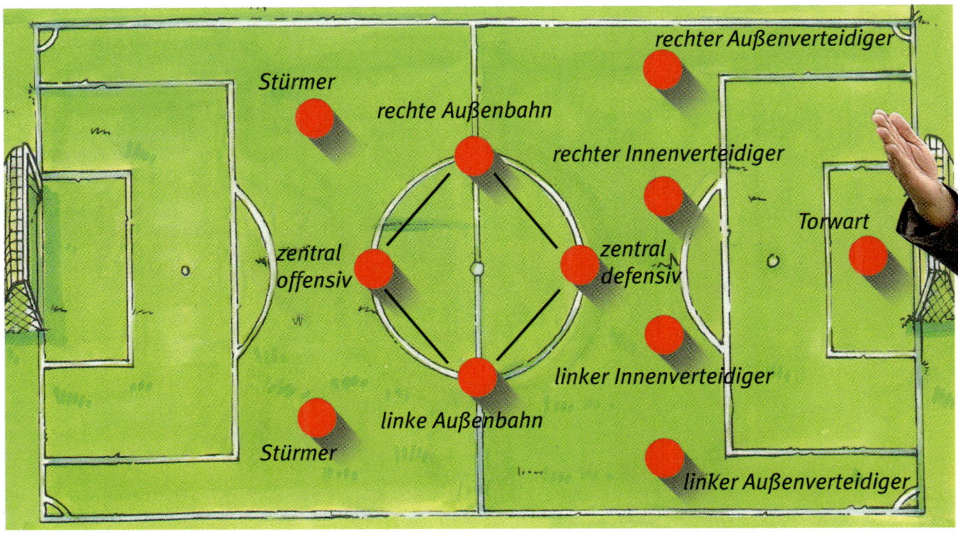

Erfolgstrainer Felix Magath (2005 und 2006 gewann er Meisterschaft und Pokal mit den Bayern, 2009 wurde er mit Wolfsburg Meister) hat beim Schachspiel viel über Taktik gelernt.

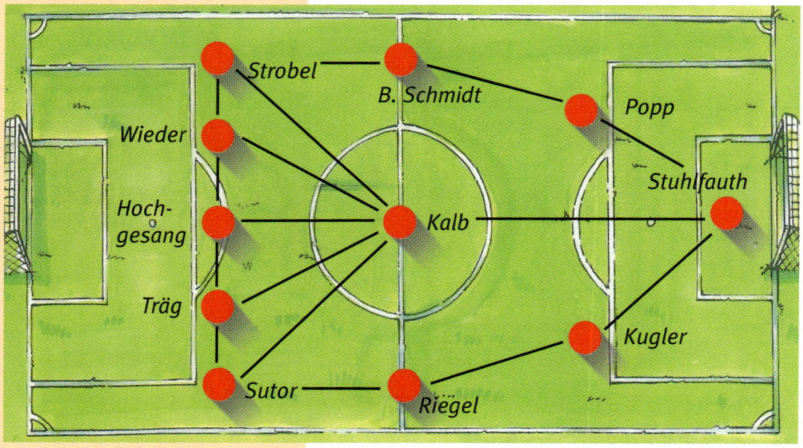

Klassisches System, 1. FC Nürnberg 1925

Herbert Chapman, Trainer von Arsenal London, erfand 1930 das WM-System, das die Passpyramide ablöste. Das durch Halbstürmer und Läufer gebildete „magische Viereck" erlaubte wesentlich mehr Kombinationsmöglichkeiten als das alte System mit Mittelläufer.

WM-System von 1930 mit Rückennummern (seit 1933)

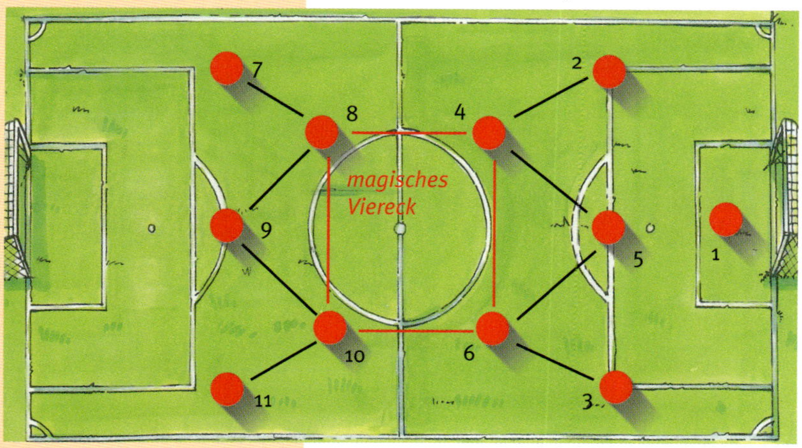

Was sind Passpyramide und WM-System?

Bevor moderne Spielsysteme wie das Rauten-System eingeführt wurden, spielte man nach anderen Grundformationen. Das älteste Spielsystem ist das klassische System, auch Passpyramide genannt, das seit den 1880er-Jahren in England üblich war. Man spielte mit 2 Verteidigern, 3 Läufern und 5 Stürmern (2-3-5-System). Zentraler Spieler war der Mittelläufer. Jahrzehntelang wurde dieses System als der Fußballweisheit letzter Schluss erachtet.

Erst nach Einführung der neuen Abseitsregel im Jahr 1925, die für mehr Bewegung im Offensivspiel und für eine wahre Torinflation in der englischen Liga sorgte, änderte sich dies. Herbert Chapman, der Trainer von Arsenal London, machte sich Gedanken darüber, wie er die Abwehr seiner Mannschaft verstärken könnte. Im Jahr 1930 nahm er einen Mittelfeldspieler in die Abwehr zurück und zog außerdem die beiden Halbstürmer aus der vordersten Linie ab. In der neuen Formation hatte man nun 3 Abwehrspieler, 2 Läufer, 2 Halbstürmer und 3 Stürmer – das WM-System war geboren. Die Formation der Offensivspieler bildet ein W, die der Defensivspieler ein M. Während das alte Pyramidensystem nur ein sehr statisches, einseitig auf den Mittelläufer zugeschnittenes Spiel erlaubte, hatte man nun mit dem neuen System eine Grundlage für flexible und variable Spielzüge geschaffen.

Wo liegen die Grenzen eines Spielsystems?

Auch nach 1930 spielten noch viele Mannschaften im klassischen System mit Mittelläufer. Doch allmählich setzte sich das WM-System überall durch. Alle Aufstellungsvarianten, die seitdem erfunden wurden, sind im Grunde keine eigenen Systeme mehr, sondern Abwandlungen des WM-Systems. Das 4-2-4-System zum Beispiel, das die Brasilianer mit Pelé bei der WM 1958 praktizierten, war nicht mehr als die Zurücknahme eines Stürmers in die Verteidigung. Auch alle anderen Systeme, die heute Anwendung finden, beruhen auf Verschiebungen des WM-Systems.

Wie wichtig das System für den Erfolg einer Mannschaft ist, darüber wird allerdings bis heute gestritten. Manche Trainer, etwa der Argentinier Cesar Luis Menotti, halten es für gar nicht so entscheidend. Und natürlich sind auch die Brasilianer 1958 vor allem wegen ihrer Spielkunst und nicht nur aufgrund eines neuen Systems Weltmeister geworden.

Im klassischen System trat der 1. FC Nürnberg in den 1920er-Jahren an. Dreh- und Angelpunkt der Mannschaft war der Mittelläufer Dr. Hans Kalb (rechts).

Welche berühmten Fußballschulen gab es?

Entscheidend für den Erfolg einer Mannschaft ist nicht nur das Spielsystem, sondern auch die Fähigkeit, diszipliniert und doch überraschend zu kombinieren. In der Anfangszeit des Fußballs war in England ein primitives „Kick and Rush" üblich (auf Deutsch etwa „trete und eile"). Die Bälle wurden einfach nach vorne gedroschen, und die Stürmer mussten versuchen, sie irgendwie zu erreichen.

Als die schottische Nationalmannschaft die Engländer mehrmals mit überlegenem Kombinationsspiel, das auf kurzen, flachen Pässen beruhte, deutlich besiegte, wurde diese „schottische Schule" für den gesamten Fußball vorbildlich.

In den 1930er-Jahren sind dann vor allem die „Wiener Schule" und der „Schalker Kreisel" als Spielweisen berühmt geworden, die sich durch gute Kombinationstechnik auszeichneten. Das Wiener „Scheiberl-Spiel" beruhte auf Spielwitz und Überraschungseffekten, der „Schalker Kreisel" auf ausdauerndem Hin- und Herschieben des Balles, das so lange betrieben wurde, bis ein Spieler in eine aussichtsreiche Torschussposition gelangt war.

Breslau-Elf

Am 16. 5. 1937 ließ Nationaltrainer Sepp Herberger die deutsche Elf in Breslau im WM-System antreten. Diese Mannschaft, später als Breslau-Elf berühmt, schlug Dänemark mit 8:0 und blieb im gleichen Jahr noch zehnmal unbesiegt. Die Spielpositionen waren: Verteidiger (2, 3), Läufer (4, 5, 6), Halbstürmer (8, 10), Außenstürmer (7, 11), Mittelstürmer (9). Rückennummern führte die FIFA übrigens 1939 offiziell ein, in England gab es sie seit 1933, nach Erfindung des WM-Systems.

Sepp Herberger

Das österreichische „Wunderteam", angeführt von Torwart Hiden, das 1931/1932 mit seinem „Scheiberl-Spiel" in zwölf Spielen ungeschlagen blieb. Spielmacher war Matthias Sindelar (rechts, direkt über Trainer Willy Meisl). Über ihn wurde einmal geschrieben: „Er spielte Fußball, wie ein Meister Schach spielt: mit weiter gedanklicher Konzeption, Züge und Gegenzüge vorausberechnend, ein Fallensteller und Überrumpler ohnegleichen ..."

Die Mannschaft von AC Mailand (Europapokalsieger 1989 und 1990) perfektionierte die Abseitsfalle. Abwehrchef Franco Baresi gab immer im richtigen Moment seine Kommandos.

Wie organisiert man die Defensive?

Das Defensivspiel folgt dem Trainermotto von Herbert Chapman: „Wenn es uns gelingt, ein Tor zu verhindern, haben wir einen Punkt gewonnen. Schießen wir aber zudem noch ein Tor, dann haben wir beide Punkte."

Beim defensiven Spiel denkt die Mannschaft in erster Linie an die Verteidigung und ist vor allem darauf aus, Tore des Gegners zu verhindern. Die Verteidiger decken die gegnerischen Stürmer konzentriert, manchmal sogar doppelt, und sind bemüht, ein Kombinationsspiel bereits im Keim zu ersticken. Kommen sie in Ballbesitz, versuchen sie, das Leder in den eigenen Reihen zu halten, um dadurch den Gegner zu ermüden.

Ein wichtiges Mittel der Defensivtaktik ist die Abseitsfalle. Sie funktioniert dann am besten, wenn die Abwehr nicht, wie beim alten System mit Libero und Vorstopper, hintereinander gestaffelt ist, sondern auf einer Linie spielt (Dreier- oder Viererkette). Auf ein Zeichen des Abwehrchefs laufen alle Verteidiger so weit zur Mittellinie hin, dass mindestens ein Gegner plötzlich im Abseits steht. Durch den nun folgenden Freistoß gelangt die verteidigende Mannschaft in Ballbesitz und hat damit die Möglichkeit, einen eigenen Angriff einzuleiten. Das Risiko dieser Taktik: Dribbelstarke Stürmer können zu einem Alleingang ansetzen und haben dann freie Bahn zum Tor.

Ein anderes Mittel, einen offensiv eingestellten Gegner zu zermürben, ist der Konter. Nach einem abgewehrten Angriff führt man einen blitzschnellen Gegenangriff aus, um so die aufgerückte Abwehr des Gegners zu überlaufen. Trumpf des Konters ist das Tempo: rasche Kombinationen über nur wenige Stationen, genaue Steilpässe und im Sprint vorgetragene Dribblings. Gelingt nach einem solchen Konter ein Tor, wird der Gegner anschließend noch wütender angreifen. Vernachlässigt die offensive Mannschaft dabei die Absicherung in der Defensive, erhöht das die Erfolgschance weiterer Konter.

Die berüchtigste Defensivtaktik war der italienische Catenaccio, in den die Konterattacke als Angriffselement integriert war. Besonders Inter Mailand mit seinem argentinischen Trainer Helenio Herrera errang mit dieser Taktik in den 1960er-Jahren große Erfolge (Europapokal der Landesmeister 1964, 1965). Beim Catenaccio bestand die Verteidigung aus einem Bollwerk von fünf Abwehrspielern, unterstützt von drei defensiven Mittelfeldspielern.

Als Verkörperung des Catenaccio gilt der ehemalige Kapitän von Inter Mailand, Giacinto Facchetti. Als linker Verteidiger fing er die Bälle ab und startete beim Konterangriff an der Seitenlinie zu seinen gefürchteten Sturmläufen. Hier tauscht er nach dem „WM-Krimi" von 1970 sein Trikot mit dem deutschen Stürmer Gerd Müller (links).

Was unterscheidet Mann- und Raumdeckung?

Vor dem Spiel legt der Trainer fest, ob mit Mann- oder Raumdeckung gespielt wird. Bei der Manndeckung bewacht der Verteidiger seinen Gegenspieler hautnah über die gesamte Spieldauer. Vor allem auf den Spielmacher des Gegners wird oft ein eigener Manndecker angesetzt, der nur die Aufgabe hat, dessen Aktionen zu vereiteln.

Bei der Raumdeckung wird jedem Abwehrspieler ein bestimmter Raum zugeteilt, den er verteidigen muss. Der Gegner wird erst angegriffen, wenn er versucht, in diesen Raum einzudringen. Verlässt er ihn, wird die Bewachung an den Verteidiger des benachbarten Raumes übergeben.

Beide Deckungsarten haben ihre Risiken. Bei sturer Manndeckung kann ein Stürmer, der seine Position verlässt, den Verteidiger mitziehen, zum Beispiel von der rechten auf die linke Seite des Feldes, und so die Abwehr in Unordnung bringen. Ein großes Problem der Raumdeckung ist oft die rechtzeitige Übernahme des Gegenspielers. Hält er sich an der Grenze zweier Räume auf, fühlt sich manchmal kein Abwehrspieler zuständig; er bleibt ungedeckt und kann frei den Ball annehmen.

Die meisten Mannschaften wenden eine kombinierte Mann-/Raumdeckung an. Dabei werden die Deckungsspieler zwar vor dem Spiel bestimmten Gegnern zugeteilt, doch während des Spiels werden die Gegner, wenn es sich aus der Situation heraus als günstiger erweist, auch öfters an einen anderen Abwehrspieler übergeben.

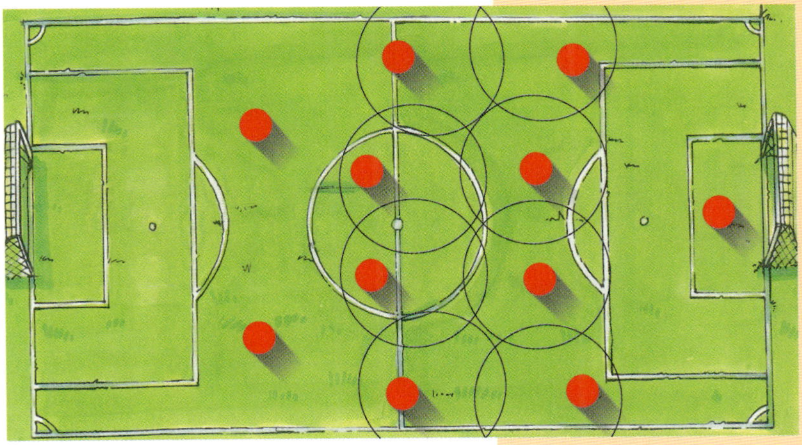

Bei der Raumdeckung bewacht jeder Abwehrspieler einen bestimmten Bereich des Feldes.

Philipp Lahm, einer der besten deutschen Verteidiger, im Spiel gegen Costa Rica bei der Weltmeisterschaft 2006.

Defensive Mannschaften sind meist erfolgreicher als offensive. Die Bundesliga-Saison 1992/1993, in der Werder Bremen mit 63:30 Toren über die 74:45 Tore von Bayern München triumphierte, ist nur ein Beispiel von vielen. Dazu passt, dass der Italiener Giovanni Trapattoni, der als ein Meister der Defensiv-Taktik gilt, mit mehr als 20 Titeln einer der erfolgreichsten Trainer weltweit ist.

Als Trainer des FC Bayern München, den er 1997 zur Meisterschaft führte, wurde Giovanni Trapattoni mit einer holprig-hitzig geführten Rede bei einer Pressekonferenz berühmt („Ich habe fertig!“).

Der Sturm des FC Barcelona (hier Messi und Henry) ist einer der besten der Welt.

KONTROLLIERTE OFFENSIVE

Der von Otto Rehhagel geprägte Begriff „kontrollierte Offensive“ bedeutet, beim Angriff auch die Abwehr nicht zu vernachlässigen. Rehhagel gewann mit Bremen je zweimal den Meister- und Pokalsiegertitel sowie 1992 den Europacup der Pokalsieger. 1997/1998 schaffte er mit Kaiserslautern den Durchmarsch von der 2. Liga zum Deutschen Meister. Sein größter Triumph folgte 2004: die Europameisterschaft mit dem Nationalteam Griechenlands.

Der 17-jährige Wunderstürmer Pelé (links) bei seinem ersten Triumph, der Weltmeisterschaft 1958 in Schweden

Wie organisiert man die Offensive?

Um ein Spiel zu gewinnen, genügt es nicht, den Gegner vom Toreschießen abzuhalten – man muss sich auch selbst Torchancen erkämpfen. Deshalb überlegt sich jede Mannschaft auch Taktiken für die Offensive. Der Trainer muss sich vor dem Spiel entscheiden, ob er mit zwei oder mit drei Stürmern spielen lässt oder ob er die Außenbahn mit schnellen Leuten besetzt, die aus dem Mittelfeld nach vorn kommen.

Wichtig ist auch, dass eine Mannschaft bei Ballbesitz planmäßig vorgeht. So hatte zum Beispiel der Hamburger SV Anfang der 1980er-Jahre damit Erfolg, dass der Offensivverteidiger Manfred Kaltz regelmäßig beim Angriff nach vorn preschte und gefährlich angeschnittene „Bananenflanken“ in den Strafraum des Gegners zirkelte.

Nach Sepp Herberger geht es beim Fußballspiel vor allem darum, „dass man dort, wo die Entscheidung fällt, jeweils zahlenmäßig stärker ist als der Gegner.“ Die Grundtaktik besteht darin, im Mittelfeld mit gewonnenen Dribblings eine Überzahl zu schaffen oder aber mit ständigem Freilaufen und kurzen Pässen einen Mannschaftskollegen freizuspielen. Man kann aber auch versuchen, mit dem Spiel über die Flügel den Gegner vom Tor wegzulocken, um dort Raum für nachrückende Mitspieler zu schaffen. Setzt der Gegner die Abseitsfalle ein, so muss der ballführende Spieler im richtigen Moment die Lücke erkennen und eventuell mit einem Sprint oder einem Dribbling versuchen, die Abwehr zu durchbrechen.

„Hinten zu null spielen und vorne hilft der liebe Gott!“, so lautet eine alte Fußballerweisheit. Hier beten Brasilianer beim Endspiel der WM 1970.

Warum muss man „sein“ Spiel spielen?

Voraussetzung dafür, dass man „sein“ Spiel spielen und dem Gegner aufzwingen kann, ist der Ballbesitz. „Wenn ich den Ball habe“, hat die englische Fußball-Legende Stanley Matthews einmal bemerkt, „dann mache ich das Spiel; ich weiß, was ich tun werde, meine Gegner müssen raten." Grundsätzlich ist es zwar weitaus schwieriger, ein Spiel konstruktiv aufzubauen, statt es nur zu zerstören, aber der Vorteil liegt darin, dass man dem Gegner immer einen Schritt voraus ist.

Gute Mannschaften lassen den Ball laufen, und der Gegner rennt hilflos hinterher. Der Meistertrainer Hennes Weisweiler (drei Titel mit Mönchengladbach, einer mit Köln): „Wenn alle Angreifer in gedanklicher Zusammenarbeit dauernd unterwegs sind, den freien Raum suchen, ihre Positionen wechseln, sich anbieten oder auch wegbleiben, dann hat selbst die aufmerksamste Abwehr nur wenig Gegenmittel, einzugreifen und zu stören."

Was ist Pressing?

Ist der Gegner in Ballbesitz, so ist das Pressing (von englisch „to press", bedrängen) eine wirkungsvolle Variante passiven Spiels. Stürmer und Mittelfeldspieler versuchen, sich ballorientiert zu verschieben und die am Ball befindlichen Gegenspieler gleich zu mehreren zu attackieren, um den Gegner möglichst frühzeitig beim Spielaufbau zu stören. Beabsichtigt ist, den Gegner bereits in seiner eigenen Hälfte so unter Druck zu setzen, dass er Fehler begeht, aus denen sich wiederum Chancen für einen Angriff der eigenen Mannschaft ergeben. 1981/1982 brachte der Österreicher Ernst Happel den Hamburgern das Pressing bei – und prompt wurden sie mit 95 Treffern Meister.

Lukas Podolski jubelt nach dem Tor zum 3:1 im Fußball-Länderspiel Deutschland gegen Südafrika 2005.

TOTALER FUSSBALL

In den 1970er-Jahren prägte die niederländische Nationalmannschaft den Begriff „totaler Fußball", um die offensive Grundhaltung einer modernen Mannschaft zu bezeichnen. Auch die Defensivspieler rückten dabei auf Angriffspositionen vor, sodass in der Offensive ein Höchstmaß an Flexibilität erreicht wurde. „Chef" des attraktiven Offensivspiels der Niederländer war Johan Cruyff (oben im Bild), Europapokalgewinner mit Ajax Amsterdam 1971 bis 1973 und mehrfach Europas Fußballer des Jahres.

Den entscheidenden Elfmeter im Endspiel der WM 1990 verwandelte Andreas Brehme. Lothar Matthäus wollte nicht antreten, weil er sich unsicher fühlte (er trug neue Schuhe).

STRAFSTOSS

Auch der Strafstoß, bei dem der Ball auf die Elfmetermarke gelegt wird, ist eine Standardsituation. Im Training treffen alle Spieler wie im Schlaf ins Tor, in wichtigen Spielen sind Elfmeter reine Nervensache.

Kunstschütze David Beckham (Manchester United) 1999 im Champions-League-Finale gegen Bayern München: Mit zwei Eckbällen bereitete er kurz vor dem Abpfiff die beiden Treffer zum 2:1-Sieg seines Teams vor.

Was sind Standardsituationen?

Wenn der Ball im Aus landet oder der Schiedsrichter das Spiel wegen eines Fouls unterbricht, gibt es entweder Einwurf, Freistoß oder Eckstoß. Man nennt diese Situationen Standardsituationen, weil sie in einem Spiel immer wieder vorkommen. Es ist sehr wichtig, vor allem Eckstöße und Freistöße in der Nähe des gegnerischen Tores optimal auszunutzen, denn sie bieten die Chance, den Ball ungehindert gefährlich vor das Tor zu spielen. Deshalb werden im Training verschiedene Varianten von Eck- und Freistößen geübt.

Viele Mannschaften haben Spezialisten für diese „ruhenden Bälle“. Spieler wie einst Mario Basler oder David Beckham sind berühmt dafür, dass sie den Ball von der Ecke aus so anschneiden können, dass er sogar direkt im Tor landet. Auch bei direkt geschossenen Freistößen sind oft Effetkünstler am Werk. Früher bewunderte man Thomas Häßler, weil er den Ball in kaum glaublicher Flugbahn um eine Spielermauer herumlenken konnte; heute haben alle Torhüter vor den Schüssen von Christian Pander (Schalke 04) Angst.

Wie trainiert man Eckstöße?

Eckstöße werden meist hoch in den Strafraum geflankt, damit sie dort von kopfballstarken Spielern verwandelt werden können. Dabei kann man vorher verabreden, ob der Ball auf den näheren, den kurzen Pfosten getreten wird oder auf den weiter entfernten, den langen Pfosten.

Aus der Sicht des Stürmers betrachtet, werden normalerweise die Ecken von links mit dem rechten, die von rechts mit dem linken Fuß geschossen. Der mit dem Innenrist getretene Ball dreht sich dann im Bogen auf den Torwart zu. Eine Möglichkeit, den Torwart und die gegnerische Abwehr zu verwirren, besteht darin, dass ein Linksfüßer von links und ein Rechtsfüßer von rechts schießt. Dann dreht sich der Ball vom Torwart weg und ist so für die Abwehr schwerer zu berechnen. Eine weitere Möglichkeit, den Gegner zu irritieren, ist die Verlängerung des Eckstoßes. Der Ball wird auf den kurzen Pfosten gespielt und dort von einem Mitspieler per Kopf zu einem weiteren Mitspieler verlängert. Der kann nun den Ball aufs Tor köpfen oder schießen, während die Abwehr noch ganz verdutzt ist.

Welche Tricks werden bei Freistößen angewandt?

Freistöße werden im Training oft geübt. Ziel ist dabei, die vor dem gegnerischen Tor postierte Mauer zu überwinden. Der Abstand der Mauer zum Ball beträgt immer 9,15 Meter. Bei einem Freistoß aus guter Position bietet sich ein direkter Schuss an. Entweder wagt der Schütze einen Effetschuss um die Mauer herum, oder aber er zielt durch das Loch in der Mauer, das ihm ein Spieler der eigenen Mannschaft freigesperrt hat.

In einer anderen Variante hebt der Freistoßschütze den Ball gefühlvoll über die Mauer. Ein Mitspieler „schleicht" sich in den Rücken der Mauer, nimmt den Ball an und zieht aus nächster Nähe ab. Oft zu sehen ist auch, dass ein Spieler einen Schuss nur antäuscht oder über den Ball hinwegläuft. Dies verwirrt die Abwehr des Gegners, sodass der eigentliche Schütze eine entstehende Lücke mit einem strammen Schuss nutzen kann.

Wenn man allerdings einen Ruf als gefährlicher Freistoßschütze hat, sind solche Tricks manchmal gar nicht nötig. Der Mönchengladbacher Günter Netzer war wegen seiner gezirkelten Schüsse so gefürchtet, dass der Torwart von EPA Larnax (Zypern) in einem Europapokalspiel des Jahres 1970 die Mauer neben den Torpfosten dirigierte. In dieser ungewöhnlichen Situation brachte es der Kunstschütze Netzer ausnahmsweise mal über sich, den Ball schnurgerade ins Tor zu hämmern.

Auch so lassen sich Standardsituationen üben.

Cristiano Ronaldo (mit Rückennummer 7) gilt als einer der besten Freistoßschützen der Welt.

Freistoßtricks

Der Freistoßschütze lupft den Ball über die Mauer auf einen Mitspieler, der im richtigen Moment in den freien Raum hinter der Mauer gesprintet ist.

Ein Spieler der angreifenden Mannschaft stellt sich in die Abwehrmauer des Gegners. Der Freistoßschütze schießt direkt auf den Mitspieler, der sich im letzten Moment duckt. Der Ball fliegt durch die Lücke aufs Tor.

Deutsche Meisterschaften und Pokale

DFB

Der Deutsche Fußballbund, abgekürzt DFB, wurde am 28. Januar 1900 gegründet. Heute sind beim DFB über 6,5 Millionen Mitglieder in rund 26 000 Vereinen gemeldet. In etwa 170 000 Mannschaften jagen fußballbegeisterte Männer, Frauen und Jugendliche in ca. 10 000 Ligen dem runden Leder hinterher. Der DFB regelt alle Liga- und Pokalwettbewerbe in Deutschland und ist auch für die Belange der Nationalmannschaft zuständig.

Was sind Liga- und K.o.-System?

Fußballwettbewerbe können nach zwei verschiedenen Systemen ausgetragen werden: nach dem Liga- und dem K.o.-System. Im Ligasystem kämpfen mehrere Fußballvereine um Tore und Punkte. Im Verlauf eines Spieljahres (Saison) treffen alle Mannschaften zweimal aufeinander. Ein Spiel wird auf dem eigenen Platz ausgetragen (Heimspiel), ein Spiel findet auf dem Platz des Gegners statt (Auswärtsspiel). Die Ergebnisse der einzelnen Spiele (Punkte und Tore) werden in einer Tabelle zusammengezählt. Wer am Ende einer Saison die meisten Punkte errungen hat und den ersten Platz belegt, ist Ligameister. Stehen am Ende einer Saison zwei Vereine punktgleich an der Spitze, wird derjenige Meister, der das bessere Torverhältnis hat.

Bis 1995 wurden für einen Sieg zwei Punkte gutgeschrieben, für ein Unentschieden erhielt jeder Verein einen Punkt. Seit der Saison 1995/1996 gilt die Drei-Punkte-Regel. Für einen Sieg werden nun drei Punkte gutgeschrieben, für ein Unentschieden gibt es weiterhin einen Punkt.

Pokalwettbewerbe werden dagegen im sogenannten K.o.-System ausgetragen. Zu Beginn wird ausgelost, welche Vereine gegeneinander antreten. Der Verlierer des Spiels scheidet aus. Manchmal gibt es auch zwei Spiele, man spricht dann von Hin- und Rückspiel. Das Teilnehmerfeld wird Runde um Runde halbiert. Schließlich bleiben zwei Mannschaften übrig, die im Endspiel den Pokalsieger ermitteln. Das Endspiel wird oft auch als Finale bezeichnet, sodass man bei den vorherigen Runden dementsprechend von Halb-, Viertel- und Achtelfinale spricht.

Deutscher Meister 2009: Wolfsburgs Kapitän Josué und der Bundesliga-Torschützenkönig Grafite stemmen die Schale.

Wie ist der deutsche Vereinsfußball organisiert?

In Deutschland wird der Vereinsfußball vom Deutschen Fußballbund (DFB) organisiert. Von 1903 bis 1963 wurde die Deutsche Meisterschaft in einer Mischung aus Liga- und Pokalsystem durchgeführt. Es gab viele Ligen, deren Erstplatzierte dann in einer Endrunde um die Deutsche Meisterschaft spielten. Eine 1. Bundesliga, in der die besten Mannschaften von ganz Deutschland zusammengefasst sind, gibt es erst seit 1963. Heute ist das Ligasystem für die knapp 26 000 Vereine wie

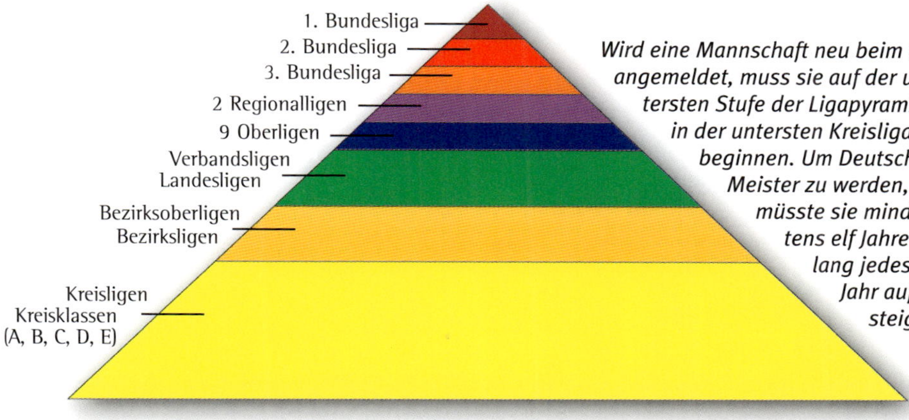

Wird eine Mannschaft neu beim DFB angemeldet, muss sie auf der untersten Stufe der Ligapyramide, in der untersten Kreisliga, beginnen. Um Deutscher Meister zu werden, müsste sie mindestens elf Jahre lang jedes Jahr aufsteigen.

Der deutsche Vereinsfußball ist wie eine Pyramide organisiert: unten die Freizeitspieler (Amateure), oben die Profis.

eine Pyramide aufgebaut. Ganz oben an der Spitze stehen die Profiligen: Um die Deutsche Meisterschaft spielen die 18 Vereine der 1. Bundesliga, es folgt die 2. Bundesliga mit ebenfalls 18 Vereinen und seit der Saison 2008/2009 die 3. Bundesliga mit 20 Vereinen. Die alte Regel, dass die drei Letzten der oberen Liga absteigen und die drei Ersten der unteren Liga aufsteigen, gilt seit 2008/2009 nicht mehr. Seitdem gibt es nur noch zwei direkte Auf- bzw. Absteiger. Der Drittletzte der oberen und der Dritte der unteren Liga ermitteln in einem sogenannten Relegationsspiel die dritte Mannschaft, die in der nächsten Saison höherklassig sein wird.

Die höchste Stufe unterhalb des Profifußballs bilden die zwei Regionalligen (Nord und Süd). Kandidaten für den Aufstieg in die Regionalligen sind die Meister der neun Oberligen. Es folgen die Verbands- und Landesligen und schließlich die Bezirksligen. Die letzte Ebene bilden die Kreisligen, die nochmals gestuft sind.

Neben dem Meisterwettbewerb gibt es in Deutschland seit 1935 den Vereinspokal (DFB-Pokal), an dem alle deutschen Vereinsmannschaften teilnehmen dürfen. Bei der Auslosung der ersten Hauptrunde mit 64 Mannschaften kommen zunächst die 18 Erstligisten und 14 Zweitligisten in einen Topf. Den zweiten Topf bilden die vier schlechtesten Zweitligisten, die vier besten Drittligisten sowie 24 Vereine, die sich zuvor in den Pokalrunden für Amateure qualifiziert haben. Die Vereine des zweiten Topfes haben automatisch Heimrecht, Amateurvereine behalten es auch im weiteren Verlauf des Wettbewerbs. Endet ein Spiel nach der Verlängerung unentschieden, wird der Sieger durch Elfmeterschießen ermittelt. Das Endspiel findet seit 1985 immer im Berliner Olympiastadion statt.

Jubel bei Werder Bremen, dem deutschen Pokalsieger von 2009

DFB-Pokal

Meisterschale

DFL

Im Jahr 2000 wurden die Vereine der Profiligen aus dem DFB ausgegliedert. Nicht mehr der DFB, sondern die DFL (Deutsche Fußball-Liga) ist heute für den Spielbetrieb und die Vermarktung des Profifußballs zuständig. Eine ihrer Aufgaben ist der Verkauf der Fernsehrechte an Free-TV (wie ARD) und Pay-TV (wie Sky). Seit 2009/2010 kassiert die DFL pro Saison etwa 412 Millionen Euro, die an die Vereine der Bundesliga verteilt werden. Ganz unabhängig vom DFB ist die DFL aber nicht: Vertraglich ist geregelt, dass die Profivereine am DFB-Pokal teilnehmen und Spieler für die Nationalelf abstellen müssen.

Heiner Stuhlfauth, der berühmte Torwart des 1. FC Nürnberg, sorgte dafür, dass der Club in fünf Endspielen zwischen 1920 und 1927 keinen einzigen Treffer kassieren musste. Seine Spezialität war die Fußabwehr weit vor dem eigenen Tor nach dem Motto: „Ein guter Torwart wirft sich nicht."

Die Viktoria war der erste Wanderpokal, der für den Deutschen Meister vergeben wurde.

Wer war der erste Deutsche Meister?

Im Jahr 1903 wurde zum ersten Mal eine Deutsche Meisterschaft ausgetragen. Den Titel errang der 1896 gegründete VfB Leipzig. Damals war es noch viel einfacher, Meister zu werden. Im Jahr 1900 gehörten dem DFB gerade mal 68 Vereine an, und die Spielstärke war lange noch nicht so unterschiedlich wie heute zwischen einem Verein der 1. Bundesliga und einem Verein der Kreisklasse. So war es möglich, dass der VfB Leipzig, der mit nur zwei Siegen Meister des „Verbandes Mitteldeutscher Ballspielvereine" geworden war, sich damit bereits für die Endrunde um die Deutsche Meisterschaft qualifiziert hatte. Dort besiegte er Britannia Berlin mit 3:1, den Altonaer FC mit 6:3 und schließlich im Endspiel den Deutschen Fußballclub Prag mit 7:2. Nur fünf Siege benötigten die Leipziger, um Meister zu werden!

Der VfB blieb auch in den nächsten Jahren eine der beherrschenden Mannschaften. Noch fünfmal gelangten die Leipziger ins Endspiel, zweimal gewannen sie. Beim letzten Finale vor dem Ersten Weltkrieg standen sie am 31. Mai 1914 in Magdeburg der SpVgg Fürth gegenüber.

Die vom englischen Trainer William Townley trainierten Fürther waren technisch und taktisch besser, doch der VfB hielt mit Kampfkraft dagegen. Nach 90 Minuten war der Spielstand 1:1. Es gab Verlängerung (2 x 15 Minuten). Danach stand es 2:2. Wie damals üblich, wurde das Spiel im 10-Minuten-Rhythmus weiter verlängert. Die Kräfte der Spieler erlahmten mehr und mehr. Selbst die Leipziger waren froh, als dem Fürther Franz in der 153. Minute ein Treffer gelang und das Spiel damit endlich entschieden war.

Wo war die erste „Fußballhochburg"?

Während des Ersten Weltkriegs wurde die Deutsche Meisterschaft ausgesetzt. 1920, im ersten Endspiel nach dem Krieg, standen die Fürther in Frankfurt ihrem fränkischen Nachbarn, dem 1. FC Nürnberg, gegenüber.

Die Mannschaft der SpVgg Fürth im Jahr 1904. Damals kassierte man noch zweistellige Niederlagen gegen den 1. FC Nürnberg. Nur zehn Jahre später waren die Fürther Meister.

35 000 Zuschauer sahen einen verdienten 2:0-Sieg des 1. FCN. Im Jahr darauf konnte Nürnberg seinen Erfolg wiederholen und war damit der erste Verein, der seinen Titel verteidigen konnte. Und damit nicht genug: Von Juli 1918 bis Februar 1922 blieben die Nürnberger in 104 Spielen ungeschlagen (Torverhältnis: 480:47). Voller Ehrfurcht nannte man den 1. FCN seitdem schlicht und einfach „den Club".

Bis 1927 errang der Club noch drei weitere Meisterschaften. Aber auch die Nachbarn aus Fürth blieben stark und gewannen weitere Titel. Beide Vereine wurden für ihr Kombinationsspiel, den sogenannten „fränkischen Flachpass", gerühmt. Sie waren so überlegen, dass man in ganz Deutschland voller Ehrfurcht von der „Fußball-Hochburg" Nürnberg/Fürth sprach. Einigermaßen mithalten konnten da nur noch der zweifache Meister Hamburger SV und Hertha BSC Berlin. Die Berliner hatten viel Pech: Viermal nacheinander, von 1926 bis 1929, verloren sie im Finale. Erst 1930 und 1931 wurden sie endlich Deutscher Meister.

Das Jahr ohne Meister

Verwundbar waren die Nürnberger in den 1920er-Jahren nur dann, wenn ihr Spielmacher, der „Riese" Hans Kalb, einmal fehlte. Ein geflügeltes Wort lautete: „Der Club ohne Kalb – halb." 1922 hatte sich Kalb ein Bein gebrochen und konnte an den Endspielen gegen den Hamburger SV nicht teilnehmen. Und tatsächlich: Diesmal konnte der Club nicht gewinnen. Das Finale in Berlin, das nach 90 Minuten 2:2 stand, wurde nach mehreren Verlängerungen in der 190. Minute ohne weitere Tore abgebrochen. Auch das Wiederholungsspiel in Leipzig (1:1) musste in die Verlängerung und wurde unentschieden abgebrochen, als Nürnberg nach Platzverweisen und Verletzungen nur noch sieben Spieler auf dem Feld hatte. So kam es, dass das Jahr 1922 als „Jahr ohne Meister" in die Fußballgeschichte einging.

Szene aus dem Endspiel von 1927 zwischen Hertha BSC und dem 1. FC Nürnberg im Berliner Grunewaldstadion. Nürnberg gewann 2:0. Rechts in Aktion Herthas Torwart Götze, links Clubstürmer Schorsch Hochgesang.

„Bimbo“ Binder, Stürmer von Rapid Wien, schoss am 22. Juni 1941 im Endspiel gegen Schalke 04 drei Tore.

In den 1930er-Jahren verlagerte sich das Zentrum des Fußballs von Süd- nach Westdeutschland.

Wodurch wurde Schalke 04 berühmt?

Zwischen 1933 und 1942 stand der FC Schalke 04 nur einmal nicht im Endspiel, sechsmal ging der Meistertitel in den Vorort von Gelsenkirchen. Der Ruhm des FC Schalke, der im Jahr 1904 von einigen 14-jährigen Jungen gegründet worden war, beruht jedoch nicht allein auf diesen Erfolgen. Schalke 04 war die erste Arbeitermannschaft in Deutschland, die Erfolg hatte. Die meisten Spieler waren Kinder polnischer Einwanderer, die in den Kohlegruben des Ruhrgebiets als Bergleute (Knappen) arbeiteten.

Die Elf im königsblauen Trikot perfektionierte das Kombinationsspiel zum berühmten „Schalker Kreisel“: Mit kurzen, flachen Pässen wurde der Ball immer wieder zum besser postierten Mitspieler gespielt, bis man sich endlich gefährlich nah ans Tor des Gegners vorgearbeitet hatte und einen Torschuss versuchen konnte. Die Treffer zum ersten Schalker Triumph, dem 2:1 im Endspiel gegen den Club im Jahr 1934, erzielten Fritz Szepan und Ernst Kuzorra.

Schalke 04 war auch im Wettbewerb um den deutschen Vereinspokal erfolgreich, der im Jahr 1935 zum ersten Mal ausgetragen wurde. Im Endspiel 1935 verloren die Schalker zwar noch mit 0:2 gegen den Club, 1937 aber schlugen sie die Nürnberger mit 2:0. Damit war Schalke der erste Verein, der das sogenannte Double gewinnen konnte, also Meisterschaft und Pokalsieg in einer Saison errang.

Die Stars des „Schalker Kreisels“: Ernst Kuzorra (rechts) und Fritz Szepan

Im Jahr 1933 hatten in Deutschland die Nationalsozialisten die Herrschaft ergriffen.

Wann wurde Rapid Wien Deutscher Meister?

1938 wurde Österreich zum „Anschluss“ gezwungen und als „Ostmark“ dem Deutschen Reich eingegliedert. Im sogenannten Großdeutschland spielten nun auch die starken Mannschaften aus Wien um Meisterschaften und Pokale mit. Erfolgreich waren die Österreicher zunächst im „Tschammer-Pokal“, dem Vorläufer des DFB-Pokals (benannt nach dem damaligen Reichssportführer Hans von Tschammer und Osten). 1938 holte sich Rapid Wien mit einem 3:1-Sieg über den FSV Frankfurt den Titel.

1939 gelangte Admira Wien in das Endspiel um die Deutsche Meisterschaft, ging dort allerdings sang- und klanglos mit 0:9 gegen Schalke unter. Zwei Jahre später hieß das Finale Rapid Wien gegen Schalke 04. Rapid lag in der 60. Minute mit 0:3 zurück, das Spiel schien bereits entschieden. Doch dann drehten die Wiener auf und schossen innerhalb von sechs Minuten vier Tore: Endstand 4:3 für Rapid! Allein drei Treffer gingen auf das Konto von Franz „Bimbo“ Binder, dem besten Torjäger jener Zeit.

Was geschah nach dem Zweiten Weltkrieg?

Seit dem Beginn des Zweiten Weltkriegs im Jahr 1939 wurde die Durchführung von Fußballspielen immer schwieriger. Dennoch rollte der Ball weiter – bis zum 18. Juni 1944. An diesem Tag fand vor 70 000 Zuschauern im Berliner Olympiastadion, trotz der Bedrohung durch Bombenangriffe der Alliierten, das letzte Finale während des Krieges statt. Titelverteidiger Dresden, in dessen Reihen der spätere Bundestrainer Helmut Schön spielte, gewann gegen eine Soldatenmannschaft, den Luftwaffensportverein Hamburg, mit 4:0.

Nach Kriegsende im Mai 1945 wurde Deutschland in einen Westteil (die Bundesrepublik Deutschland, BRD) und einen Ostteil (die Deutsche Demokratische Republik, DDR) aufgeteilt. Während es in der DDR später nur eine Oberliga gab, in der ein DDR-Meister ermittelt wurde, bildete man in der BRD fünf Oberligen (Nord, West, Südwest, Süd und Westberlin). Zur Saison 1947/1948 qualifizierten sich die 16 besten Mannschaften für die Endrunde, die im K.o.-System ausgetragen wurde. Zum ersten Nachkriegsfinale um den Meistertitel kam es am 8. August 1948 in Köln. Der 1. FC Nürnberg schlug den 1. FC Kaiserslautern mit 2:1.

Für die Zeit der bundesdeutschen Oberliga von 1948 bis 1963 waren spannende Derbys zwischen Nachbarvereinen wie dem Hamburger SV und dem FC St. Pauli oder Eintracht Frankfurt und den Offenbacher Kickers typisch. Dieses Titelblatt eines Sammelbilderalbums aus dem Jahr 1951 zeigt eine Szene aus einem Derby der Oberliga West (Borussia Dortmund gegen Rot-Weiß Oberhausen).

Der berühmteste und beliebteste Spieler in der Übergangszeit von der Oberliga zur Bundesliga war „Uns Uwe“ Seeler vom Hamburger SV. Von 1953 bis 1972 schoss der Torjäger in 916 Spielen für Hamburg 772 Tore.

DIE TRIKOTWERBUNG wurde eingeführt, um die Gehälter der Bundesligaprofis zu finanzieren. Der erste Verein, auf dessen Trikots Werbung prangte, war Eintracht Braunschweig. Seit 1973 zierte der Hirsch, das Zeichen der Firma Jägermeister, die Brust der Spieler. Der Plan, den Verein in „Jägermeister Braunschweig" umzuändern, scheiterte am Verbot des DFB. In Österreich war es anders: Da trat zum Beispiel der Traditionsklub Vienna Wien seit den 1980er-Jahren unter den unterschiedlichsten Namen an: Eismann Vienna, First Vienna FC McDonald's und FC Honda Havelka Vienna.

Noch ohne Trikotwerbung: Wolfgang Overath, der 1964 mit dem 1. FC Köln die erste Meisterschaft in der Bundesliga gewann. 2006/2007 erhielt der Vizemeister Schalke 04 von dem russischen Erdgasproduzenten Gazprom 20 Millionen Euro für die Trikotwerbung.

Wie entstand die Bundesliga?

Seit den 1950er-Jahren wurde die Endrunde der Deutschen Meisterschaft in zwei Gruppen zu je vier Vereinen ausgetragen, deren Sieger für das Endspiel qualifiziert waren. Bis zur Einführung der Bundesliga 1963 wurde Borussia Dortmund dreimal Meister, dem 1. FC Kaiserslautern, dem 1. FC Nürnberg und dem VfB Stuttgart gelang der Triumph je zweimal. Außerdem konnten sich weitere sieben Klubs in die Meisterliste eintragen.

Im Jahr 1962 beschloss der DFB, die stärksten Vereine in einer 1. Liga zu konzentrieren. Dadurch wollte man international konkurrenzfähig bleiben und vermeiden, dass Spitzenspieler in ausländische Profiligen abwanderten. Um die Aufnahme in die Bundesliga bewarben sich 46 Vereine aus den bisherigen Oberligen. Beim Anpfiff der ersten Bundesligasaison 1963/1964 waren schließlich dabei: 1. FC Nürnberg, TSV 1860 München, Eintracht Frankfurt, Karlsruher SC, VfB Stuttgart, 1. FC Köln, MSV Duisburg, Borussia Dortmund, Schalke 04, Preußen Münster, Hamburger SV, Werder Bremen, Eintracht Braunschweig, 1. FC Kaiserslautern, 1. FC Saarbrücken und Hertha BSC Berlin.

Wie viel verdienen die Bundesligaprofis?

Mit der Einführung der Bundesliga wurde auch die Bezahlung der Spieler neu geregelt. In der Oberligazeit waren Fußballer sogenannte Vertragsspieler: Sie waren bei einem Verein vertraglich gebunden und mussten zusätzlich einen Beruf ausüben. Da sie weniger

Kevin Keegan, Starspieler des HSV im Jahr 1978

arbeiteten und entsprechend weniger verdienten als ein normaler Arbeitnehmer, erhielten sie ein kleines Gehalt als Entschädigung. Die Zahlungen waren insgesamt jedoch so gering (160 Euro im Monat), dass viele Vereine den Spitzenspielern heimlich mehr Geld zusteckten.

Mit dem Start der Bundesliga wurde der Lizenzspieler eingeführt, der nun ein festes Gehalt bezog. Das Monatseinkommen durfte aber höchstens 600 Euro betragen. Erst zehn Jahre später, als versteckte Zahlungen immer mehr zum Problem geworden waren, gab man die Gehälter für Bundesligaspieler frei.

Der erste Großverdiener der Bundesliga war der Engländer Kevin Keegan. In der Saison 1977/1978 erhielt er beim Hamburger SV das damals als „wahnsinnig hoch" bezeichnete Gehalt von 250 000 Euro. Heute verdient selbst ein durchschnittlicher Bundesligaprofi mehr. Spitzenverdiener wie Michael Ballack und Oliver Kahn hingegen erhalten über 20-mal so viel. Die reichsten

Fußballprofis spielen aber im Ausland: Bei Vereinen wie Real Madrid, dem FC Barcelona oder Manchester United werden den Superstars Gehälter in zweistelliger Millionenhöhe gezahlt.

Wer landet (fast) immer auf dem ersten Platz?

Die erste Meisterschaft der Bundesliga im Jahr 1964 gewann überlegen der 1. FC Köln. In den darauf folgenden Jahren konnte sich kein Verein dauerhaft an die Spitze setzen. Nach Köln holten sich Werder Bremen, 1860 München und Eintracht Braunschweig den Titel. Der 1. FC Nürnberg wurde 1968 zum neunten Mal Meister. Und 1969 sicherten sich die Münchener Bayern, die vier Jahre zuvor in die 1. Bundesliga aufgestiegen waren, ihren ersten Titel. Es war, nach 1932, erst die zweite Meisterschaft für den Klub, der nun einen Titel nach dem anderen einheimsen sollte. 1987 errangen die Bayern ihre zehnte Meisterschaft und überholten damit den bisherigen Rekordmeister, den 1. FC Nürnberg.

Seit 1969 gab es nur wenige Vereine, die den Bayern Konkurrenz machen konnten. In den 1970er-Jahren hieß der große Rivale Borussia Mönchengladbach. Die Borussen waren mit fünf Meisterschaften in dieser Zeit sogar noch erfolgreicher als die Münchener. Sie konnten allerdings seit 1977 keine weitere Meisterschaft mehr gewinnen.

Seither versuchten viele Vereine, den Bayern den Titel streitig zu machen. Der 1. FC Kaiserslautern war zweimal Spitze, je dreimal wurden der VfB Stuttgart, der Hamburger SV und Borussia Dortmund Meister, viermal Werder Bremen. Doch bisher gelang es keinem Verein, die Erfolgsserie der Bayern dauerhaft zu durchbrechen. Im Jahr 2008 gewannen die Bayern ihren 21. Meistertitel; es war ihre 42. Bundesliga-Saison. Bislang wurde der FC Bayern also in jedem zweiten Jahr Deutscher Meister.

Die erfolgreichste Mannschaft der 1970er-Jahre: Borussia Mönchengladbach mit Trainer Hennes Weisweiler (mit Meisterschale)

Gerd Müller (Bayern München), der Torschützenkönig der Bundesliga. Er erzielte 365 Tore in 427 Spielen.

1987 wurde Bayern München mit dem zehnten Titel deutscher Rekordmeister. Trainer Udo Lattek (links) ist mit acht Meistertiteln (sechs mit München, zwei mit Mönchengladbach) bis heute der erfolgreichste Bundesligatrainer.

Bayern München 2008: zum 21. Mal Deutscher Meister

Leverkusens Stürmer Stefan Kießling (rechts) im Duell mit Patrick Ebert von Hertha BSC. Auch in der Saison 2009/10 kämpft Bayer Leverkusen um den Meistertitel mit.

19.12.1997, Dortmund gegen Schalke: In der Schlussminute stürmt Schalkes Torwart Lehmann (Bildmitte) nach vorn und köpft einen Eckball im Stil eines Mittelstürmers zum 2:2-Endstand ins Dortmunder Tor. Es war das erste Tor, das ein Torwart aus einer Spielsituation heraus erzielte.

Wann ist die Bundesliga besonders spannend?

Trotz Bayern München ist der Fußball spannend geblieben. Denn selbst die Bayern können einmal verlieren. Gelingen und Versagen liegen beim Fußball sehr nah beieinander. Wie leicht geht zum Beispiel ein Torschuss daneben! Selbst wenn eine Mannschaft pausenlos nach vorn stürmt, heißt das noch nicht, dass sie gewinnt. Vielleicht kommt der Gegner kurz vor Schluss zu seiner ersten und einzigen Chance – und erzielt das entscheidende Tor. Der Ausgang eines Spiels ist also immer ungewiss.

Spannung ist besonders dann angesagt, wenn am Ende einer Saison mehrere Mannschaften an der Spitze liegen. Viele Vereine sicherten sich die Meisterschaft mit nur einem Punkt Vorsprung: Bayern 1974 und 1994, Mönchengladbach 1977, Bremen 1993, Dortmund 1995 und 2002.

2001 war es besonders spannend, als der FC Bayern knapp vor Schalke 04 gewann. Der letzte Spieltag: Während Bayern gegen den HSV mit 0:1 zurückliegt, gewinnt Schalke das Spiel gegen Unterhaching mit 5:3. Die 90. Minute bricht an, die Schalker fühlen sich bereits als Meister. Doch beim HSV lässt der Schiedsrichter nachspielen – und Bayerns Andersson gelingt mit einem Freistoß das Tor zum 1:1-Ausgleich! Mit einem Punkt Vorsprung ist München wieder einmal Meister.

Wann fällt die knappste Entscheidung?

Die knappste Entscheidung im Ligafußball wird durch das Torverhältnis getroffen. Stehen am Ende einer Saison zwei Mannschaften punktgleich an der Spitze, dann wird derjenige Meister, der mehr Tore erzielt hat. Die ersten Mannschaften, die nur wegen eines besseren Torverhältnisses Meister wurden, waren Köln (1978) und Hamburg (1983). 1984 waren sogar drei Vereine punktgleich: Der VfB Stuttgart, der Meister wurde, hatte sieben Tore mehr als Hamburg und 13 Tore mehr als Mönchengladbach. 1986 genügten den Bayern neun Tore Vorsprung vor Bremen, 2000 waren sie nur ganze sieben Tore besser als ihr Konkurrent Leverkusen.

Hochspannung gab es auch beim sogenannten „Herzschlag-Finale“ in der Saison 1991/1992: Am letzten

Der Brasilianer Grafite vom VfL Wolfsburg war in der Saison 2008/09 Torschützenkönig der Bundesliga (28 Tore).

Spieltag liegen Frankfurt, Dortmund und Stuttgart punktgleich vorn. Die Frankfurter verlieren in Rostock 1:2. Lange Zeit sieht es so aus, als würden die Dortmunder Meister werden, die in Duisburg mit 1:0 führen. Doch dann biegt der VfB Stuttgart, der in Leverkusen mit 0:1 zurückliegt, noch alles um: Erst der Treffer zum 1:1-Ausgleich, dann, drei Minuten vor dem Abpfiff, macht Guido Buchwald per Kopf das 2:1. Das bessere Torverhältnis (62:32 gegenüber 66:47) bringt Stuttgart den Titel. Hätten die Frankfurter in Rostock gewonnen, wären sie Meister geworden (Torverhältnis: 76:41).

Nicht nur an der Tabellenspitze, auch am Tabellenende ist es oft bis zum letzten Spieltag spannend. Für die Fans der betroffenen Vereine ist die Frage nach dem Abstieg genauso wichtig wie für andere die Frage nach dem Meister. Bis zu drei Vereine müssen jedes Jahr absteigen, und oft ist es zwischen dem rettenden Platz 15 und dem Relegationsplatz 16 genauso eng wie zwischen dem Ersten und dem Zweiten der Tabelle.

Was ist ein Abstiegsdrama?

Zum spannendsten Abstiegskampf in der Bundesliga-Geschichte kam es 1999. Fünf Mannschaften waren noch gefährdet: Nürnberg stand vor dem letzten Spieltag auf Platz 12 (37 Punkte) vor Stuttgart, Freiburg und Rostock. Frankfurt nahm mit 34 Punkten den Abstiegsplatz 16 ein. Stuttgart und Rostock gewannen und waren gerettet. Nürnberg verlor gegen Freiburg 1:2, Frankfurt gewann gegen Kaiserslautern 5:1. Beide hatten nun je 37 Punkte, Frankfurt ein Torverhältnis von 44:54, Nürnberg eines von 40:50. Nürnberg musste absteigen, denn bei Torgleichheit zählen die mehr geschossenen Tore.

Dramatisches Finale

Es ist der vorletzte Spieltag der Saison 1985/1986. In der Partie Bayern München gegen Werder Bremen steht es immer noch 0:0. Beide Mannschaften liegen im Kampf um den Meistertitel gleichauf. Da gibt es in der 88. Minute Elfmeter für Bremen. Nun könnte Michael Kutzop die Meisterschaft für Bremen klarmachen (oben) – doch der Ball landet am Pfosten! Es bleibt beim 0:0. Ihr nächstes Spiel verlieren die schockierten Bremer, Bayern gewinnt und ist wegen des besseren Torverhältnisses Meister.

Finale 2001: In der 95. Minute des letzten Saisonspiels erzielt Patrick Andersson per indirektem Freistoß das 1:1 beim Hamburger SV und sichert damit Bayern München erneut den Meistertitel.

Elfmeterschiessen

Schon häufiger kam es in den Endspielen des DFB-Pokals zum Elfmeterschießen. So auch 1984 im Spiel Bayern München gegen Mönchengladbach, das nach der Verlängerung immer noch unentschieden 1:1 stand. Lothar Matthäus, damals bei Gladbach, verschoss seinen Elfmeter. Die Bayern gewannen mit 7:6. Peinlich für Matthäus: Er hatte bereits einen Vertrag bei den Bayern in der Tasche. 1991 siegte Bremen gegen Köln im Elfmeterschießen, 1992 Hannover 96 gegen Mönchengladbach. Für Bayern wurde es im Endspiel 1999 erneut dramatisch: Wieder stand es 1:1, diesmal gegen Bremen. Und wieder verschoss Matthäus einen Elfmeter. Als dann auch noch Effenberg patzte, stand Bremen als Pokalsieger fest.

Beim Pokalfinale 1982 gewann Bayern München gegen den 1. FC Nürnberg mit 4:2. Bayern-Mittelstürmer Dieter Hoeneß verletzte sich dabei so schwer, dass er nur mit einem „Turban“ weiterspielen konnte. Trotzdem erzielte er den letzten Treffer – per Kopf!

Warum hat der Pokal seine eigenen Gesetze?

Während in der Bundesliga nur einige wenige Vereine die Titel unter sich verteilen, sieht es im Pokalwettbewerb etwas anders aus. Im Pokal haben auch die kleinen Vereine einmal eine Chance, den großen ein Bein zu stellen. Deshalb spricht man davon, dass der Pokal seine eigenen Gesetze habe. Selbst der FC Bayern hat im Pokal viele Pleiten erlitten. Zwischen 1977 und 1995 verloren die Münchener gegen den FC Homburg (1:3) und den VfL Osnabrück (4:5) sowie die SpVgg Bayreuth, den FV 09 Weinheim und den TSV Vestenbergsgreuth (jeweils 0:1). Aber natürlich haben die Bayern nicht immer verloren. Mit 14 Titeln sind sie sogar Rekordpokalsieger. Siebenmal gelang ihnen das Double, der Gewinn von Meisterschaft und Pokal in einer Saison (1969, 1986, 2000, 2003, 2005, 2006, 2008).

Nach den Bayern war Werder Bremen mit sechs Pokalsiegen am erfolgreichsten, gefolgt von Köln, Frankfurt und Schalke (je vier Pokalsiege). Nur einmal gelang einem Zweitligisten der Pokalsieg: Hannover 96 im Jahr 1992. Einige Male haben es sogar Amateurvereine geschafft, bis ins Endspiel vorzudringen. 1993 unterlagen die Amateure von Hertha BSC den Profis aus Leverkusen nur knapp mit 0:1, 1997 hatte der damalige Drittligist FC Energie Cottbus gegen den VfB Stuttgart mit 0:2 das Nachsehen.

Ein kleiner Fan von Union Berlin beim Pokalfinale 2001 – der damalige Drittligist verlor gegen Schalke mit 0:2. Sein erfolgreichstes Jahr hatte Union 1968; da gewann der Verein den Pokal der DDR.

Matthäus 1984 nach seinem verschossenen Elfmeter

In der Europapokal-Saison 1973/1974 kam es im Achtelfinale des Landesmeister-Cups zum deutsch-deutschen Duell zwischen Bayern München und Dynamo Dresden (4:3, 3:3). Mit dabei waren der heutige Bayern-Präsident Uli Hoeneß (links) und der Ex-Trainer von Energie Cottbus, Eduard Geyer (rechts).

Fußball in der DDR

Wer war im Osten Deutschlands top?

Fußball gab es nach dem Zweiten Weltkrieg natürlich auch in der Deutschen Demokratischen Republik (DDR). Rekordmeister der von 1948 bis 1990 bestehenden DDR-Oberliga war Dynamo Berlin. Beliebter waren aber Mannschaften wie Dynamo Dresden, der 1. FC Magdeburg oder der 1. FC Union aus Berlin-Oberschöneweide. Nach der Wiedervereinigung 1990 wechselten viele Spitzenspieler zu Westvereinen. Dennoch konnten sich in der Saison 1991/1992 Hansa Rostock und Dynamo Dresden für die wiedervereinigte 1. Bundesliga qualifizieren. Heute haben es die Vereine der ehemaligen DDR-Oberliga schwer. Nur wenige, wie zum Beispiel Energie Cottbus und Hansa Rostock, können im Profifußball mithalten.

Den einzigen internationalen Triumph einer DDR-Vereinsmannschaft erreichte der 1. FC Magdeburg im Jahr 1974. Er kam bis ins Finale des Europacups der Pokalsieger und besiegte dort den hoch favorisierten AC Mailand mit 2:0. Wenn Mannschaften aus der Oberliga auf Teams der Bundesliga trafen, hatten die DDR-Klubs meistens das Nachsehen. In den 31 deutsch-deutschen Duellen blieben die Bundesligisten 28-mal Sieger.

Den größten Erfolg in ihrer Länderspielgeschichte erreichte die DDR ebenfalls 1974, als sich die Nationalmannschaft erstmals für eine WM qualifizierte. In der Vorrunde kam es zum ersten und einzigen Aufeinandertreffen der Teams aus der BRD und der DDR. Durch ein Tor von Jürgen Sparwasser in der 78. Minute gewannen die Ostdeutschen mit 1:0. Die anschließenden Niederlagen gegen Brasilien und die Niederlande beendeten das WM-Abenteuer.

Meister/Pokalsieger der DDR (1948–1990)

Berliner FC Dynamo 10/3
SG/FC Dynamo Dresden 8/7
ASK/FC Vorwärts Berlin 6/2
1. FC Magdeburg 3/7
SC Motor Jena/FC Carl Zeiss Jena 3/4
Wismut Aue/SC Wismut Karl-Marx-Stadt 3/1
Lokomotive Leipzig –/4

Torschützenkönig

Die besten Torjäger in der Oberliga der DDR waren Hans-Jürgen Kreische von Dynamo Dresden und Joachim Streich vom 1. FC Magdeburg. Beide wurden je viermal Torschützenkönig. Mit 102 Länderspielen und 55 Toren brachte es Streich auch zum Rekordnationalspieler und Rekordtorschützen der DDR.

Matthias Sammer war DDR-Meister mit Dynamo Dresden und anschließend in der Bundesliga Meister mit Stuttgart und Dortmund. Als erster Spieler aus der ehemaligen DDR trug er im wiedervereinigten Deutschland das Nationaltrikot.

Vereine der Bundesliga

FC Bayern München (gegr. 1900)

Die Bayern sind Rekordmeister und haben seit 1974 auch international viele Erfolge errungen. Sie siegen so oft, dass es fast schon langweilig ist. In den 1970er-Jahren waren die berühmtesten Spieler Sepp Maier, Franz Beckenbauer und Gerd Müller. In den 1980ern kam die Zeit von Paul Breitner und Karl-Heinz Rummenigge. Die 1990er bestimmten Lothar Matthäus und Stefan Effenberg. Es folgte die Ära von Oliver Kahn und Mehmet Scholl. In letzter Zeit wollten die Bayern den Erfolg erzwingen, indem sie für weit über 100 Millionen Euro Superstars wie Franck Ribéry (2007), Arjen Robben und Mario Gomez (2009) verpflichteten. Ob das richtig war, muss sich zeigen. Fest steht: Geld allein schießt noch keine Tore.
Stadion: Allianz-Arena (69 901 Plätze)

1. FC Nürnberg (gegr. 1900)

Bevor die große Zeit der Bayern begann, war der 1. FCN die beste deutsche Mannschaft, „der Club" überhaupt. Die Nürnberger um den Meistertorwart Heiner Stuhlfauth waren in den 1920er-Jahren fast unschlagbar, später erzielten sie mit dem legendären Torjäger Max Morlock (286 Oberliga-Tore) noch manchen Erfolg. Bis heute wird der Verein schlicht „Club", die Fans „Clubberer" genannt. 1969 gelang dem 1. FCN etwas Einmaliges: Er stieg als amtierender Meister ab. Danach folgten lange Jahre in der 2. Liga und ein ständiges Auf und Ab. Heute ist der Club wieder wer: 2005 wurde das „Phantom" Marek Mintal Torschützenkönig der Bundesliga, 2007 errang der 1. FCN den Pokalsieg. Nach dem überraschenden Abstieg im Jahr darauf gelang dem von Michael Oenning trainierten jungen Team 2009 die Rückkehr in die 1. Liga.
Stadion: Easy-Credit-Stadion (46 780 Plätze)

FC Schalke 04 (gegr. 1904)

Schalke ist ein Stadtteil von Gelsenkirchen im Ruhrgebiet. „04" heißt der Verein wegen des Gründungsdatums. In früheren Zeiten haben bei Schalke viele Bergleute gespielt. Deshalb werden die Schalker auch „die Knappen" genannt. Mit den legendären Spielern Ernst Kuzorra und Fritz Szepan wurde der Verein zwischen 1934 und 1942 sechsmal Deutscher Meister. Danach gab es, bis auf 1958, nur noch im Pokal Erfolge. Seit 2001, als man die Meisterschaft nur knapp verpasste, mischt Schalke wieder vorne mit. Gesponsert von dem russischen Energie-Giganten Gazprom hofft der Vizemeister von 2007 auf einen neuen Titel. Erfolgstrainer Felix Magath baut auf Spieler wie den jungen Torhüter Manuel Neuer und den Torjäger Kevin Kuranyi.
Stadion: Veltins-Arena (61 673 Plätze)

Hamburger SV (gegr. 1887)

Der Hamburger Sportverein ist der einzige Verein, der von sich behaupten kann, immer „erste Klasse" gewesen zu sein: Von 1963 bis heute spielte er ununterbrochen in der 1. Liga. Stets hatte der HSV torgefährliche Mittelstürmer. Berühmt war Tull Harder in den 1920er-Jahren, noch berühmter Uwe Seeler. Bei den Fans hieß er nur „Uns Uwe". In der Bundesliga und im Europapokal war der HSV manchmal spitze. Die besten Spieler jener Zeit: der Engländer Kevin Keegan („rasender Zwerg") und das „Kopfball-Ungeheuer" Horst Hrubesch. Nach dem Beinahe-Abstieg und großem Wirbel um den Star Rafael van der Vaart geht es beim HSV wieder aufwärts. Man setzt auf junge Spieler wie Jerome Boateng und Dennis Aogo.
Stadion: HSH-Nordbank-Arena (57 000 Plätze)

Borussia Mönchengladbach (gegr. 1900)

Viele sagen, dass die Gladbacher in den 1970er-Jahren den besten Fußball gespielt haben. Damals war Günter Netzer der Regisseur, im Sturm schossen Jupp Heynckes und der Däne Alan Simonsen die Tore. Die Mannschaft, die auch im Europapokal super stürmte, war so jung, dass man sie „die Fohlen" genannt hat. Später ließ der Erfolg nach, die Borussia stieg sogar zweimal in die 2. Liga ab (1999, 2007). Aber so leicht lassen sich die „Fohlen" nicht unterkriegen. Der 2009 als Trainer verpflichtete Alt-Borusse Michael Frontzeck soll dafür sorgen, dass Gladbach auch weiterhin in der 1. Liga bleibt.
Stadion: Borussia-Park (54 067 Plätze)

BV Borussia Dortmund (gegr. 1909)

Der BVB (Ballsportverein Borussia) gilt als der größte Konkurrent der Bayern. Er war in den 1950er-Jahren schon mal ziemlich gut. Die meisten Tore schossen damals Spieler mit lustigen Namen: Kelbassa und Niepieklo. Als erster deutscher Klub haben die Borussen 1997 die Champions League gewonnen. Sie besaßen damals sehr viel Geld und konnten die besten Spieler einkaufen, so auch das Trio Tomas Rosicky, Jan Koller und Marcio Amoroso, mit dem man 2002 die Meisterschaft gewann. Doch danach hatte der Verein viele Schulden, und der Erfolg auf dem Platz blieb aus. Aufwärts ging es für die Borussia erst wieder, als man den immer gut gelaunten Trainer Jürgen Klopp nach Dortmund holte. „Kloppo" setzt nun seine Hoffnungen in junge Spieler wie Nuri Sahin.
Stadion: Signal-Iduna-Park (80 552 Plätze)

VfB Stuttgart (gegr. 1893)

In den 1950er-Jahren zählte Stuttgart zu den besten Vereinen. Kapitän war damals Robert Schlienz. Er hatte durch einen schweren Unfall einen Arm verloren und spielte trotzdem sehr gut Fußball. 1984 holte man mit dem Isländer Asgeir Sigurvinsson den Meistertitel, 1992 mit Matthias Sammer. Mitte der 1990er-Jahre war der VfB (Verein für Ballsport) nochmal richtig gut: Das „magische Dreieck" im Sturm (Bobic, Balakov und Elber) wirbelte die Abwehr der Gegner durcheinander. Auch später gab es Erfolge: 2007 führte Trainer Armin Veh den VfB überraschend zur fünften Deutschen Meisterschaft. Nachfolger Markus Babbel hofft in der Saison 2009/10 auf den Mittelfeld-Star Aliaksandr Hleb und den Stürmer Pawel Pogrebniak.
Stadion: Mercedes-Benz-Arena
(im Umbau bis 2011, 55 896 Plätze)

TSG 1899 Hoffenheim (gegr. 1899)

Die „Turn- und Sportgemeinschaft" aus dem nur rund 3 000 Einwohner zählenden Sinsheimer Stadtteil Hoffenheim gibt es schon seit über 100 Jahren, doch lange Zeit kannte den Verein kaum jemand. Dies sollte sich ändern, als Hoffenheim einen finanzkräftigen Sponsor fand: Durch die Unterstützung des Mitbegründers der Firma SAP, Dietmar Hopp, der einst selbst für die TSG spielte, gelang dem Verein zwischen 1999 und 2008 der Aufstieg von der Kreisliga A bis in die Bundesliga. Stars des von Ralf Rangnick trainierten Teams, das 2008/09 vorübergehend sogar an der Tabellenspitze stand, sind die Torjäger Vedad Ibisevic und Demba Ba.
Stadion: Rhein-Neckar-Arena
(30 150 Plätze)

SV Werder Bremen (gegr. 1899)

Die Bremer waren über viele Jahre der härteste Konkurrent von Bayern München. Dazwischen gab es aber auch einige Auf und Abs. Bei anderen Vereinen wird meist der Trainer entlassen, wenn es mal nicht so gut läuft. In Bremen aber vertraute man 14 Jahre lang auf Otto Rehhagel. Mit ihm und ausländischen Topspielern wie Andreas Herzog (Österreich), Wynton Rufer (Neuseeland) und Rune Bratseth (Norwegen) gewann Werder 1992 den Europacup der Pokalsieger. Auch ohne viel Geld errangen die Bremer unter Trainer Schaaf weitere Erfolge. 2004 gewannen sie das Double (Meisterschaft und Pokal), 2009 wurden sie in Berlin erneut Pokalsieger. Nach dem Abschied des überragenden Brasilianers Diego sollen nun Mesut Özil und Marko Marin das Bremer Spiel ankurbeln.
Stadion: Weserstadion (42 354 Plätze)

1. FC Köln (gegr. 1948)

Bekannt sind die Kölner wegen ihres Maskottchens – ein Geißbock namens „Hennes". Als die Bundesliga gegründet wurde, waren die „Geißböcke" mit Supertechniker Wolfgang Overath der beste Verein. Auch später kickten noch gute Spieler in Köln, etwa der säbelbeinige Pierre Littbarski und der x-beinige Torwart Toni Schumacher. Sehr beliebt war auch der Österreicher Toni Polster. Wenn er aufs Tor stürmte, hieß es: „Toni, lass' es polstern." Seit zehn Jahren pendeln die Kölner nun zwischen 1. und 2. Liga. Wie ein Heilsbringer wurde 2009 der vom FC Bayern zurückgekehrte Lukas Podolski empfangen. „Prinz Poldi", bester Torschütze der Nationalelf, soll Köln nun oben halten.
Stadion: Rhein-Energie-Stadion
(50 374 Plätze)

Hertha BSC Berlin (gegr. 1892)

Der Berliner Ballsportclub (BSC) wurde vor über 100 Jahren auf einem Flussdampfer gegründet. Der hieß Hertha, und deswegen hat man auch gleich den Verein auf diesen Namen getauft. Hertha zählte um 1930 schon einmal zu den besten Vereinen. Der Stürmer Hanne Sobek war damals das Vorbild aller Berliner Jungs. Seit einigen Jahren schielt der Klub aus der Hauptstadt wieder nach dem Meistertitel. Geklappt hat es unter Manager Dieter Hoeneß, der 2009 ausschied, nicht. Da er leere Kassen hinterließ, wird es für seinen Nachfolger Michael Preetz nicht leicht, um Kapitän Arne Friedrich ein schlagkräftiges Team aufzubauen.
Stadion: Olympiastadion (74 228 Plätze)

Eintracht Frankfurt (gegr. 1899)

Die Frankfurter spielten oft guten Fußball. Zwei Weltmeister von 1974, Jürgen Grabowski und Bernd Hölzenbein, gehörten zur Mannschaft der Eintracht. Tollen Fußball boten die Frankfurter auch 1992, als Andreas Möller, Uwe Bein, Jay-Jay Okocha und Anthony Yeboah stürmten. Deutscher Meister sind sie aber trotzdem nicht geworden. Wenn es darauf ankam, spielte die Eintracht nämlich oft auch schlecht. Deswegen hat sie auch den Namen „launische Diva" bekommen. Seit 2001 stiegen die Frankfurter mehrmals ab und wieder auf. Statt auf teure Stars müssen sie auf ein eingespieltes Team setzen. Auch in der Saison 2009/10 ist es für die Männer mit dem Adler auf der Brust das oberste Ziel, nicht abzusteigen.
Stadion: Commerzbank-Arena
(52 300 Plätze)

er Bundesliga

SC Freiburg (gegr. 1904)

Die Freiburger haben einen langen Atem: Präsident Achim Stocker, der im Herbst 2009 überraschend starb, war der dienstälteste Präsident der Bundesliga, im Amt seit 1972. 16 Jahre lang wurden die Freiburger von dem Lehrer Volker Finke trainiert. Er formte immer wieder Teams, die tollen Fußball boten. 1995 feierten die „Breisgau-Brasilianer" mit dem dritten Platz in der Bundesliga ihren größten Erfolg. 2005 hingegen landeten sie auf dem letzten Platz und mussten zum dritten Mal innerhalb von zehn Jahren absteigen. 2009 gelang unter dem neuen Trainer Robin Dutt die Rückkehr in die 1. Liga.
Stadion: Badenova-Stadion (25 000 Plätze)

VFL Wolfsburg (gegr. 1945)

Die Wolfsburger, man nennt sie auch „die Wölfe", werden vom Autohersteller Volkswagen unterstützt. 1997 sind sie in die 1. Bundesliga aufgestiegen. Trainer Felix Magath dressierte das „Wolfsrudel" so perfekt, dass man 2009 überraschend Meister wurde. Die Angreifer Grafite und Edin Dzeko stellten dabei mit 54 Treffern den besten Bundesligasturm aller Zeiten. Unter dem neuen Trainer Armin Veh wollen die „Wölfe" ähnlich erfolgreich auf Torejagd gehen.
Stadion: Volkswagen-Arena (30 000 Plätze)

Bayer 04 Leverkusen (gegr. 1904)

Die Leverkusener heißen „Bayer", weil sie zu der Chemiefabrik gleichen Namens gehören. Seit Jahren träumen sie davon, einmal Deutscher Meister zu werden. Mehr als der zweite Platz in der Tabelle ist aber noch nie herausgesprungen. Im Jahr 2000 fehlten ihnen am Ende nur sieben Tore zur Meisterschaft. Auch wenn sie nie ganz vorne landen, gehören die Leverkusener fast immer zu den besten Teams. Mit ihrer Offensive wirbeln sie die gegnerische Abwehr durcheinander, in der Defensive haben sie oft Probleme. 2009 setzt man auf Erfahrung: auf den ältesten Trainer (Jupp Heynckes, geb. 1945) und den ältesten Abwehrspieler (Sami Hyypiä, geb. 1973) der Bundesliga.
Stadion: Bay-Arena (30 000 Plätze)

TSV München 1860 (gegr. 1860)

Der TSV (Turn- und Sportverein) wurde bereits 1860 gegründet. Deswegen nennt man den Verein auch „die Sechziger". Er hat aber auch noch andere Namen: „die Löwen" (wegen des Wappens) und „die Blauen" (wegen der Trikots). 1966 errangen „die Löwen" unter ihrem strengen Trainer Max Merkel ihre erste und bis heute letzte Meisterschaft. Später war lange Zeit Werner Lorant der Trainer: Der sah mit seinen weißen Haaren nicht nur fast so aus wie ein Löwe, sondern konnte auch so brüllen. Seit 2004 sind „die Sechziger" nun in der 2. Liga. Dabei teilen sie sich mit dem Erzfeind Bayern München die riesige Allianz-Arena.
Stadion: Allianz-Arena (69 000 Plätze)

FC Energie Cottbus (gegr. 1966)

Die für ihren Kampfgeist bekannten Cottbuser stiegen 2000 in die 1. Bundesliga auf. Doch als nicht mehr der strenge Trainer Eduard Geyer, einst Trainer der Nationalmannschaft der DDR, bei Cottbus Dampf machte, ließ die Energie nach. Es folgte ein Auf und Ab, 2009 ging es wieder einmal in die 2. Liga. Aber die Fans aus der ganz im Osten Deutschlands gelegenen Stadt in der Lausitz lassen sich nie unterkriegen. Sie sind erstklassig und werden ihre Mannschaft bald wieder in die 1. Liga brüllen.
Stadion: Stadion der Freundschaft (22 528 Plätze)

FC Hansa Rostock (gegr. 1965)

Die Hanse war ein Bund von Handelsstädten im Mittelalter. Rostock an der Ostsee gehörte dazu. 1991 waren die Rostocker der letzte Deutsche Meister in der DDR-Oberliga Nordost und qualifizierten sich für die Bundesliga. 1992 stiegen sie ab, doch 1995 gelang die Rückkehr in die 1. Liga. Zehn Jahre zeigte die „Hansa-Kogge" in der Bundesliga ihre Segel, dann kenterte sie (2005), kam wieder hoch (2007) und kenterte erneut (2008). Untergehen wird die Hansa-Kogge aber sicher nie.
Stadion: DKB-Arena (29 000 Plätze)

SpVgg Greuther Fürth (gegr. 1903)

Das Wappen der Fürther ist das Kleeblatt. Tatsächlich hatten sie viel Glück im Fußball und wurden bis 1929 dreimal Meister. Danach lief es nicht mehr so gut. 1996 taten sich die Fürther mit dem TSV Vestenbergsgreuth zusammen, der zwei Jahre zuvor die großen Bayern im Pokal mit 1:0 besiegt hatte. Seitdem heißen sie „Greuther Fürth". In der 2. Liga erreichten die Fürther, die jedes Jahr neue Talente hervorbringen, bereits siebenmal den fünften Platz und sind mittlerweile die „dienstältesten" Zweitligisten. Ob es die „Unaufsteigbaren" doch noch einmal in die 1. Liga schaffen?
Stadion: Playmobil-Stadion (15 500 Plätze)

Hannover 96 (gegr. 1896)

Im Jahr 1938 stand Hannover im Endspiel gegen Schalke 04. Man benötigte ein Wiederholungsspiel und zwei Verlängerungen (insgesamt 240 Minuten), um am Ende mit 7:6 zu gewinnen. So lange hat noch nie eine Mannschaft gebraucht, um Deutscher Meister zu werden. 1989 sind die 96er aus der 1. Liga abgestiegen. Seit dem Wiederaufstieg 2002 haben sie sich zu einer festen Größe in der Bundesliga entwickelt. Ein schwerer Schlag: der Selbstmord von Nationaltorwart Robert Enke im November 2009.
Stadion: AWD-Arena (49 000 Plätze)

Arminia Bielefeld (gegr. 1905)

Die Bielefelder wissen nicht so recht, wohin sie gehören. Manchmal sind sie erstklassig, manchmal auch nur drittklassig. Seit vielen Jahren steigen sie immer wieder auf und ab. Schlagzeilen machte die Arminia 1971 beim sogenannten „Bundesliga-Skandal". In Abstiegsgefahr kam man auf die Idee, den Spielern von Schalke 04 und Hertha BSC

Geld zu geben, damit sie absichtlich verloren. Als die Sache herauskam, wurden viele Spieler bestraft und Bielefeld in die Regionalliga zurückversetzt. 2009 stieg die Arminia, einst benannt nach dem Germanenfürsten Arminius, wieder einmal aus der 1. Liga ab. Der nächste Aufstieg wäre der achte – und die Arminen damit Rekordaufsteiger. Stadion: Schüco-Arena (27 300 Plätze)

VFL BOCHUM (GEGR. 1938)

Den Verein für Leibesübungen (VfL) gibt es bereits seit 1848, doch erst seit 1938 wird dort auch Fußball gespielt. 1971 stiegen die Bochumer in die 1. Bundesliga auf. Weil sie sich dort mit viel Glück lange hielten, bekamen sie den Spitznamen „die Unabsteigbaren". 1993 hat es sie dann doch erwischt. Seitdem pendeln sie zwischen 1. und 2. Liga. 2003/04 war der VfL sogar besser als die großen Ruhrpott-Konkurrenten Dortmund und Schalke. 2007 stellte er mit Theofanis Gekas den Torschützenkönig. Sicher ist: Wenn Bochum absteigt, lässt der Aufstieg nie lange auf sich warten.

Stadion: Rewirpower-Stadion (31 328 Plätze)

FSV MAINZ 05 (GEGR. 1905)

Die Mainzer galten lange Zeit als „Karnevalsverein", den niemand besonders ernst nahm. Doch dann stiegen sie 2004 in die 1. Bundesliga auf und schlugen gleich den amtierenden Meister Werder Bremen. Nun wusste jeder, dass man in Mainz nicht nur „Helau" brüllen kann. 2007 stiegen sie zwar ab, doch schon 2009 wieder auf. Ganz so fröhlich wie nach dem ersten Aufstieg sind die Mainzer nicht mehr. Kult bei den Fans ist der erfahrene Torwart Dimo Wache. Stadion: Bruchwegstadion (20 300 Plätze)

1. FC KAISERSLAUTERN (GEGR. 1900)

Weil die Lauterer rote Trikots haben und besonders wilde Kicker sind, nennt man sie auch „rote Teufel". Sie spielen im Fritz-Walter-Stadion, benannt nach dem Kapitän der deutschen Weltmeisterelf von 1954. Einen tollen Erfolg errangen die Lauterer 1998: Da wurden sie als Aufsteiger Meister. Danach war in Lautern, nicht nur im Stadion, leider oft die Hölle los: Es gab viel Streit unter Spielern, Trainern und Funktionären. Klar, dass die „roten Teufel" da nicht vorn mit dabei waren. 2006 mussten sie sogar absteigen. Drei Jahre zweitklassig: Das gab es in der Geschichte des Vereins noch nie. 2009/10 wollen die Lauterer endlich wieder dorthin, wo sie hingehören: in die 1. Liga. Stadion: Fritz-Walter-Stadion (48 500 Plätze)

KARLSRUHER SC (GEGR. 1894)

Karlsruhe hieß früher „Phönix" und wurde unter diesem Namen einmal Meister (1909). Eine Sternstunde des Vereins war der UEFA-Pokal 1993, als man den berühmten FC Valencia mit 7:0 besiegte. Trainer war damals Winfried Schäfer, sein Lieblingsspieler Thomas Häßler. Danach ging es rauf und runter: Abstieg 1998, Aufstieg 2007, Abstieg 2009. In der 2. Liga muss der KSC versuchen, mit wenig Geld und (noch) unbekannten Spielern wieder in die Erfolgsspur zu finden. Stadion: Wildparkstadion (29 699 Plätze)

Bundesliga-Rekorde

Ewige Tabelle der Bundesliga (bis Ende Saison 2008/09):
1. Bayern München (2 887 Punkte, 3 182:1 750 Tore)
2. Werder Bremen (2 386 Punkte, 2 616:2 135 Tore)

Rekordvorsprung:
15 Punkte (Bayern München vor Bayer Leverkusen, 1999)

Höchste Siege/ Niederlagen:
12:0 (Borussia Mönchengladbach – Borussia Dortmund, 1977/1978)
11:0 (Borussia Mönchengladbach – FC Schalke 04, 1966/1967)
11:1 (Bayern München – Borussia Dortmund, 1971/1972)
11:1 (Borussia Dortmund – Arminia Bielefeld, 1982/1983)

Die meisten Tore pro Saison:
101 Treffer (Bayern München 1971/1972)

Die verrücktesten Spiele:
7:4 (Kaiserslautern – Bayern München, 1973: Die Lauterer liegen 1:4 zurück und gewinnen 7:4.)
6:5 (Bayern München – VfL Bochum, 1976: München liegt mit 0:4 zurück und gewinnt mit 6:5.)

Rekord-Torjäger:
Die meisten Tore:
1. Gerd Müller, Bayern München (365 Tore)
2. Klaus Fischer, Schalke 04 (268 Tore)
3. Jupp Heynckes, Borussia Mönchengladbach (220 Tore)
4. Manfred Burgsmüller, Borussia Dortmund (213 Tore)
5. Ulf Kirsten, Bayer Leverkusen (181 Tore)

Die meisten Tore pro Saison:
40 Tore (Gerd Müller, Bayern München, 1971/1972)

Die meisten Tore in einem Spiel:
6 Tore (Dieter Müller, 1. FC Köln, 1977); darunter ein Hattrick: drei Tore nacheinander in einer Halbzeit.

Rekordspieler:
1. Karl-Heinz Körbel (Eintracht Frankfurt): 602 Einsätze
2. Manfred Kaltz (HSV): 581 Einsätze

Die meisten Spiele in Serie:
Sepp Maier (Bayern München): 442 Spiele

Die meisten Titel:
Mehmet Scholl, Oliver Kahn (beide Bayern München): je 8 x Deutscher Meister

Altersklassen

Manche Kinder fangen mit dem Fußball bereits bei den „Minis“ an, der G-Jugend (4–6 Jahre). Dann folgen im Zwei-Jahres-Abstand die weiteren Altersklassen (F, E, D, C, B) bis hin zur A-Jugend, den 16- bis 18-Jährigen. Bis zur E-Jugend (8–10 Jahre) wird mit nur sieben Spielern auf einem kleineren Spielfeld und auf kleinere Tore gespielt (2 Meter hoch, 5 Meter breit).

Deutscher Meister

In den Wettbewerben der A- und B-Jugend um die Deutsche Meisterschaft, die seit 1969 bzw. 1977 ausgetragen werden, stellten der VfB Stuttgart (16 Titel) und Borussia Dortmund (9 Titel) die besten Mannschaften. Der Rekordmeister bei den Erwachsenen, Bayern München, kam bis 2009 nur auf sieben Titel.

Erfolge

Die Weltmeisterschaft der „Unter-20-Jährigen“ (U20-WM) konnte die BRD einmal gewinnen (1981), bei der U17-WM gab es einen zweiten Platz 1985 und einen dritten Platz 2007. 2008 und 2009 wurden die deutschen Jugend- und Juniorenteams in allen Altersklassen (U-17, U-19 und U-21) Europameister, ein Erfolg der verbesserten Nachwuchsarbeit. Zuvor gab es nur zwei Titel für die U17 (1984, 1992), mit der U-19 jeweils einen Titel für die BRD (1981) und die DDR (1986).

Jugendfußball

Wo beginnen die Bundesliga-stars ihre Karriere?

In Deutschland spielen über zwei Millionen Kinder und Jugendliche im Verein Fußball. In den untersten Jahrgängen kicken Jungen und Mädchen oft noch gemeinsam in einer Mannschaft. Die Basis für die Jugendarbeit sind nicht die großen Klubs wie Bayern München oder Borussia Dortmund, sondern die unzähligen kleinen Vereine. Viele Stars haben hier ihre Karriere begonnen. Sami Khedira beispielsweise kickte als kleiner Junge beim TV Oettingen, Bastian Schweinsteiger spielte beim TV Oberaudorf, Lukas Podolski holte sich bei 07 Bergheim den ersten Schliff, und Philipp Lahm erlernte das kleine Fußball-Einmaleins beim FT Gern München.

Seit den 1990er-Jahren bemüht sich der DFB verstärkt um die Förderung des Fußballnachwuchses. So hat man zum Beispiel Jugendliche im Alter von 16 bis 20 Jahren zu Jungtrainern und -trainerinnen für die F- und E-Jugend ausgebildet. Vereine, denen es gelingt, einen Jugend-Nationalspieler heranzubilden, erhalten eine

Die jungen Spieler Sami Khedira (links) und Serdar Tasci vom VfB Stuttgart

besondere finanzielle Unterstützung. Die Bundesliga-Vereine wurden verpflichtet, Jugendleistungszentren zu errichten.

So entstand über ganz Deutschland verteilt ein Netz von Fußballstützpunkten. Dort sollen vor allem 11- bis 12-jährige Jugendliche in Lehrgängen gezielt trainiert werden, denn dieses Alter ist entscheidend für die Ausbildung der technischen Möglichkeiten.

Gibt es Kinderprofis?

Im Jahr 2007 verdiente der 12-jährige Brasilianer Jean Carlos Chera beim berühmten FC Santos bereits mehr als mancher erwachsene Profi (6 000 Euro monatlich). Für den gleichaltrigen Muhammed Demirci (Besiktas Istanbul) wurden bereits Millionen geboten. Bayern München hat den 13-jährigen Pier Larrauri aus Peru verpflichtet. Von vielen wird dieser „Handel mit Kindern“ stark kritisiert. Die Chance, dass sich die jungen Talente durchsetzen und am Ende wirklich Stars werden, ist gering.

Toni Kroos (Bayern München) wurde 2007 bei der U17-WM in Südkorea zum besten Spieler des Turniers gewählt.

Junioren- und Jugend-Weltmeister

Junioren (U20)

1977 Sowjetunion
1979 Argentinien
1981 BR Deutschland
1983 Brasilien
1985 Brasilien
1987 Jugoslawien
1989 Portugal
1991 Portugal
1993 Brasilien
1995 Argentinien
1997 Argentinien
1999 Spanien
2001 Argentinien
2003 Brasilien
2005 Argentinien
2007 Argentinien
2009 Ghana

Jugend (U17)

1985 Nigeria
1987 Sowjetunion
1989 Saudi-Arabien
1991 Ghana
1993 Nigeria
1995 Ghana
1997 Brasilien
1999 Brasilien
2001 Frankreich
2003 Brasilien
2005 Mexiko
2007 Nigeria
2009 Schweiz

Früh übt sich ...

Viele später berühmte Spieler, so Rudi Völler, Luis Figo, Thierry Henry und Fabio Cannavaro, glänzten schon bei Jugend-Turnieren. Zu den Besten im Team des U21-Europameisters Deutschland zählten 2009 Mesut Özil (Werder Bremen), Jerome Boateng (HSV) und Manuel Neuer (Schalke 04).

1966 hob Stan Libuda (Borussia Dortmund) aus rund 30 Metern den Ball gefühlvoll über den Torwart von Liverpool hinweg ins Tor. Dortmund gewann 2:1 und war damit Deutschlands erster Europacup-Gewinner.

UEFA

Der Europäische Fußballverband UEFA – die Abkürzung steht für Union Européenne de Football Association – wurde am 15. Juni 1954 gegründet. Ihm gehören alle nationalen Fußballverbände Europas an. Die UEFA organisiert alle europäischen Fußballwettbewerbe, sowohl für die Vereine (UEFA-Pokal und Champions League) als auch für die Nationalmannschaften (Europameisterschaft).

UEFA-Pokal

Der Europacup

Welche Europapokal-Wettbewerbe gibt es?

Die Europapokalspiele sind alljährlich die Höhepunkte der Fußballsaison. Bis vor Kurzem gab es drei Europapokale (oder Europacups): Im Europacup der Landesmeister maßen die Meister der nationalen Ligen ihre Kräfte, im Europacup der Pokalsieger traten die Sieger der nationalen Pokalwettbewerbe gegeneinander an und im UEFA-Cup diejenigen Mannschaften, die in den nationalen Ligen zweite und dritte Plätze belegt hatten.

Wann wurde der erste Europacup ausgetragen?

1955/1956 setzte der Europäische Fußballverband UEFA erstmals die Idee eines gesamteuropäischen Pokalwettbewerbs in die Tat um, an dem alle Meister der nationalen Ligen teilnehmen und in Hin- und Rückspiel gegeneinander antreten, um einen Meister des Kontinents zu ermitteln. 16 nationale Meister gingen damals beim ersten Europacup der Landesmeister an den Start. 1958 folgte der Messecup (seit 1971 UEFA-Cup). Der Europacup der Pokalsieger wurde 1960/1961 eingeführt und 1999 mit dem UEFA-Cup zusammengelegt.

Was ist die Champions League?

1992/1993 wurde anstelle des Europacups der Landesmeister die Champions League eingeführt. Für die Champions League sind nicht nur die Landesmeister qualifiziert, sondern auch diejenigen Vereine, die in den stärksten nationalen Ligen vordere Plätze belegt haben. Wie ein Blick in die Siegerlisten zeigt (ab Seite 119), stellten Klubs aus England, Spanien, Italien und Deutschland bisher die meisten Sieger in den europäischen Fußballwettbewerben. Diese vier erfolg-

Jubel bei Horst Hrubesch und Felix Magath: Der Hamburger SV gewann gegen Juventus Turin mit 1:0 und war damit 1983 der letzte deutsche Sieger im alten Europapokal der Landesmeister.

Europapokal der Pokalsieger

Europapokal der Landesmeister bis 1992, ab 1992 Champions-League-Pokal

UEFA-Pokalsieger 1997 durch Elfmeterschießen gegen Inter Mailand: der FC Schalke 04

reichsten Nationen dürfen in der Champions League jeweils bis zu vier Vereine an den Start schicken.

Während Meister und Vizemeister der stärksten Ligen direkt qualifiziert sind, müssen die anderen Vereine erst eine Qualifikation bestreiten. Wer da starten darf, entscheidet die UEFA alljährlich nach einem komplizierten Verfahren. Die Hauptrunde der Champions League wird dann von den 32 qualifizierten Vereinen zunächst im Ligasystem in acht Gruppen zu je vier Vereinen ausgetragen. Die beiden Gruppenbesten sind für die erste K.o.-Runde qualifiziert, bei der die Erst- gegen die Zweitplatzierten antreten. Dieses Achtelfinale wird, wie danach das Viertel- und Halbfinale, in einem Hin- und Rückspiel ausgetragen. Im Finale gibt es dann nur eine Partie. Der Sieger darf sich „beste Vereinsmannschaft Europas" nennen.

Beim UEFA-Cup, in dem auch die nationalen Pokalsieger antreten, ist der Ablauf ähnlich. Hier starten 40 Mannschaften in acht 5er-Gruppen. 32 Teams – die drei Besten der acht Gruppen sowie die acht Drittplatzierten der Champions-League-Gruppen – ermitteln dann im K.o.-System den Sieger.

Im Verhältnis zur Champions League, der „Königsklasse" im europäischen Vereinsfußball, hat der UEFA-Cup heute nicht mehr allzu viel Bedeutung. Er ist eine Art „Trostrunde" für die weniger erfolgreichen Vereine bzw. für die, die in der Champions League gescheitert sind.

ALS ERFINDER des Europapokals der Landesmeister gilt Gabriel Hanot, ehemals Herausgeber der französischen Sportzeitung „L'Equipe". Nachdem sich im Dezember 1954 der englische Meister Wolverhampton nach Siegen über die Meister aus Russland und Ungarn, Spartak Moskau und Honved Budapest, zum „Europameister" ausgerufen hatte, erhob Hanot Einspruch: Nur der Sieger eines Wettbewerbs, an dem alle Meister der nationalen Ligen teilnehmen, dürfe sich als Meister aller europäischen Klubs bezeichnen. So wurde die Idee des Europacups geboren.

Der erste deutsche Champions-League-Sieger war 1997 Borussia Dortmund. Lars Ricken stemmt den Pokal.

Brasiliens Superstar Kaká (links) am Ball. Er wurde 2007 mit dem AC Mailand Champions-League-Sieger.

Flutlichtspiele

Europapokalspiele sind Flutlicht-Spiele. Damit der nationale Ligabetrieb, der an den Wochenenden stattfindet, nicht gestört wird, müssen sie an den Abenden von Werktagen ausgetragen werden. Transportiert werden die Mannschaften mit Flugzeugen. Nur so kann Bayern München zum Beispiel am Mittwoch in Madrid antreten und am darauf folgenden Samstag in Hamburg. Bevor der zivile Luftverkehr nicht entsprechend ausgebaut war, also vor den 1950er-Jahren, hätte ein Wettbewerb wie der Europapokal gar nicht durchgeführt werden können.

Wer gewinnt im Europacup?

Es sind vier Fußballnationen, die seit 1955 die europäischen Wettbewerbe nahezu unter sich ausgemacht haben. Von den 136 Titeln, die bis 2005 in den drei Europacup-Wettbewerben (Landesmeister, Pokalsieger, UEFA-Cup) vergeben wurden, haben England, Spanien, Italien und Deutschland allein 97 errungen. An englische Vereine gingen 28 Titel, an italienische und spanische je 26 und an deutsche 17.

Dass nur wenige Vereine aus wenigen Ländern den europäischen Fußball beherrschen, ist kein Zufall, sondern hat mit Geld zu tun. Der Präsident von Real Madrid, Santiago Bernabeu, hat schon vor fünfzig Jahren auf der ganzen Welt die besten Fußballer eingekauft und die „Königlichen“ auf diese Weise zum erfolgreichsten Verein gemacht. Später haben auch andere Topvereine in ähnlicher Weise mit dem Geld nur so um sich geworfen. Von den 49 Fußballern, die bis 2004 zu „Europas Spieler des Jahres“ gewählt wurden, waren 37 bei einem der neun großen europäischen Klubs unter Vertrag. Zu ihnen

Die Kapitäne der besten Teams der 1970er-Jahre: Franz Beckenbauer (Bayern München) und Johan Cruyff (Ajax Amsterdam)

Letzter deutscher Sieger im Europapokal der Pokalsieger war Werder Bremen 1992. Die von Otto Rehhagel trainierte Mannschaft besiegte AS Monaco mit 2:0. Vorn im Bild: Kapitän Mirko Votava

gehören neben Real Madrid der FC Barcelona, Juventus Turin, AC und Inter Mailand, der FC Liverpool, Manchester United, Ajax Amsterdam und Bayern München.

Warum ist der Europacup besonders spannend?

Seit über vierzig Jahren begeistert der Europacup die Zuschauer, weil in diesem Wettbewerb die besten Spieler und Vereine ihre Kräfte messen. Das garantiert tolle Spiele. Besonders spannend wird es immer dann, wenn zwei Supermannschaften aufeinandertreffen. Manchmal können aber auch Außenseiter ein großes Team herausfordern. Solche Sternstunden des Fußballs finden immer überraschend statt. So war es zum Beispiel 1962, als die Superstars von Real Madrid gegen Benfica Lissabon nach einer 2:0-Führung noch mit 3:5 verloren. Bester Spieler war Eusebio aus Mosambik, gerade 20 Jahre alt. Dieses Finale, das Eusebio mit seinen Toren zum 4:3 und 5:3 innerhalb von sechs Minuten entschied, gilt bis heute als eines der spannendsten in der Geschichte des Europacups.

Doch dramatische Spiele gab es immer wieder. Als „Mannschaft der Aufholjagden" schrieb Werder Bremen Fußballgeschichte. 1987 hatten die Bremer bei Spartak Moskau mit 1:4 verloren. Dann gewannen sie im Rückspiel mit 6:2 und waren eine Runde weiter. 1989 machten sie ein 0:3 bei Dynamo Berlin mit einem 5:0-Heimsieg vergessen. 1993 vollbrachten sie noch einmal ein ähnliches Kunststück: Mit 0:3 lagen sie im Weserstadion gegen den RSC Anderlecht hinten, dann holten sie auf, Tor um Tor, und gewannen mit 5:3.

SPIELERTRANSFER

„Transfer" nennt man den Wechsel eines Spielers von einem Verein zu einem anderen. Dabei geht es oft um Millionen. Der Verein, der einen Spieler abgibt, erhält große Summen, der Spieler selbst bekommt häufig ein Handgeld. Viele Klubs sind inzwischen hoch verschuldet; teure Spitzenspieler können sich nur wenige Vereine, etwa Bayern München, leisten. Auf internationaler Ebene hat bisher stets Real Madrid die teuersten Spieler eingekauft. Die 76 Millionen Euro, die 2001 für Zinedine Zidane gezahlt wurden, waren lange Rekord, bis 2009 Cristiano Ronaldo für 94 Millionen Euro von Manchester nach Madrid wechselte. Der bisher teuerste Spieler der Bundesliga war der deutsche Nationalstürmer Mario Gomez, den Bayern München im Jahr 2009 für 35 Millionen vom VfB Stuttgart abwarb.

Ein Tag der Superlative: 80 000 Real-Fans jubelten im Santiago-Bernabeu-Stadion, als der portugiesische Superstar Cristiano Ronaldo vorgestellt wurde. Sein Jahresgehalt bei Real Madrid: 13 Millionen Euro.

Auswärtstor

Um Wiederholungsspiele zu vermeiden, führte die UEFA 1969/1970 die Auswärtstor-Regelung ein. Bei Punkt- und Torgleichheit kommt diejenige Mannschaft weiter, die mehr Auswärtstore erzielt hat (1:2 ist also besser als 0:1).

Los und Elfmeter

1964/1965 scheiterte der 1. FC Köln im Viertelfinale des Cups der Landesmeister am FC Liverpool. Nach einem 0:0 im Hinspiel und einem 2:2 nach der Verlängerung im Rückspiel entschied, wie damals üblich, das Los – eine kleine, runde Plakette aus Holz. Liverpool hatte die rote, Köln die weiße Seite gewählt. Beim zweiten Versuch kam es zur Entscheidung: Rot. Liverpool war weiter. 1970 schaffte die UEFA den Losentscheid ab. Seitdem gibt es nach ergebnisloser Verlängerung Elfmeterschießen.

Wann klatschten sogar die Gegner Beifall?

Die erste deutsche Mannschaft, die im Europacup ein Finale erreichte, war Eintracht Frankfurt. Zum Halbfinale des Wettbewerbs 1959/1960 bezwang der Deutsche Meister im heimischen Waldstadion die Glasgow Rangers sensationell mit 6:1. Als man auch noch das Rückspiel in Glasgow mit 6:3 gewann, waren selbst die Verlierer begeistert. Die Glasgower Spieler beglückwünschten die Sieger und spendeten Beifall. Im Finale, das vor 135 000 Zuschauern ebenfalls in Glasgow stattfand, hatte Frankfurt dann aber gegen das übermächtige Real Madrid keine Chance. Mit 3:7 musste man sich geschlagen geben. Drei Tore schoss damals der Argentinier di Stefano, gleich vier der Ungar Ferencz Puskás. Die Frankfurter waren aber überhaupt nicht enttäuscht, dass sie gegen solche Klassespieler verloren hatten. Sie waren glücklich, bei einem so tollen Spiel dabei gewesen zu sein, und klatschten begeistert, als ihre Bezwinger mit dem Pokal eine Ehrenrunde hinlegten.

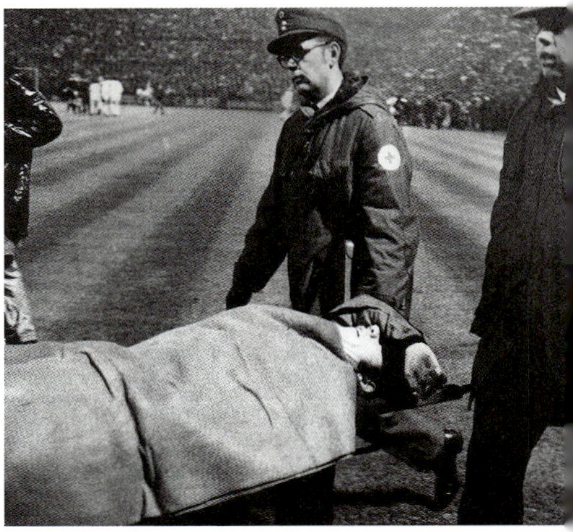

Nach dem verhängnisvollen Büchsenwurf am Bökelberg: Sanitäter tragen den italienischen Spieler Boninsegna vom Platz.

Was war der Büchsenwurf vom Bökelberg?

In der 28. Minute des Achtelfinales im Cup der Landesmeister 1971 lagen die furios spielenden Gladbacher gegen Inter Mailand bereits mit 2:1 vorn. Plötzlich flog eine halb gefüllte Cola-Dose aufs Spielfeld. Inter-Mittelstürmer Boninsegna, angeblich am Kopf getroffen, brach zusammen und musste vom Platz getragen werden. Die Gladbacher ließen sich von dem Zwischenfall nicht beirren. Als das Spiel fortgesetzt wurde, spielten sie wie im Rausch und siegten mit 7:1. Es war das beste Spiel, das eine deutsche Mannschaft je im Europapokal zeigte. Jupp Heynckes (2), Ulrik Le Fevre (2), Günter Netzer (2) und Klaus Sieloff schossen die Tore.

Nach dem Abpfiff lagen sich die Spieler jubelnd in den Armen. Doch wenige Tage später waren sie schockiert. Die Italiener hatten wegen des Büchsenwurfes gegen die Wertung des Spiels protestiert. Mit Erfolg: Es wurde wiederholt und en-

Die Supermannschaft von Real Madrid im Jahr 1960. Vorn kniend der legendäre Sturm: Canario, del Sol, di Stefano, Puskás, Gento (v.l.n.r.).

dete 0:0. Damit war Gladbach ausgeschieden, denn es hatte zuvor in Mailand mit 2:4 verloren.

Wann war die letzte Minute entscheidend?

Am 15. Mai 1974 stand zum ersten Mal seit 14 Jahren wieder eine deutsche Mannschaft im Finale des Cups der Landesmeister: Bayern München spielte in Brüssel gegen Atletico Madrid. In der Verlängerung erzielten die Spanier das 1:0. Die Bayern gaben das Spiel schon verloren, da erzielte der Verteidiger Georg Schwarzenbeck mit einem Verzweiflungsschuss fast von der Mittellinie aus den Ausgleich. Im Wiederholungsspiel zwei Tage später drehten die Bayern dann richtig auf: Uli Hoeneß und Gerd Müller sorgten mit je zwei Toren für einen 4:0-Triumph. Erstmals hatte eine deutsche Mannschaft den höchsten Titel Europas errungen!

In den Jahren 1975 und 1976 gewannen die Münchener erneut den Europacup der Landesmeister. Den drei Siegen folgten dann drei Finalniederlagen: 1982 unterlagen sie Aston Villa, 1987 dem FC Porto, und 1999 verloren sie in einem dramatischen Spiel gegen Manchester United. Wie 1974 waren wieder die letzten Minuten entscheidend. Bis zur 90. Minute führten die Bayern mit 1:0. Doch in der Nachspielzeit erzielte Manchester noch zwei Treffer. Beide Tore hatte David Beckham per Eckball vorbereitet.

Erst 2001 gelang den Bayern wieder der große Wurf. Nach Siegen über Manchester United und Real Madrid schalteten sie im Endspiel der Champions League auch den FC Valencia aus. 1:1 stand es nach der Verlängerung, dann hielt Oliver Kahn im Elfmeterschießen dreimal bravourös.

Sieg und Niederlage: 1974 feierten „Bulle“ Roth und Paul Breitner nach dem 4:0 über Atletico Madrid den ersten Sieg einer deutschen Mannschaft im Europapokal der Landesmeister. 1982 waren die erfolgsgewohnten Bayern (von links: Karl-Heinz Rummenigge, Dieter Hoeneß, Paul Breitner) nach ihrer 0:1-Niederlage gegen Aston Villa am Boden zerstört.

Tolle Parade Oliver Kahns im Champions-League-Finale 2001. Die Bayern gewannen im Elfmeterschießen gegen den FC Valencia mit 5:4. Rechts: Kahn nach dem Spiel mit Pokal

Einen Europarekord im Toreschießen stellte Jürgen Klinsmann auf dem Weg zum UEFA-Cup-Titel der Bayern im Jahr 1996 auf: 15 Tore in 12 Spielen!

Was war die Katastrophe von Heysel?

Zwischen 1977 und 1984 hatten englische Mannschaften (FC Liverpool, Nottingham Forest, Aston Villa) den Europacup der Landesmeister beherrscht. Danach blieben englische Teams bis zum Sieg von Manchester United im Champions-League-Finale 1999 ohne internationale Erfolge. Ursache war ein furchtbares Unglück, das sich am 29. Mai 1985 im Brüsseler Heysel-Stadion ereignet hatte. Damals randalierten englische Hooligans beim Endspiel zwischen dem FC Liverpool und Juventus Turin im Landesmeister-Cup. Es gab 39 Tote und unzählige Verletzte. Englische Vereine durften daraufhin in den nächsten Jahren nicht mehr am Europapokal teilnehmen. Liverpool selbst meldete sich erst 2001 auf der europäischen Fußballbühne zurück. In einem dramatischen UEFA-Cup-Endspiel siegten sie gegen die spanische Mannschaft von Alavés mit 5:4.

Welche deutschen Pokalsieger gewannen im Europacup?

Zwölfmal gelangten deutsche Mannschaften ins Finale des Europapokals der Pokalsieger. Fünfmal verließen sie den Platz als Sieger, siebenmal als Verlierer. Die Liste der Sieger beginnt mit den Dortmundern, die 1966 erstmals einen Europapokal nach Deutschland holten (2:1 n. V. gegen den FC Liverpool). Gleich im Jahr darauf konnte Bayern München sich den Titel sichern. Auch die Bayern mussten im Endspiel gegen die Glasgow Rangers nach torlosen 90 Minuten in die Verlängerung. Es war „Bulle“ Roth, der mit seinem Tor für die Entscheidung sorgte. 1977 holte sich der HSV mit einem 2:0 über den RSC Anderlecht (Belgien) den Pokal. Den letzten Titel für eine Bundesligamannschaft gewann Werder Bremen 1992 (2:0 gegen AS Monaco).

Welche Bundesligaklubs gewannen den UEFA-Pokal?

Im Gegensatz zu den anderen europäischen Wettbewerben wurden im UEFA-Cup bis 1998 zwei Endspiele ausgetragen. 1973 drang Mönchengladbach erstmals ins Finale vor, verlor aber gegen den „Deutschland-Killer“ FC Liverpool, der zuvor bereits Eintracht Frankfurt, Dynamo Berlin und Dynamo Dresden ausgeschaltet hatte. 1975 machten es die Borussen bes-

Hooligans

Gewalttätige Fans sind leider immer wieder ein Problem bei Fußballspielen; häufig sind scharfe Sicherheitsmaßnahmen erforderlich. Bei der WM 1998 kam es zu brutalen Ausschreitungen deutscher Hooligans, in deren Folge ein französischer Polizist lebensgefährlich verletzt wurde. Die Bezeichnung „Hooligan“ kommt aus dem Englischen und geht auf den Namen einer berüchtigten irischen Familie zurück, die im 19. Jahrhundert in London ihr Unwesen trieb.

ser und gewannen ihren ersten internationalen Titel, als sie in den Finalspielen den holländischen Klub Twente Enschede mit 0:0 und 5:1 bezwingen konnten.

Sensationell verlief die UEFA-Pokal-Saison 1978/1979: Mit Hertha BSC, MSV Duisburg und Borussia Mönchengladbach erreichten gleich drei deutsche Mannschaften das Halbfinale. Im Endspiel holte sich Gladbach gegen Belgrad den zweiten Titel (1:1, 1:0). Im Jahr darauf standen sogar nur deutsche Mannschaften im Halbfinale: Bayern München verlor gegen Eintracht Frankfurt, Borussia Mönchengladbach gewann gegen den VfB Stuttgart. Das Finale entschieden die Frankfurter mit 2:3 und 1:0 für sich (Frankfurt hatte auswärts ein Tor mehr geschossen).

1988 gab es einen überraschenden Erfolg von Bayer Leverkusen (gegen Espanyol Barcelona 0:3 und 3:0, 3:2 n.E.). 1996 gewann Bayern München mit Trainer Beckenbauer, der kurz zuvor Otto Rehhagel abgelöst hatte, erstmals den UEFA-Pokal. In den Endspielen besiegten die Bayern Girondins Bordeaux mit 2:0 und 3:1. Im Jahr darauf holte sich Schalke 04 den UEFA-Cup im Finale gegen Inter Mailand. Alle Heimspiele gewannen die Schalker zu null (gegen Inter: 1:0). Erst im zweiten Endspiel in Mailand gab es ein 0:1. Es gab Verlängerung, doch fielen keine Tore. Das Elfmeterschießen entschied schließlich Schalke mit 4:1 für sich.

Was ist die Klub-Weltmeisterschaft?

Seit 2005 gibt es eine offizielle Klub-Weltmeisterschaft, bei der die „beste Vereinsmannschaft der Welt" ermittelt wird. Sie ersetzt den seit 1960 ausgetragenen Weltpokal. Bei der Klub-WM treten die Sieger aus den Vereinswettbewerben der sechs Kontinentalverbände (Europa, Südamerika, Nord- und Mittelamerika, Afrika, Asien und Ozeanien) gegeneinander an. Damit reagierte die FIFA darauf, dass die Spielstärke der Vereine auf allen Kontinenten zugenommen hat.

Weltpokal

In dem von 1960 bis 2004 ausgespielten Weltpokal traten der beste Verein Europas (früher der Sieger im Europacup der Landesmeister, später der Sieger der Champions League) und der beste Verein Südamerikas (der Sieger in der Südamerikameisterschaft „Copa Libertadores") gegeneinander an. Der Gewinner durfte sich „beste Vereinsmannschaft der Welt" nennen. 1997 gewann Borussia Dortmund den Titel (2:0 gegen Cruzeiro Belo Horizonte), 2001 Bayern München (1:0 gegen Boca Juniors Buenos Aires). Als die Bayern kurz danach in der Bundesliga beim Tabellenletzten FC St. Pauli mit 1:2 unterlagen, wurde ein neues Wort kreiert: Die Kicker von St. Pauli nannten sich stolz „Weltpokalsiegerbesieger". Der kleine Verein aus Hamburg hatte es den großen Bayern mal so richtig gezeigt.

2008/09 war der FC Barcelona das beste Team Europas und gewann die Champions League mit einem 2:0 im Endspiel gegen Manchester United. Auf dem Weg ins Finale zeigten die Katalanen vor allem beim 4:0 gegen Bayern München ihre große Klasse.

Die besten Vereine Europas

Deutsche Vereine sind im Europacup der Landesmeister und in der Champions League sechsmal erfolgreich gewesen. Bayern München gewann viermal (1974, 1975, 1976, 2001), je einen Titel errangen der Hamburger SV (1983) und Borussia Dortmund (1997). Dortmund war auch der erste Verein, der den Europacup der Pokalsieger gewann (1966). Weitere Sieger in diesem Wettbewerb waren Bayern München (1967), der 1. FC Magdeburg (1974), der Hamburger SV (1977) und Werder Bremen (1992). Die sechs Triumphe im UEFA-Cup verteilen sich auf Borussia Mönchengladbach (1975, 1979), Eintracht Frankfurt (1980), Bayer Leverkusen (1988), Bayern München (1996) und Schalke 04 (1997).

REAL MADRID (GEGR. 1902)

Real heißt auf Spanisch „König". Tatsächlich spielten die Madrilenen oft wie Könige. Von 1956 bis 1960 gewannen sie fünfmal nacheinander den Europapokal der Landesmeister – ein Rekord, der wohl kaum mehr zu übertreffen ist. Angeführt von Alfredo di Stefano, dem argentinischen Regisseur und Torschützenkönig, konnten die Männer in den blütenweißen Trikots einen beispiellosen Sturmwirbel entfachen. Später lief es für die „Königlichen" etwas schlechter. Aufwärts ging es wieder, als Präsident Florentino Pérez mit vielen Millionen die besten Spieler einkaufte. Das Team der „Galaktischen" gewann dreimal die Champions League (zuletzt 2002), und tatsächlich spielten Zinedine Zidane und Luis Figo Fußball wie von einem anderen Stern. Nach einer schwächeren Phase gibt es seit 2009 nun die „Galaktischen II": Für rund 200 Millionen Euro kamen Superstars wie Cristiano Ronaldo, Kaká und Karim Benzema.
Stadion: Santiago Bernabeu
(80 354 Plätze)

AC MAILAND (GEGR. 1899)

Der AC Mailand (ital. „Associazione Calcio Milan" = Fußballklub Mailand) hatte bereits in den 1960er-Jahren eine starke Mannschaft, darunter den torgefährlichen Stürmer Gianni Rivera und den deutschen Verteidiger Karl-Heinz Schnellinger. Den schönsten und erfolgreichsten Fußball spielten die Mailänder allerdings Ende der 1980er-Jahre. Da hatte der reiche Vereins- und heutige Staatspräsident Silvio Berlusconi drei Weltklassespieler eingekauft: die Holländer Frank Rijkaard, Ruud Gullit und Marco van Basten. Markenzeichen des Superteams war neben dem technisch hochstehenden Spiel die von Franco Baresi perfekt organisierte Abseitsfalle. Beliebtester Spieler des Vereins war Paolo Maldini, der 2009 nach 647 Spielen in 25 (!) Profijahren seine Karriere beendete. Auch die bekanntesten Spieler im aktuellen Team (Pirlo, Ronaldinho, Inzaghi) sind schon etwas älter.
Stadion: Giuseppe Meazza
(82 955 Plätze)

AJAX AMSTERDAM (GEGR. 1900)

Der nach dem griechischen Helden Ajax benannte Klub aus Amsterdam gewann von 1971 bis 1973 dreimal in Folge den Landesmeister-Cup. Angeführt wurde die Mannschaft von zwei „Johans": dem schlanken Spielmacher Johan Cruyff und dem bulligen Johan Neeskens. Sie spielten einen neuen Stil, den „totalen Fußball": Wenn Ajax in Ballbesitz war, beteiligten sich alle Spieler, auch die Verteidiger, am Angriff auf das gegnerische Tor. 1973 schossen sie gegen die Bayern im Viertelfinale des Europacups vier Tore. Später wurde Ajax besonders für seine Fußballschule bekannt. Der Verein selbst ist heute zwar nicht mehr so erfolgreich, doch noch immer finden sich bei Ajax ausgebildete Spieler in vielen Spitzenklubs Europas.
Stadion: Amsterdam-Arena
(51 628 Plätze)

FC LIVERPOOL (GEGR. 1892)

Die „Roten" (englisch „Reds") waren zwischen 1976 und 1984 die beste Mannschaft Europas. Ihren ersten Sieg im Cup der Landesmeister erreichten sie 1977 gegen Borussia Mönchengladbach. Mit

Die besten Vereine

dabei: der Supertorwart Ray Clemence und „mighty mouse" Kevin Keegan (der später beim HSV sehr erfolgreich war). Wie alle englischen Mannschaften war Liverpool damals bekannt für sein schnelles, direktes Spiel. So spielt das Team auch heute wieder und gelangte damit bis ins Finale der Champions League: 2005 gewann man gegen den AC Mailand, 2007 verlor man gegen ihn. Die Stars des Premier-League-Meisters von 2009 sind der englische Nationalspieler Steven Gerrard und der spanische Europameister Fernando Torres.
Stadion: Anfield Road
(45 365 Plätze)

Juventus Turin (gegr. 1897)

Die „alte Dame" Juventus ist ein vornehmer Verein und schon lange erfolgreich (27-mal italienischer Meister). „Juve" dominiert oft die italienische Liga, doch den europäischen Meistercup konnte der vom Autokonzern Fiat unterstützte Verein erst zweimal gewinnen. Und stets waren Franzosen dabei: 1985 der Weltstar Michel Platini, 1996 der spätere Weltmeister Didier Deschamps. Die Meisterschaften 2005 und 2006 wurden dem Verein aberkannt, als herauskam, dass der damalige Manager Moggi einige Siege „gekauft" hatte. 2006/2007 musste Juventus zur Strafe mit 17 Minuspunkten in der 2. Liga starten. Da viele Spitzenspieler blieben (u.a. der italienische Nationaltorwart Buffon), gelang der sofortige Aufstieg. Das nächste Ziel der „alten Dame" sind neue internationale Erfolge.
Stadion (vorübergehend): Stadio Olimpico (27 128 Plätze)

FC Barcelona (gegr. 1899)

Barcelona, „Barca" genannt, ist in Spanien der große Rivale von Real Madrid. Auch Barcelona gibt viel Geld für Spieler aus: Weltstars wie Johan Cruyff und Diego Maradona spielten hier. Besonders beliebt war der deutsche Mittelfeldregisseur Bernd Schuster, genannt der „blonde Engel". Doch nicht immer hatte Barcelona mit seinen teuren Spielern Erfolg: Ende der 1990er-Jahre, als fast die gesamte niederländische Nationalmannschaft dort spielte, blieben die großen Triumphe aus. In den letzten Jahren entwickelte sich „Barca" aber zum besten Verein Europas und siegte zweimal in der Champions League, zuletzt 2009. Im aktuellen Team sollen die Stürmerstars Messi, Henry und Ibrahimovic die Vorlagen der Ballkünstler Xavi und Iniesta verwerten.
Stadion: Nou Camp (98 787 Plätze)

Inter Mailand (gegr. 1908)

Inter wurde von abtrünnigen Mitgliedern des AC Mailand gegründet und war dann jahrzehntelang erfolgreicher. Die große Zeit des Vereins kam in den 1960er-Jahren. Damals hatte die Mannschaft eine sehr starke Abwehr. Unter Trainer Helenio Herrera, dem Erfinder des Catenaccio, ermauerte man sich 1:0-Siege am Fließband und gewann zwei Europapokale. Später spielten bei Inter viele deutsche „Legionäre", so Karl-Heinz Rummenigge, Lothar Matthäus und Jürgen Klinsmann. Der einzige Verein Italiens, der noch nie aus der 1. Liga abstieg, wird serienmäßig Meister (2006 bis 2009). Inter vertraut auf eine gute Abwehr, die Torgefährlichkeit von Eto'o und die Ideen von Trainer Mourinho.
Stadion: Giuseppe Meazza
(82 955 Plätze)

Manchester United (gegr. 1878)

Manchester („ManU") gewann 1968 als erstes englisches Team den Europapokal der Landesmeister. Mit dabei waren drei Spieler, die zu „Europas Fußballer des Jahres" gewählt wurden: Bobby Charlton, Kapitän der englischen Weltmeisterelf von 1966, sowie George Best und Denis Law. Danach war ManU lange Zeit nicht mehr so erfolgreich. Doch weil die Engländer den Fußball gut verkaufen konnten (kein anderer Verein bringt so viele Fanartikel an den Mann), wurden sie trotzdem zu einem der reichsten und bekanntesten Klubs der Welt. Seit 1986 (!) wird ManU von Sir Alex Ferguson trainiert. Mit ihm gewann man 2008 auch die Champions League. Feste Größen im aktuellen Team sind das Abwehr-Duo Ferdinand/Vidic und der Stürmer Wayne Rooney.
Stadion: Old Trafford
(76 212 Plätze)

Die Nationalspieler Rivaldo und Ronaldo (mit Pokal) feiern 2002 den fünften Weltmeistertitel für Brasilien.

FIFA

Der Weltfußballverband FIFA (Fédération Internationale de Football Association) wurde am 21. Mai 1904 gegründet. In ihm haben sich die nationalen Fußballverbände aller Kontinente zusammengeschlossen. Insgesamt gehören der FIFA über 200 Länder an, in denen etwa 250 Millionen Menschen – darunter 30 Millionen Frauen – organisierten Fußball spielen. Die FIFA ist nicht nur für die Ausrichtung von Weltmeisterschaften zuständig, sondern für alle wichtigen Belange des Weltfußballs.

Fußball weltweit – Die großen Turniere

Wer nimmt an der Fußballweltmeisterschaft teil?

Das größte internationale Fußballturnier ist die Fußballweltmeisterschaft, bei der Nationalmannschaften aus 32 Ländern gegeneinander antreten. Die Auswahl der Spieler für das Nationalteam trifft der Nationaltrainer, der vom jeweiligen Landesverband bestimmt wird. In Deutschland ist es der DFB, der den Bundestrainer ernennt. Vor einer Weltmeisterschaft wählt der Bundestrainer aus den Spielern deutscher Staatsangehörigkeit die 23 besten aus. Diese bilden den Kader für die WM.

Um bei einer Weltmeisterschaft antreten zu dürfen, muss sich das Auswahlteam eines Landes aber erst einmal qualifizieren. Auf allen Kontinenten finden vor der WM Qualifikationsspiele statt, in denen die 32 Teilnehmer ermittelt werden. Diese bestreiten dann bei der WM zunächst die Vorrunde, aufgeteilt in acht Gruppen à vier Mannschaften; dabei spielt jeder einmal gegen jeden. Die 16 besten Mannschaften ermitteln im K.o.-System die beiden Finalisten. Der Sieger im Endspiel ist Weltmeister.

Die FIFA hat festgelegt, dass der „Fußballkontinent" Europa die meisten Mannschaften zur WM schicken darf. An der WM 2006 zum Beispiel nahmen neben der deut-

FIFA-WM-Pokal

EM-Pokal

Die deutschen Spieler um Teamchef Franz Beckenbauer jubeln über den Gewinn der Weltmeisterschaft 1990. Im Endspiel hatte die deutsche Mannschaft Argentinien mit 1:0 besiegt.

Asienmeister 2007: die Mannschaft aus dem Irak

schen Elf, die als Gastgeber automatisch qualifiziert war, weitere 13 Teams aus Europa teil. 16 Startplätze wurden fest an Südamerika (4), Nord- und Mittelamerika (3), Afrika (5) und Asien (4) vergeben. Die beiden restlichen Teilnehmer wurden in den Entscheidungsspielen „Erster der Ozeanien-Qualifikation gegen Fünfter Südamerika" sowie „Fünfter Asien gegen Vierter Nord- und Mittelamerika" ermittelt.

Die erste offizielle Fußballweltmeisterschaft wurde 1930 in Uruguay veranstaltet. Seitdem fand die WM regelmäßig alle vier Jahre statt, unterbrochen nur durch den Zweiten Weltkrieg (die Turniere 1942 und 1946 fielen aus).

Was sind Kontinentmeisterschaften?

Neben der Weltmeisterschaft gilt die Europameisterschaft (EM) als der bedeutendste internationale Fußballwettbewerb. Die beiden ersten „Test-Wettbewerbe" 1960 und 1964 wurden noch als „Europapokal der Nationen" bezeichnet. Seit 1968 gibt es eine offizielle EM, die ebenfalls alle vier Jahre jeweils in der Mitte zwischen zwei Weltmeisterschaften ausgetragen wird. Qualifikation und Endturnier der EM sind ähnlich organisiert wie bei der WM. Veranstalter ist der Europäische Fußballverband UEFA.

Vergleichbare Wettbewerbe gibt es inzwischen auf allen Kontinenten. Bereits seit 1916 wird eine Südamerikameisterschaft ausgetragen. Seit 1993 heißt der Wettbewerb, an dem nun auch ein nord- und ein mittelamerikanischer Vertreter teilnehmen, „Copa America". Der Afrika-Nationencup wird seit 1957 im 2-Jahres-Rhythmus ausgespielt. Die Asienmeisterschaft findet seit 1954 alle vier Jahre statt, und seit 1973 wird auch in Ozeanien ein „Kontinentmeister" ermittelt.

Jahrhundertschuss

Aus „unmöglichem Winkel" schoss der Dortmunder Lothar Emmerich bei der WM 1966 im Vorrundenspiel gegen Spanien den Ball ins Netz. Dieser Treffer zum 1:1 (Endstand 2:1) gilt bis heute als eines der spektakulärsten Tore in der Geschichte der deutschen Nationalmannschaft.

Europameisterschaft 2004: Griechenland besiegte Gastgeber Portugal in der Endrunde mit 1:0. Die Griechen wurden von Otto Rehhagel (rechts) trainiert.

Plakat zum olympischen Fußballturnier 1924

Betrunkene Russen

In ihren ersten Länderspielen war die deutsche Nationalmannschaft nur wenig erfolgreich. Einmal jedoch gelang ihr ein spektakulärer Sieg – allerdings gegen einen Gegner, der nicht nüchtern war. Das war bei der Olympiade 1912 in Stockholm. Mit 16:0 schlugen die Deutschen eine russische Mannschaft, die kaum geradeaus laufen konnte: Am Abend zuvor hatten beide Teams gemeinsam gefeiert, was die Russen offensichtlich weniger gut verkraftet hatten. Allein zehn Tore bei diesem bis heute gültigen Rekordsieg gingen auf das Konto von Gottfried Fuchs (Karlsruher FV). Nicht einmal „Bomber" Gerd Müller konnte da später mithalten. Bei der Weltmeisterschaft 1970 wurde er mit ebenfalls zehn Treffern Torschützenkönig, benötigte dafür aber sechs Spiele.

Wer war der erste Weltmeister?

Der erste Wettbewerb, der von der FIFA organisiert wurde und einer Weltmeisterschaft gleichkam, fand im Rahmen der Olympiade 1924 in Paris statt. Die beste Mannschaft waren die Kicker aus Uruguay: Mühelos dribbelten sie sich ins Endspiel, wo sie die Schweiz vor 60 000 Zuschauern mit 3:0 besiegten. Das Publikum war vor allem von der tänzerischen Eleganz des dunkelhäutigen José Leandro Andrade begeistert. 1928 holten sich die Ballzauberer aus Südamerika

José Leandro Andrade, der Fußballstar aus Uruguay. Er galt in den 1920er-Jahren als bester Fußballspieler der Welt.

ähnlich überlegen ihren zweiten Olympiasieg.

Nicht zuletzt wegen dieser Erfolge durfte Uruguay im Jahr 1930 die erste Weltmeisterschaft ausrichten. Doch mit der Begründung, dass die Reise zu weit und das Klima zu ungewohnt sei, blieben viele europäische Mannschaften dem Turnier fern. Nur Belgier, Rumänen, Franzosen und Jugoslawen reisten per Schiff über den Atlantik. Die Südamerikaner blieben daher nahezu konkurrenzlos. Angeführt von dem überragenden Andrade entschied Uruguay vor 100 000 Zuschauern das Finale in Montevideo mit 4:2 für sich.

20 Jahre später, bei der WM 1950, hatte Uruguay wieder eine starke Mannschaft und wurde zum zweiten Mal Weltmeister. Den entscheidenden 2:1-Sieg gegen Brasilien, den Gastgeber der WM, sahen rund 200 000 Zuschauer – bis heute der Zuschauerrekord bei einem WM-Spiel. Uruguay war nach Italien der zweite Doppelweltmeister in der WM-Geschichte.

Wer war der erste Gegner der deutschen Nationalelf?

Das erste Länderspiel einer deutschen Nationalelf fand am 5. April 1908 in Basel statt. Der Gegner war die Schweiz, die damals nicht zu den überragenden Mannschaften zählte. Trotzdem verlor Deutschland mit 3:5. Auch in den folgenden Länderspielen lehrte die deutsche Nationalmannschaft ihre Gegner nicht gerade das Fürchten. Immer wieder gab es ernüchternde Niederlagen, so zum Beispiel ein 0:9 in Oxford gegen England.

In den folgenden Jahren steigerte sich die Nationalelf allmählich – vor allem seit 1926, als Otto Nerz DFB-Trainer wurde und Superstürmer Richard Hoffmann die Tore schoss. Der häufigste Gegner war die Schweiz, gegen die man nun immer wieder relativ leichte Siege erringen

Das Maracana-Stadion in Rio de Janeiro – Schauplatz des zweiten WM-Siegs von Uruguay

Die deutsche Nationalelf, die 1928 gegen Uruguay 1:4 verlor. In dem harten Spiel stellte der ägyptische Schiedsrichter beide Kapitäne, Kalb und Nasazzi, vom Platz.

konnte. Bei der Olympiade 1928 in Amsterdam gab es nach einem 4:0-Erfolg über das Schweizer Team zwar einen deutlichen Dämpfer gegen das starke Uruguay (1:4). Doch sechs Jahre später, bei der WM in Italien, sah es für die Deutschen schon viel besser aus. Nach überzeugenden Siegen gegen Belgien und Schweden kam das Aus erst im Halbfinale gegen die Tschechoslowakei. Durch ein 3:2 über Österreich konnte man sich einen respektablen dritten Platz sichern. Weltmeister wurde Gastgeber Italien.

Bei der Olympiade 1936 schied Deutschland mit einem enttäuschenden 0:2 gegen Norwegen aus. Das Jahr 1937 ließ sich dagegen gut an: Mit einem 8:0-Sieg über Dänemark in Breslau startete die Nationalelf eine Serie von sechs Siegen (25:2 Tore). Leider durfte diese tolle „Breslau-Elf“ bei der WM 1938 in Paris aber nicht antreten. Im März 1938 war Österreich dem Deutschen Reich angegliedert worden. Der neue Bundestrainer Sepp Herberger, Nachfolger von Otto Nerz, wurde nun dazu verpflichtet, auch österreichische Spieler ins deutsche Nationalteam aufzunehmen. Er bildete eine Mannschaft aus sechs Deutschen und fünf Österreichern. Diese „großdeutsche“ Elf konnte am 4. Juni 1938 bei der WM in Paris aber nur ein mageres 1:1 gegen die Schweiz erzielen. Im Wiederholungsspiel fünf Tage später ging sie zwar mit 2:0 in Führung, doch dann stürmten nur noch die Schweizer. Am Ende hieß es 2:4 – die „großdeutsche“ Elf war bereits in der Vorrunde ausgeschieden. Weltmeister wurde erneut Italien.

Preis 20 Cts.

Offizielles Programm

herausgegeben von der

Schweiz. Fussball-Association

Vorort Basel.

Internationaler Match

die 11 besten Spieler von

Deutschland

gegen

die 11 besten Spieler der

Schweiz

Sonntag, den 5. April 1908, Beginn 3 Uhr

auf dem Landhof

(Tramhaltestelle: Bad. Bahnhof und Riehenstrasse)

EINTRITT: Tribüne Fr. 3.—
I. Platz „ 2.—
II. Platz „ 1.—

Programm zum ersten Länderspiel Deutschland – Schweiz am 5. April 1908. Die Bilanz gegen die Schweiz bis 2001: 47 Spiele, davon 33 Siege, 6 Unentschieden, 8 Niederlagen. Torverhältnis: 126:59

Vor dem Anpfiff des ersten Spiels der „großdeutschen“ Nationalmannschaft bei der WM 1938 gegen die Schweiz: Spielführer Hans Mock (Austria Wien, links) mit dem belgischen Schiedsrichter Langenus und dem Schweizer Kapitän Severino Minelli

Bester Schweizer im Spiel von 1938 war Alfred Bickel: Er lieferte die Vorlagen für die Tore von „Trello“ Abegglen.

So schlug der Ball zum 3:2 von Helmut Rahn ein.

Fussball in Radio und Fernsehen

Millionen Deutsche saßen 1954 vor dem Radiogerät, um den WM-Sieg der Nationalmannschaft zu verfolgen. Die Weltmeisterschaft von Fritz Walter & Co. war aber nicht nur ein Höhepunkt der Radioübertragung, sondern auch ein Meilenstein in der Geschichte des Fernsehens. Sepp Herbergers Nationalspieler hatten dafür gesorgt, dass sich der Verkauf von Fernsehgeräten in der Bundesrepublik um sage und schreibe 50 Prozent steigerte. Die erste richtige „Fernseh-WM“ mit Millionen von Zuschauern war aber erst das Turnier 1970 in Mexiko. Erstmals konnten die Fans nun auch in Farbe Fußball gucken.

Was war das „Fußballwunder“ von 1954?

In den Jahren 1942 und 1946 fanden wegen des Zweiten Weltkriegs keine Weltmeisterschaften statt. Bei der ersten Nachkriegs-WM 1950 in Brasilien durfte die Nationalmannschaft der neu gegründeten Bundesrepublik Deutschland (BRD) noch nicht teilnehmen. Erst 1954 in der Schweiz war die Elf von Sepp Herberger dabei.

Als haushoher Favorit für das Turnier wurden die Ungarn gehandelt, die zu dieser Zeit als weltbeste Mannschaft galten. Seit 1950 waren sie ungeschlagen, unter anderem hatten sie die Engländer in London mit 6:3 besiegt. Bei der WM 1954 stellte der ungarische „Wundersturm“ – Czibor, Kocsis, Hidegkuti und Puskás – seine Klasse auch im Vorrundenspiel gegen die BRD mit einem überwältigenden 8:3-Sieg unter Beweis. Erwartungsgemäß gelangten die Ungarn ins Endspiel. Dass sie dort wieder auf die Deutschen trafen, war schon eine kleine Sensation. Doch die Elf von Sepp Herberger hatte sich gesteigert und vor allem im Halbfinale beim 6:1 gegen Österreich eine überzeugende Leistung geboten.

Im Finale am 4. Juli im Berner Wankdorfstadion bestätigten die Ungarn zunächst ihre Favoritenrolle. Sie legten los wie die Feuerwehr und lagen bereits nach wenigen Minuten mit 2:0 in Führung. Dann aber gelang Max Morlock in der 10. Minute der Anschlusstreffer zum 1:2. Die deutschen Spieler bekamen wieder Mut, erzielten durch Helmut Rahn den Ausgleich. Nun wurde es immer spannender. Millionen deutscher Hörer zitterten mit dem Reporter

Die Kapitäne Fritz Walter (links) und Ferencz Puskás am 4. Juli 1954 vor dem Anpfiff im Berner Wankdorfstadion.

Herbert Zimmermann, der das Endspiel live im Radio übertrug: „Sechs Minuten noch im Wankdorfstadion in Bern. Keiner wankt, der Regen prasselt unaufhörlich hernieder ... Jetzt Deutschland am linken Flügel, durch Schäfer. Schäfers Zuspiel zu Morlock wird von den Ungarn abgewehrt. Und Bozsik, immer wieder Bozsik, der rechte Läufer der Ungarn, am Ball. Er hat den Ball verloren, diesmal gegen Schäfer. Schäfer nach innen geflankt. Kopfball! Abgewehrt! Aus dem Hintergrund müsste Rahn schießen! Rahn schießt – Tooor, Tooor, Tooor, Tooor! Tor für Deutschland! Linksschuss von Rahn! ... 3:2 für Deutschland fünf Minuten vor dem Spielende." Dabei blieb es. Der Außenseiter Deutschland war Weltmeister: Das „Wunder von Bern" war perfekt!

Wie wurde Brasilien zur besten Fußballnation?

Brasilien trat zur WM 1958 in Schweden mit einer sehr guten Mannschaft und einem neuen Spielsystem (4-2-4) an. Vor einer Viererabwehrreihe spielten die laufstarken Mittelfeldspieler Didi und Orlando und setzten mit schnellen und direkten Vorlagen die Stürmer Garrincha, Pelé, Vavá und Zagalo ein. Alle Brasilianer zeigten eine Begabung im Umgang mit dem Ball, wie man sie in Europa bis dahin noch nicht gesehen hatte. Im Vergleich zu den südamerikanischen Fußballkünstlern wirkten die Europäer wie schwerfällige Holzfäller.

Im Gruppenspiel gegen die damalige Sowjetunion kam der gerade 17-jährige Pelé erstmals zum Einsatz. Obwohl ihm da noch kein Treffer gelang, meinten die Kommentatoren, dieser Junge zeige „Fußball von einem anderen Stern". Im Viertelfinale gegen Wales, im Halbfinale gegen Frankreich und im Finale gegen Schweden stellte er dann auch seine überragenden Qualitäten als Torschütze unter Beweis. Von elf brasilianischen Toren gingen allein sechs auf das Konto des Superstürmers.

Die Mannschaft der Brasilianer war so überlegen, dass sie ihren Titel vier Jahre später auch ohne den verletzten Pelé verteidigen konnte. Für die entscheidenden Tore sorgte diesmal der Dribbler Garrincha. Ganz so berauschend wie vier Jahre zuvor spielten die Brasilianer allerdings nicht mehr. 1966, bei der WM in England, verloren sie in der Vorrunde mit 1:3 gegen die „brasilianisch" aufspielenden Portugiesen. Doch 1970, bei der WM in Mexiko, fand die brasilianische Elf, diesmal wieder angeführt von Pelé, zu ihrer alten Stärke zurück. Souverän spielte sie sich ins Finale und gewann dort gegen Italien ebenso überlegen mit 4:1.

Pelé jubelt nach einem Treffer, den er bei der WM 1970 in Mexiko erzielte.

Jahrhunderttor

Im Endspiel der WM 1958 gegen Schweden stoppte Pelé, mit dem Rücken zum Tor stehend, einen hoch heranfliegenden Ball so sanft mit dem Oberschenkel, dass er dort ganz ruhig liegen blieb. Dann ließ er den Ball über das Schienbein zum Fuß hinuntergleiten, lupfte ihn sich selbst und den heranstürmenden Gegnern über den Kopf, drehte sich im selben Augenblick um und schoss, noch ehe der Ball den Boden berührt hatte – ins Tor!

Brasiliens Garrincha („Paradiesvogel") begeisterte die Zuschauer bei der WM 1962 mit Dribblings und Toren. Stets gelang es ihm, gleich mehrere Spieler des Gegners zu beschäftigen.

Regisseur Günter Netzer auf dem Weg zum Europameistertitel 1972

Jahrhundertspiel

Vor dem Aztekenstadion in Mexiko City steht eine Gedenktafel mit der Aufschrift: „Hier fand am 17. Juni 1970 das denkwürdige Spiel zwischen Italien und Deutschland statt.“ Selten war ein WM-Halbfinale so spannend. Es war ein glühend heißer Tag. Das 1:0 für Italien erzielte Boninsegna, dann berannten die Deutschen pausenlos das Tor von Albertosi. In der letzten Minute grätschte Karl-Heinz Schnellinger in eine Flanke von Jürgen Grabowski (Bild) – 1:1, Verlängerung. Nun ging es Schlag auf

Schlag: 2:1 durch Gerd Müller (95. Minute), vier Minuten später ein Freistoß der Italiener zum 2:2. Kurz vor dem Seitenwechsel erhöht Riva auf 3:2. Doch die Deutschen stürmen weiter, und in der 109. Minute gelingt Müller per Kopf das 3:3. Wenig später erneut ein Konter der Italiener: Boninsegna passt auf Rivera, Schuss – 4:3 für Italien! Deutschland hatte das dramatischste Spiel der WM-Geschichte verloren.

Wie wurde Deutschland Doppelweltmeister?

Bei den Weltmeisterschaften nach 1954 bot die deutsche Nationalmannschaft zwar gute Leistungen, der ganz große Erfolg jedoch blieb ihr versagt. 1958 war das Halbfinale Endstation, 1962 das Viertelfinale. 1966 gelangte die mittlerweile von Helmut Schön trainierte Elf sogar bis ins Endspiel, wo sie England im Londoner Wembley-Stadion mit 2:4 unterlag. Spielentscheidend war das umstrittene dritte Tor der Engländer, das sogenannte „Wembley-Tor“. 1970 gab sich die deutsche Mannschaft erneut erst im Halbfinale geschlagen. Im „Jahrhundertspiel“ gegen Italien verlor das mit zwei Mittelstürmern (Uwe Seeler und Gerd Müller) angetretene Team mit 3:4.

Der heiß ersehnte zweite Titelgewinn gelang der Bundesrepublik erst 1974, als die WM in Deutschland stattfand. Das Turnier begann für die BRD-Elf sehr mäßig. In der Vorrunde musste sie erst einmal eine 0:1-Niederlage im „deutsch-deutschen Duell“ gegen die DDR einstecken. Nachdem Kapitän Beckenbauer die enttäuschte Mannschaft wieder aufgerichtet hatte, erzielte sie überzeugende Siege gegen das damalige Jugoslawien, Schweden und Polen. Im Endspiel traf sie dann auf das starke Team der Niederländer, das vom besten Spieler dieser Zeit, Johan Cruyff, angeführt wurde.

Trotz eines 0:1-Rückstandes nach einem Elfmeter von Neeskens ließ sich die deutsche Mannschaft nicht aus der Ruhe bringen. Paul Breitner gelang ebenfalls per Elfmeter der Ausgleich, dann erzielte Gerd Müller kurz vor dem Halbzeitpfiff auf Flanke von Bonhof das 2:1. In der zweiten Halbzeit stürmten nur noch die Niederländer, doch ein Treffer gelang ihnen nicht mehr. Nach Uruguay, Italien und Brasilien hatte es nun auch Deutschland geschafft, den Gewinn des WM-Titels zu wiederholen.

Wer bildete das „Dream Team“ des deutschen Fußballs?

Zur Weltmeisterschaft 1974 war die Mannschaft von Bundestrainer Schön als Favorit ins Turnier gegangen. Schon in den Jahren zuvor hatte sie den europäischen Fußball auf imponierende Weise beherrscht. Geradezu triumphal verlief die Europameisterschaft 1972. Im Viertelfinale schalteten Beckenbauer und Co. zunächst England aus. Das war damals eine Sensation, denn das 3:1 im Wembley-Stadion war der erste Sieg einer deutschen Mannschaft auf englischem Boden überhaupt. Im Halbfinale gab es ein müheloses 2:1 gegen Belgien, und im Endspiel wurde schließlich die Sowjetunion mit 3:0 an die Wand gespielt.

Diese Nationalelf von 1972 gilt vielen noch heute als beste deutsche Mannschaft aller Zeiten. Angeführt von den genialen Technikern Franz Beckenbauer und Günter Netzer, die sich im Spielaufbau abwechselten und für den Gegner kaum auszurechnen waren, bot sie einen geradezu künstlerischen Fußball. So etwas hatte man bis dahin von deutschen Fußballern noch nicht gesehen.

Auch bei der EM 1976 konnte die deutsche Mannschaft mit guten Leistungen aufwarten. Das Endspiel gegen die Tschechoslowakei ging erst im Elfmeterschießen verloren, als der heutige Bayern-Präsident Uli Hoeneß den Ball in den Nachthimmel schoss.

Der langjährige Kapitän der Nationalelf, Karl-Heinz Rummenigge (Europameister 1980 und Vizeweltmeister 1982 und 1986)

Warum war die deutsche Nationalelf gefürchtet?

Bei der WM 1978 in Argentinien blamierte sich die deutsche Elf, als sie in der zweiten Finalrunde mit 2:3 gegen Österreich scheiterte. Doch in den Jahren danach war sie wieder erfolgreich. 1980 wurde sie Europameister, 1982 in Spanien und 1986 in Mexiko jeweils Vize-Weltmeister. Nachdem sie 1990 in Italien erneut im Endspiel stand, meinte Gary Lineker, ein Spieler der im Halbfinale unterlegenen englischen Mannschaft: „Fußball ist, wenn 22 Mann spielen, und am Ende gewinnt immer Deutschland."

Die deutsche Nationalelf spielte in diesen Jahren nicht besonders schön. Aber sie hatte den Ruf, sich im Laufe eines Turniers zu großen Leistungen steigern zu können. Oft war sie in der Lage, durch Willenskraft, Nervenstärke und Durchhaltevermögen ein Spiel auch dann noch zu gewinnen, wenn es bereits verloren schien.

Nervenstarkes Team

Willenskraft und Nervenstärke galten als größte Stärken der deutschen Nationalelf. Auch im Halbfinale der WM 1982 gegen Frankreich konnte sie diese Qualitäten unter Beweis stellen. 1:1 war der Spielstand nach 90 Minuten, nach neun Minuten der Verlängerung hieß es 1:3. Doch dann kam der verletzte Karl-Heinz Rummenigge ins Spiel, verkürzte auf 2:3. Klaus Fischer sorgte kurz darauf für den Ausgleich. Zwei Franzosen zeigten im Elfmeterschießen Nerven, während Horst Hrubesch den letzten Elfer zum Endergebnis von 8:7 sicher ins Netz setzte.

Das deutsche Team nach dem Gewinn des WM-Titels 1974. Hinten (v.l.n.r.): Flohe, Müller, Grabowski, Breitner, Schwarzenbeck, Mannschaftsarzt Dr. Heß, Cullmann. Vorn (v.l.n.r.): Heynckes, Bonhof, Bundestrainer Schön, Beckenbauer, Hölzenbein, Vogts, Overath. Im Endspiel dabei, aber nicht im Bild: Maier und Hoeneß

Rudi Völler im Duell mit Ruud Gullit (Niederlande) im Halbfinale der Europameisterschaft 1988. Deutschland verlor mit 1:2.

Wann täuschte sich Teamchef Beckenbauer?

In den insgesamt sieben Spielen der WM 1990 siegte die deutsche Mannschaft nicht nur, sie zeigte auch schönen Fußball. Guido Buchwald war der überragende Abwehrspieler des ganzen Turniers, Lothar Matthäus, der nach der WM zum Weltfußballer des Jahres gewählt wurde, ein unermüdlicher Antreiber im Mittelfeld. In der Offensive – meist stürmten Rudi Völler, Jürgen Klinsmann und Pierre Littbarski – war Deutschland mit 155 Torschüssen und 15 Toren die mit Abstand beste Mannschaft.

Nach dem verdienten 1:0-Sieg über Maradonas Argentinier im Finale verkündete Teamchef Franz Beckenbauer: „Es tut mir leid für den Rest der Welt, aber diese Mannschaft wird auf Jahre hinaus nicht zu schlagen sein.“ Doch er sollte sich täuschen. Bei der EM 1992 in Schweden wurde zwar der Freistoßspezialist Thomas Häßler zum besten Spieler des Turniers gewählt. Aber das Finale gegen die Überraschungsmannschaft aus Dänemark ging mit 0:2 verloren. Bei der WM 1994 in den USA war bereits das Viertelfinale Endstation (1:2 gegen Bulgarien). Weltmeister wurde zum vierten Mal Brasilien.

Wann gewann Deutschland zum dritten Mal die EM?

1996 gelang der deutschen Elf noch einmal ein großer Erfolg: Bei der EM in England holte sie sich mit einem 2:1 gegen Tschechien den dritten Europameistertitel. Spielerisch war die Mannschaft von Trainer Berti Vogts nicht unbedingt das beste Team. Aber sie hatte einen Supertorwart (Andreas Köpke), einen Kapitän (Matthias Sammer), der alle anderen mitreißen konnte, und einen Stürmer (Oliver Bierhoff), der die entscheidenden

Andreas Brehme, Jürgen Klinsmann, Rudi Völler, Stefan Reuter und Pierre Littbarski (von links) feiern ihren 1:0-Sieg über Argentinien im Endspiel der WM 1990.

Die französischen Nationalspieler Emmanuel Petit und Patrick Vieira umarmen sich nach dem Sieg über Brasilien im Endspiel 1998. Star der WM war Zinedine Zidane.

Tore machte. Ganz Deutschland jubelte. Doch bei der WM 1998 in Frankreich folgte wieder ein herber Tiefschlag: Im Viertelfinale gegen Kroatien ging das mutlos wirkende Team von Berti Vogts nach einem Platzverweis gegen Christian Wörns mit 0:3 förmlich unter. Der ganz tiefe Fall kam bei der EM 2000 in den Niederlanden und Belgien. Ein Unentschieden (gegen Rumänien 1:1) und zwei Niederlagen (gegen England 0:1 und gegen Portugal 0:3) in der Vorrunde bedeuteten das schlechteste Abschneiden einer deutschen Nationalmannschaft bei einem internationalen Turnier.

Wer waren die Stars der WM von 1998?

Bei der WM 1998 spielte nicht Brasilien, sondern das multikulturelle französische Nationalteam den besten Fußball. Leistungsträger dieser Mannschaft waren neben gebürtigen Franzosen wie Emmanuel Petit auch viele eingebürgerte Spieler. Lilian Thuram etwa stammte ursprünglich aus Guadeloupe, Patrick Vieira aus Senegal, Marcel Desailly aus Ghana.

Taktisch hervorragend eingestellt, gewannen die Franzosen 1998 das Weltmeisterschafts-Endspiel gegen den Titelverteidiger Brasilien klar mit 3:0. Zum Star der WM wurde der aus Algerien stammende Zinedine Zidane. Zwei Jahre später sicherte sich Frankreich dann auch noch den Titel des Europameisters mit einem 2:1-Finalsieg gegen Italien.

Das erste Golden Goal schoss Oliver Bierhoff. In der 95. Minute des EM-Finales 1996 gegen Tschechien gelang ihm das entscheidende 2:1. Matthias Sammer und Andreas Köpke jubeln über den EM-Sieg.

Golden Goal und Silver Goal

Vor der EM 1996 hatte die UEFA das Golden Goal (goldene Tor) eingeführt. Danach war ein Endspiel in der Verlängerung sofort entschieden, wenn eine Mannschaft einen Treffer erzielte. 2003 wurde die Silver-Goal-Regel eingeführt. Es gab zunächst 15 Minuten Verlängerung. War eine Entscheidung gefallen, wurde das Spiel nach Ablauf dieser Zeit

beendet. Bei Gleichstand ging es in die zweite Hälfte der Verlängerung; stand es dann immer noch unentschieden, folgte Elfmeterschießen. Beide Regeln sind heute abgeschafft.

Der gebürtige Ghanaer Gerald Asamoah (Schalke 04) in einem Länderspiel gegen England. Leider sind farbige Spieler wie er immer wieder eine Zielscheibe für rassistische Beschimpfungen. Es bleibt zu hoffen, dass dies in der Zukunft aufhören wird.

Wo wird derzeit der beste Fußball gespielt?

Nach der Auffassung vieler Trainer sind die Spieler Zentralafrikas, wo der Fußball noch auf der Straße geübt wird, die begabtesten der Welt. Ein Blick in die Siegerlisten der Junioren-Weltmeisterschaften, die seit 1977 von der FIFA veranstaltet werden, bestätigt, dass Afrika auf dem Vormarsch ist. Zwar errangen die klassischen Fußballnationen Brasilien und Argentinien bisher die meisten Titel, doch die Teams aus Afrika, vor allem Ghana und Nigeria, haben kaum weniger oft gewonnen. Immer mehr afrikanische Spieler stehen bei europäischen Klubs unter Vertrag. Bei der WM der „Großen“ blieben die Afrikaner jedoch bislang ohne Titel.

Christoph Metzelder beim Endspiel der WM 2002 im Duell gegen Ronaldinho

Was geschah im Endspiel der WM 2002?

Die WM 2002 in Japan und Südkorea schien für das deutsche Team zunächst unter keinem guten Stern zu stehen: Nach einer peinlichen 1:5-Schlappe gegen England in der Qualifikation war die Teilnahme Deutschlands an der Weltmeisterschaft fraglich. Aber dann qualifizierte sich die deutsche Elf mit einem tollen 4:1-Sieg im entscheidenden Spiel gegen die Ukraine doch noch für die WM. Dort überraschte sie mit einer Leistung, die niemand erwartet hätte. Miroslav Klose schoss in den drei Spielen der Vorrunde fünf Tore, allein drei davon beim 8:0-Rekordsieg gegen Saudi-Arabien. Torwart Oliver Kahn erwies sich als schier unüberwindlich, Michael Ballack erzielte im Viertel- und Halbfinale die entscheidenden Treffer (jeweils 1:0 gegen USA und Südkorea).

Für das Endspiel war Ballack, der beste deutsche Feldspieler, wegen eines Fouls im Halbfinale gesperrt. Er fehlte der Mannschaft sehr. Dem bis dahin hervorragenden Oliver Kahn,

Oliver Kahn war der Pechvogel der WM 2002. Seine glänzenden Paraden verhalfen der deutschen Elf ins Endspiel, doch dann führte ausgerechnet ein Fehler von ihm zum ersten Tor der Brasilianer.

bereits vor dem Finale zum besten Torhüter der WM gewählt, unterlief der einzige Fehler während des ganzen Turniers: Er konnte einen Ball von Rivaldo nicht festhalten, und Ronaldo schoss den Abpraller ins Tor. Nach dem 2:0, wieder durch Ronaldo erzielt, war dann alles vorbei. So gewannen die Ballkünstler aus Südamerika ihren fünften WM-Titel gegen eine deutsche Elf, die im Endspiel trotz der Niederlage mit schönem Fußball überzeugt hatte.

Das gute Abschneiden der Deutschen zeigt, dass es bei einem WM-Turnier nicht nur auf fußballerisches Talent ankommt. Ebenso wichtig sind Taktik und Disziplin, Kondition, Nervenstärke und der „Teamgeist". Gewonnen hat dann mit Brasilien allerdings die Mannschaft, die über die technisch besseren Spieler verfügte. Anders lief es bei der EM 2004: Da gewannen die disziplinierten Griechen mit ihrem Trainer Otto Rehhagel gegen die Ballkünstler aus Portugal.

Neuer Bundestrainer

Bei der Europameisterschaft 2004 in Portugal gewann mit dem von Otto Rehhagel trainierten Griechenland ein krasser Außenseiter den Titel. Das schwach spielende deutsche Team war schon nach der Vorrunde ausgeschieden. Teamchef Rudi Völler gab enttäuscht seinen Rücktritt bekannt. Seine Nachfolge traten die ehemaligen Torjäger Jürgen Klinsmann als Bundestrainer und Oliver Bierhoff als Manager an. Zusammen mit seinem Co-Trainer Jogi Löw erarbeitete Klinsmann neue Konzepte und sorgte damit für viel frischen Schwung.

Michael Ballack beim Halbfinale des Confed-Cup im Duell mit Brasiliens Zé Roberto

Jürgen Klinsmann und Jogi Löw singen die Nationalhymne.

Jubelnde Zuschauer auf der Fanmeile in Berlin

Bundeskanzlerin Angela Merkel und der Präsident des Deutschen Fußballbundes, Theo Zwanziger, beim WM-Spiel Deutschland gegen Argentinien

„Deutschland. Ein Sommermärchen“, so lautete der Titel eines Dokumentarfilms des Regisseurs Sönke Wortmann, der die deutsche Nationalmannschaft während der WM mit der Kamera begleitete. Der Film zeigt, dass die abgeschottete Mannschaft von den Freudenfeiern der Fans eigentlich nicht viel mitbekam. Deutlich wird auch, dass es unter den Trainern eine Arbeitsteilung gab: Der feurige Jürgen Klinsmann spornte die Spieler immer wieder an, der ruhige Jogi Löw sorgte für die richtige taktische Einstellung.

Jürgen Klinsmann in der Kabine (Ausschnitt aus dem Film „Deutschland. Ein Sommermärchen“)

Wie verlief die WM 2006 in Deutschland?

Vor dem WM-Turnier im eigenen Land hatte die deutsche Nationalmannschaft eine Reihe sehr schwacher Spiele gezeigt. Niemand traute ihr daher viel zu. Doch während der große Favorit, Titelverteidiger Brasilien, bereits im Viertelfinale mit einem 0:1 gegen Frankreich ausschied, konnte die von Teamchef Jürgen Klinsmann toll vorbereitete deutsche Elf ihre Fans begeistern.

In den Gruppenspielen gab es schönen Angriffsfußball zu sehen und drei Siege gegen Costa Rica (4:2), Polen (1:0) und Ecuador (3:0). In der K.o.-Runde folgte ein 2:0 gegen Schweden und ein glückliches 5:3 nach Elfmeterschießen gegen Argentinien. Das unglückliche Aus kam erst im Halbfinale gegen die gewieften Italiener, die das Spiel in der Verlängerung mit 2:0 für sich entschieden.

Im Endspiel traf Italien auf Frankreich, das sich im Halbfinale mit einem matten 1:0 gegen Portugal durchgesetzt hatte. Frankreich ging durch einen Elfmeter von Zidane früh in Führung, doch Italien konnte wenig später durch Materazzi den Ausgleich erzielen. Das weitere Spiel und die Verlängerung blieben torlos. Ein Elfmeterschießen musste die Entscheidung bringen. Zum Unglücksraben wurde der Franzose Trezeguet, der den Ball an die Latte schoss. Italien, das alle fünf Elfmeter verwandelte, wurde zum vierten Mal Weltmeister. Deutschland belegte den dritten Platz mit einem 3:1-Sieg gegen Portugal.

Trotz der unerwartet starken Leistung der deutschen Nationalmannschaft war das WM-

Miroslav Klose wurde mit fünf Treffern WM-Torschützenkönig.

Bastian Schweinsteiger sicherte Deutschland mit zwei tollen Toren den dritten Platz.

Turnier von 2006 sportlich eher eine Enttäuschung. Athletik, Defensivspiel und vorsichtiges Taktieren überwogen, schöner Fußball wurde eher selten gezeigt. Doch auf den Rängen herrschte vier Wochen lang bei prächtigem Wetter helle Begeisterung. Nicht nur die Stadien waren immer voll – Millionen gut gelaunter Menschen verfolgten in zahlreichen Städten die Spiele auf Großbildleinwänden. Was die Stimmung der Fans anging, war die WM in Deutschland bisher wohl die beste aller Zeiten.

Im Ausland war man überrascht, wie toll die zuvor als etwas steif und griesgrämig geltenden Deutschen feiern konnten. Mit Erstaunen wurde wahrgenommen, dass die deutschen Fans nicht nur ihr eigenes Team anfeuerten, sondern auch ausgelassen mit den zahlreich angereisten Gästen aus aller Welt jubelten. Die Weltmeisterschaft 2006 war eine Werbung für friedliche Fußballfeste und ein fröhliches Deutschland.

Wer war das beste Team bei der EM 2008?

Die Endrunde der 13. Europameisterschaft wurde in Österreich und der Schweiz ausgetragen. Beide Gastgeber kamen zur Enttäuschung ihrer Fans nicht über die Gruppenphase hinaus.

Deutschland schaffte es nach einer Niederlage gegen Kroatien nur knapp ins Viertelfinale. Dort schlug das Team von Bundestrainer Jogi Löw die Portugiesen mit 3:2. Im Halbfinale war man in einem spannenden Spiel gegen die Türkei mit 3:2 erfolgreich. Im Endspiel traf die deutsche Mannschaft auf das bis dahin noch ungeschlagene Spanien, das auf dem Weg ins Finale bereits die spielstarken Teams der Italiener und Russen ausgeschaltet hatte. Die Spanier, bereits vor der EM 16-mal in Folge unbesiegt, galten als klarer Favorit. Tatsächlich hatte Deutschland im Finale von Wien kaum eine Chance. Spanien gewann mit 1:0 und errang damit zum zweiten Mal nach 1964 den Europameistertitel. Mit diesem Sieg, dem sechsten in Folge bei der Endrunde der WM, stellten die Spanier zudem einen neuen Rekord auf.

Europameister Spanien. Hinten (v.l.): Casillas, Marchena, Ramos, Capdevila, Senna, Torres, vorn (v.l.): Silva, Iniesta, Xavi, Fàbregas, Puyol.

Tiqui-Taca

Verantwortlich für den Erfolg der Spanier war ihr rasantes Kurzpass-Spiel im Mittelfeld, („Tiqui-Taca"). Wie eine Flipperkugel ließen sie den Ball durch ihre Reihen flitzen. Neben dem zum besten Turnierspieler gewählten Xavi wurden mit Senna, Fàbregas und Iniesta noch drei weitere spanische Mittelfeldspieler ins „Allstarteam" der Euro 2008 gewählt. Auch im Angriff war Spanien mit Fernando Torres und David Villa (mit vier Treffern Torschützenkönig der EM) die beste Mannschaft des Turniers.

Fans aus Österreich (rechts) und der Schweiz

Die Stadien

1) Peter Mokaba Stadion (40 000 Zuschauer)
2) Loftus Versfeld Stadion (45 000 Zuschauer)
3) Mbombela Stadion (43 500 Zuschauer)
4) und 5) Soccer City (94 700 Zuschauer) und Ellis Park Stadion (70 000 Zuschauer)
6) Royal Bafokeng Stadion (42 000 Zuschauer)
7) Free State Stadion (48 000 Zuschauer)
8) Moses Mabhida Stadion (65 000 Zuschauer)
9) Nelson Mandela Bay Stadion (49 500 Zuschauer)
10) Green Point Stadion (68 000 Zuschauer)

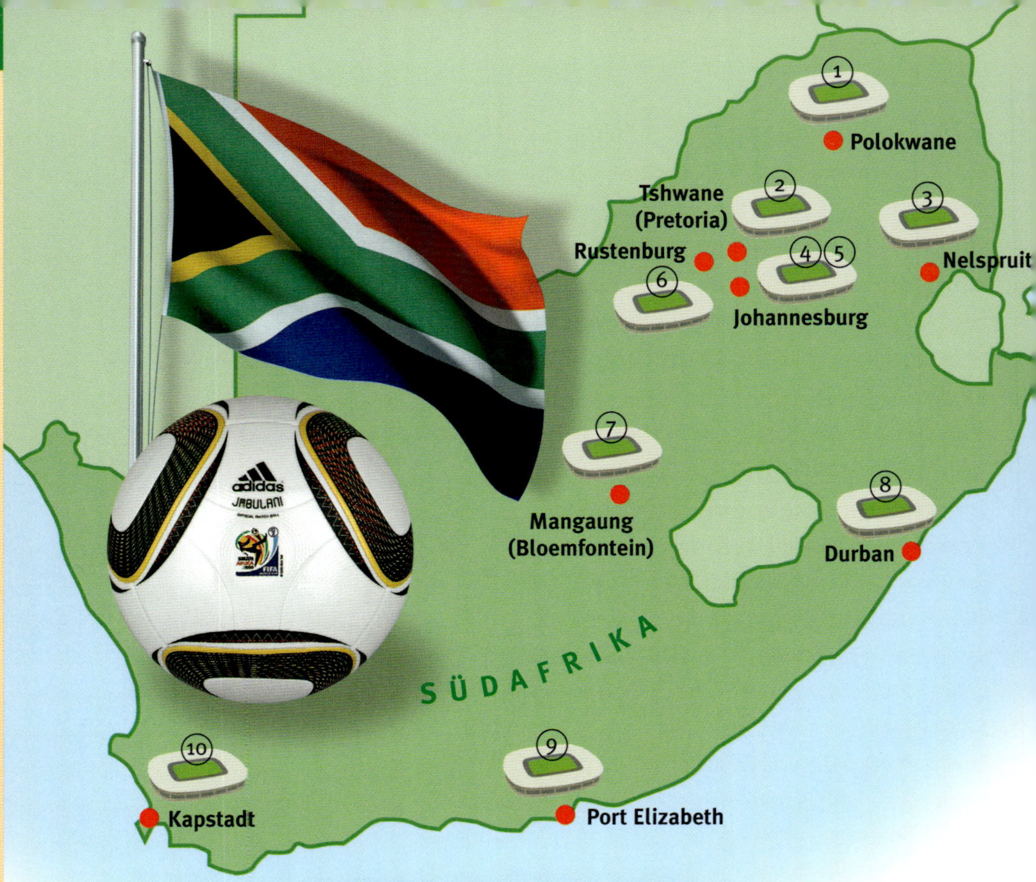

Das Logo stellt einen Spieler beim Ansatz zum Fallrückzieher dar.

FIFA Fußball-Weltmeisterschaft™

Wo findet die FIFA Fußball-Weltmeisterschaft™ statt?

Am 11. Juni 2010 um 16.00 Uhr ist es so weit: Dann erfolgt im Stadion Soccer City von Johannesburg der Anpfiff des Eröffnungsspiels zur 19. FIFA Fußball-Weltmeisterschaft™. Es ist die erste WM auf dem afrikanischen Kontinent. Gastgeberland Südafrika erwartet 32 Nationalmannschaften aus Amerika, Europa, Afrika und Asien/Ozeanien. Sie bestreiten zunächst in acht Vierergruppen die Spiele der Vorrunde. Nur die 16 erst- und zweitplatzierten Teams qualifizieren sich für das Achtelfinale und damit für die K.o.-Runde. In den Achtelfinal-, Viertelfinal- und Halbfinalspielen werden dann die Teilnehmer des Endspiels ermittelt, die am 11. Juli um 20.30 Uhr in Soccer City gegeneinander antreten.

Rund drei Millionen Menschen werden das Turnier vor Ort in den Stadien verfolgen. 480 000 Eintrittskarten sind den Einwohnern von Südafrika vorbehalten; davon werden 120 000 als Freikarten an die Ärmsten verschenkt, da diese sich sonst kein Spiel live anschauen könnten. Erwartet werden etwa 1,5 Millionen Gäste aus dem Ausland. Für alle, die keine Karten mehr bekommen, gibt es Fanmeilen. Dort können die Spiele, wie 2006 in Deutschland, auf riesigen Leinwänden verfolgt werden. Auf der ganzen Welt werden Milliarden Menschen vor dem Fernseher sitzen und mit ihren Teams mitfiebern.

Wie lautet das Motto?

Das Motto der FIFA Fußball-Weltmeisterschaft 2010™ lautet: „Es ist Zeit, Afrikas Menschlichkeit zu feiern." Denn wenn über Afrika berichtet wird, geht es oft um Armut, Hungersnöte, Krankheiten und Kriege. Bei der WM soll das anders sein: Afrika will sich von seiner fröhlichen, liebens- und lebenswerten Seite zeigen.

Gastgeber Südafrika ist ein Land der Kontraste. Die vielen Farben der Flagge stehen für die vielen Kulturen des Landes. Nicht nur Angehörige unterschiedlicher afrikanischer Völker mit jeweils eigener Sprache leben hier, sondern auch viele Menschen europäischer oder asiatischer Herkunft. Erst 1994, als der schwarze Bürgerrechtler Nelson Mandela Präsident wurde, hat man das System der Rassentrennung (Apartheid) aufgehoben; seither gelten für alle Bevölkerungsschichten Demokratie und Gleichberechtigung. Doch die Gegensätze zwischen Schwarz und Weiß, Arm und Reich bereiten der „Regenbogennation" immer noch viele Probleme. Südafrika ist reich an Bodenschätzen, es hat eine hoch entwickelte Industrie, doch nur eine Minderheit der Bevölkerung lebt im Wohlstand. Wegen der vielen Raubüberfälle ist es für Touristen nicht ungefährlich, sich im Land zu bewegen. Zum Schutz der Gäste werden daher bei der WM viele Polizisten im Einsatz sein.

Südafrika hofft, dass die Weltmeisterschaft durch das weltweite Interesse wirtschaftlichen Aufschwung bringen wird. Wachsender Wohlstand soll helfen, die Kluft zwischen Arm und Reich zukünftig zu verringern.

Maskottchen Zakumi stellt einen Leoparden dar: „ZA" steht für Südafrika, „kumi" bedeutet 10.

Wertungssystem

Der Rang jedes Teams einer WM-Gruppe wird in dieser Reihenfolge ermittelt:

- **Anzahl der Punkte aus allen Gruppenspielen**
- **Tordifferenz aus allen Gruppenspielen**
- **Anzahl der in allen Gruppenspielen erzielten Tore.**

Liegen dann zwei Teams gleichauf, entscheiden die Ergebnisse aus den direkten Begegnungen der beiden.

Für die K.o.-Runde gilt: Endet ein Spiel unentschieden, gibt es 2 x 15 Minuten Verlängerung, danach Elfmeterschießen.

Drakensberge

Kap der Guten Hoffnung

Kinder in Soweto

Bewohner Sowetos, eines Stadtteils von Johannesburg

Kapstadt mit dem berühmten Tafelberg

Welche Rolle spielt der Fußball in Südafrika?

Die Menschen an der Südspitze Afrikas freuen sich auf die Fußball-WM. Sportlich hat Südafrika zwar bisher vor allem im Rugby auf sich aufmerksam gemacht – die südafrikanischen „Springboks" („Springböcke") sind bereits zweifacher Weltmeister –, doch auch der Fußball hat am Kap der Guten Hoffnung viele Anhänger. Während Rugby ein Sport der weißen Minderheit ist, begeistern sich die schwarzen Afrikaner vor allem für Fußball („Soccer").

Vielerorts sieht man auf den staubigen Straßen Kinder, wie sie meist barfuß mit aus Stoffresten gefertigten Bällen dribbeln und jonglieren; überall gibt es kleine und große Fußballklubs mit begeisterten Anhängern. In den Stadien herrscht stets eine ausgelassene Stimmung. Die Fans singen und tanzen, auch wenn sie bisweilen furchterregend aussehen: Viele gehen mit einer richtigen Kriegsbemalung ins Stadion. Vor dem Anpfiff treten oft Hexenmeister mit Beschwörungsritualen oder einem Siegeszauber auf. Ihre Künste sollen das eigene Team stärken und den Gegner schwächen. Während des Spiels erzeugen Trommeln und trompetenähnliche Vuvuzelas einen Höllenlärm. Bei der WM, so viel ist sicher, wird stets eine tolle Stimmung herrschen.

Fußball wird in Afrika überall gespielt. Und Afrikaner zeigen dabei eine ganz besondere Begabung.

FUSSBALL VERBINDET

Townships – so nennt man in Südafrika die Wohnviertel der schwarzen und farbigen Bevölkerung, in denen diese weitgehend getrennt von den Weißen lebt. Das größte Township ist Soweto bei Johannesburg. Dort gibt es die beiden berühmtesten Fußballvereine des Landes: die Orlando Pirates und die Kaizer Chiefs. In beiden Klubs spielten schon zu Zeiten der Rassentrennung Schwarze und Weiße in einer Mannschaft.

Länder-Info Südafrika

Fläche: 1,2 Mio. km² (BRD: 0,357 Mio. km²) • Einwohner: ca. 49 Mio. (BRD: 82,3 Mio.), davon ca. 39 Mio. Schwarze, 4,3 Mio. Weiße, 4,5 Mio. Farbige (Mischlinge), 1,2 Mio. Asiaten • Hauptstadt: Tshwane (Pretoria), ca. 2,3 Mio. Einwohner • Staatsoberhaupt: Jacob Zuma • Amtssprachen: Afrikaans, Englisch und neun Bantu-Sprachen (isiNdebele, isiXhosa, isiZulu, Nord-Sotho, Süd-Sotho, Setswana, Siswati, Tshivenda, Xitsonga) • Währung: Rand (1 Rand = 0,086 Euro) • Autokennzeichen: ZA

Soccer City, das größte Stadion, nur wenige Monate vor der WM: Noch sind die Bauarbeiten in vollem Gange. In der Form erinnert das Stadion an eine Kalebasse, das typisch afrikanische Trink- und Aufbewahrungsgefäß.

Die Teams 2010

1 Südafrika

Größte Erfolge: Afrikameister 1996
Bekannte Spieler: Rowen Fernandez (Arminia Bielefeld), Steven Pienaar (FC Everton), Siphiwe Tshabalala (Kaizer Chiefs)
Trainer: Carlos Alberto Parreira

SOUTH AFRICAN FOOTBALL ASSOCIATION

Gastgeber Südafrika ist bei der WM nicht zu unterschätzen. Zwar haben die „Bafana Bafana" („Jungs") bisher noch nicht viel gewonnen. Aber der Heimvorteil wiegt schwer. Begeisterte Fans werden das Team nach vorne treiben – so wie beim Afrikacup, den man 1996 im eigenen Land gewann, oder wie beim Confed-Cup 2009, als die „Jungs" um Rekordnationalspieler Aaron Mokoena Platz 4 erreichten.

2 Algerien

Größte Erfolge: Afrikameister 1990
Bekannte Spieler: Karim Matmour (Borussia Mönchengladbach), Anthar Yahia (VfL Bochum), Karim Ziani (VfL Wolfsburg)
Trainer: Rabah Saadane

Die „Fenecs" („Wüstenfüchse") sorgten bei der WM 1982 mit einem 2:1-Sieg gegen Deutschland für Aufsehen. Einer der Torschützen, Rabah Madjer, schlug 1987 beim 2:1-Sieg des FC Porto im Europapokalfinale gegen Bayern München noch einmal zu: Er kickte den Ball mit der Ferse ins Tor. Vielleicht gelingt ja auch diesmal eine Überraschung.

3 Elfenbeinküste

Größte Erfolge: Afrikameister 1992, WM-Teilnahme 2006
Bekannte Spieler: Didier Drogba (FC Chelsea), Arthur Boka (VfB Stuttgart), Guy Demel (Hamburger SV)
Trainer: Vahid Halilhodzic

Das ballgewandte Team von der Elfenbeinküste wird die „Elefanten" genannt. Hintergrund: Der westafrikanische Staat, eine ehemalige französische Kolonie, war früher der größte Exporteur von Elfenbein, also Elefantenstoßzähnen. Heute ist das Heimatland von Superstürmer Drogba der größte Kakaoproduzent der Welt.

4 Ghana

GHANA FOOTBALL ASSOCIATION

Größte Erfolge: 4 x Afrikameister, WM-Achtelfinale 2006
Bekannte Spieler: Michael Essien (FC Chelsea), Sulley Ali Muntari (Inter Mailand), Stephen Appiah (Fenerbahce Istanbul)
Trainer: Milovan Rajevac

Das westafrikanische Ghana war als „Goldküste" bis 1957 eine britische Kolonie. Britisch, also mit viel Tempo und Kraft, spielt auch die nach dem Stern in der Landesfahne benannte Nationalmannschaft („Black Stars"). Bei der WM 2006 scheiterte man erst im Achtelfinale an Brasilien. Kein Wunder, dass Kicker aus Ghana bei Topvereinen in ganz Europa begehrt sind.

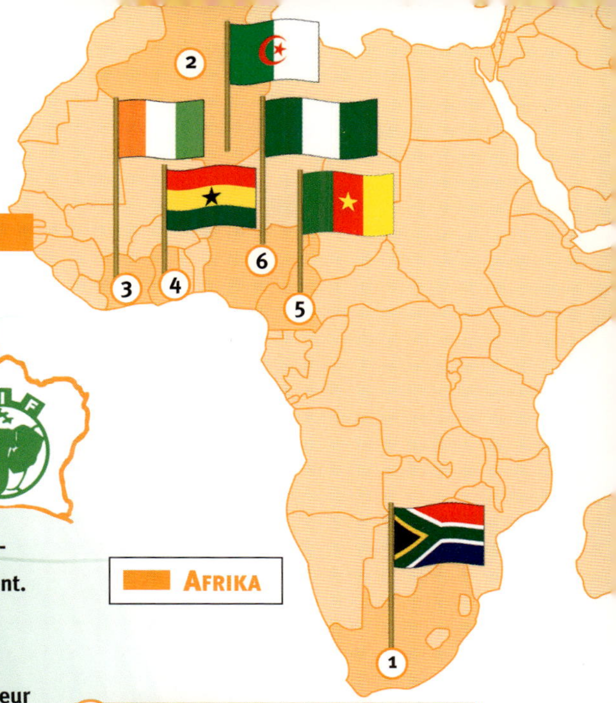

5 Kamerun

Größte Erfolge: 4 x Afrikameister, WM-Viertelfinale 1990
Bekannte Spieler: Samuel Eto'o (Inter Mailand), Rigobert Song (Trabzonspor), Pierre Womé (1. FC Köln)
Trainer: Paul Le Guen

FEDERATION CAMEROUNAISE DE FOOTBALL

Die „Löwen" aus Kamerun zählen schon lange zu den besten afrikanischen Teams. Als sie bei der WM 1990 bis ins Viertelfinale kamen und Torjäger Roger Milla seine Treffer mit wilden Tänzchen an der Eckfahne feierte, war die ganze Welt begeistert. Heute ist Weltklassestürmer Samuel Eto'o der torhungrigste „Löwe".

6 Nigeria

NIGERIA FOOTBALL ASSOCIATION

Größte Erfolge: 2 x Afrikameister, WM-Achtelfinale 1994, 1998
Bekannte Spieler: John Obi Mikel (FC Chelsea), Obafemi Martins (VfL Wolfsburg), Chinedu Obasi (1899 Hoffenheim)
Trainer: Shaibu Amodu

Bei der U-17-WM konnten die „Super Eagles" („Superadler") bereits dreimal den Titel gewinnen, ebenso oft wie Brasilien. Experten trauen den athletischen, spielstarken Nigerianern, die fast alle bei europäischen Erstligaklubs unter Vertrag stehen, auch bei der „richtigen" Weltmeisterschaft einiges zu.

1 Dänemark

Größte Erfolge: Europameister 1992, WM-Viertelfinale 1998
Bekannte Spieler: Nicklas Bendtner (FC Arsenal), Sören Larsen (MSV Duisburg), Daniel Jensen (Werder Bremen)
Trainer: Morten Olsen
Die Dänen spielen beim Fußball (dänisch „Boldspil") schon lange auch international gut mit, gewannen 1992 sogar den EM-Titel. Sie sind immer gut gelaunt und können eine explosive Kampfkraft entwickeln. Daher auch der Spitzname des Nationalteams: „Danish Dynamite". Viele dänische Spitzenspieler stehen bei Vereinen der Bundesliga unter Vertrag.

2 Deutschland

Größte Erfolge: Weltmeister 1954, 1974, 1990, Europameister 1972, 1980, 1996
Bekannte Spieler: Michael Ballack (FC Chelsea), Mesut Özil (Werder Bremen), Philipp Lahm, Bastian Schweinsteiger (beide Bayern München)
Trainer: Jogi Löw
Die deutsche Nationalelf ist bei großen Turnieren meist ganz vorn mit dabei. So erreichte sie Platz drei bei der WM 2006 und Platz zwei bei der EM 2008. Das junge Team um den erfahrenen Kapitän Michael Ballack spielt diszipliniert und kombiniert flüssig. Es konnte sich fast mühelos für die WM 2010 qualifizieren.

3 England

Größte Erfolge: Weltmeister 1966, EM-Dritter 1968
Bekannte Spieler: John Terry (FC Chelsea), Steven Gerrard (FC Liverpool), Wayne Rooney (Manchester United)
Trainer: Fabio Capello
Das Mutterland des Fußballs konnte den Titel bisher nur einmal bei der Heim-WM erringen. Sonst schnitten die „Three Lions" („Drei Löwen") meist nicht so gut ab. Vielleicht hat das aktuelle Team mit vielen Topspielern wieder einmal Erfolg. Sicher ist, dass die Engländer auf dem Platz ordentlich Dampf machen werden.

4 Frankreich

Größte Erfolge: Weltmeister 1998, Europameister 1984, 2000
Bekannte Spieler: Thierry Henry (FC Barcelona), Karim Benzema (Real Madrid), Franck Ribéry (Bayern München)
Trainer: Raymond Domenech
Bei der WM 2006 erreichte die „Equipe tricolore" den zweiten Platz. Seitdem enttäuschte sie oft. Obwohl „Les Bleus" („die Blauen") viele Stars haben, treffen sie nur selten ins Tor. Zur WM gelangten sie erst durch ein umstrittenes 1:1 im Entscheidungsspiel gegen Irland. Trotzdem zählen sie immer noch zu den zehn besten Teams der Welt.

5 Griechenland

Größte Erfolge: Europameister 2004
Bekannte Spieler: Theofanis Gekas (Bayer Leverkusen), Angelos Charisteas (1. FC Nürnberg), Giorgos Karagounis (Panathinaikos Athen)
Trainer: Otto Rehhagel
Seit dem überraschenden EM-Gewinn 2004 wird der deutsche Trainer Otto Rehhagel in Griechenland wie ein König verehrt. Das Nationalteam „To Piratiko" („Piratenschiff") setzt auf eine starke Abwehr und eine Überfalltaktik im Angriff. Wenn die „Piraten" einmal in Führung liegen, verteidigen sie zäh ihren Vorsprung.

6 Italien

Größte Erfolge: Weltmeister 1934, 1938, 1982, 2006, Europameister 1968
Bekannte Spieler: Gianluigi Buffon, Fabio Cannavaro, Vincenzo Iaquinta (alle Juventus Turin), Andrea Pirlo (AC Mailand)
Trainer: Marcello Lippi
Azurblau, die Farbe des italienischen Königshauses Savoyen, ist auch die Farbe der stolzen „Squadra Azzurra", die bei der WM 2006 im Halbfinale Deutschland besiegte und den Titel gewann. Die coolen, ballgewandten und manchmal ruppig auftretenden Italiener gehören immer zu den Favoriten – obwohl sie oft nicht besonders schön spielen.

7 Niederlande

Größte Erfolge: Vize-Weltmeister 1974, 1978, Europameister 1988
Bekannte Spieler: Arjen Robben (Bayern München), Wesley Snejder (Inter Mailand), Rafael van der Vaart (Real Madrid), Joris Mathijsen (HSV)
Trainer: Bert van Marwijk
Die niederländische „Elftal" (deutsch „Elf") wird nach der Farbe des Königshauses Nassau-Oranien „Oranjes"

genannt. Obwohl die Niederlande recht klein sind, herrscht dort an Superfußballern nie ein Mangel. Im Angriff sind die „Oranjes“ so stark besetzt wie kaum ein anderes Team.

8 Portugal

Größte Erfolge: WM-Dritter 1966, Vize-Europameister 2004
Bekannte Spieler: Cristiano Ronaldo (Real Madrid), Nuno Gomes (Benfica Lissabon), Raul Meireles (FC Porto)
Trainer: Carlos Queiroz
Ihren besten Auftritt hatte die „Selecção“ („Auswahl“) aus Portugal bei der WM 1966, als sie mit Torschützenkönig Eusebio (neun Treffer) den dritten Platz erreichte. Bei der EM 2004 im eigenen Land kamen die Portugiesen bis ins Finale. Auch 2010 zählen die unberechenbaren Ballkünstler zum erweiterten Favoritenkreis.

9 Schweiz

Größte Erfolge: WM-Viertelfinale 1934, 1938, 1954
Bekannte Spieler: Alexander Frei (FC Basel), Tranquillo Barnetta (Bayer Leverkusen), Diego Benaglio (VfL Wolfsburg)
Trainer: Ottmar Hitzfeld
Die „Nati“ (sprich: „Natsi“) der Schweiz wird seit der EM 2008, wo sie in der Vorrunde ausschied, von dem deutschen Erfolgstrainer Ottmar Hitzfeld trainiert. Prompt qualifizierten sich die Kicker aus dem Alpenland für die WM 2010. Die Schweizer treten zwar als Außenseiter an, können aber an guten Tagen jedem Gegner gefährlich werden.

10 Serbien

Größte Erfolge*: WM-Vierter 1962, Vize-Europameister 1960, 1968
Bekannte Spieler: Nemanja Vidic (Manchester United), Neven Subotic (Bor. Dortmund), Marko Pantelic (Ajax Amsterdam)
Trainer: Radomir Antic
Früher war Serbien ein Teil Jugoslawiens, das bei vielen Weltmeisterschaften tollen Fußball zeigte. In der Geschichte des serbischen Fußballs gab es immer wieder hervorragende Einzelspieler. Das heutige Team der „Beli Orlovi“ (deutsch „Weiße Adler“) ist auf allen Positionen gut besetzt und nicht zu unterschätzen.
*als Jugoslawien

11 Slowakei

Größte Erfolge*: Vizeweltmeister 1934, 1962, Europameister 1976
Bekannte Spieler: Stanislav Sestak (VfL Bochum), Miroslav Karhan (FSV Mainz 05), Robert Vittek (OSC Lille)
Trainer: Vladimir Weiss
Die Slowakei, die früher Teil der Tschechoslowakei war, ließ in der WM-Qualifikation Mannschaften wie Tschechien, Polen, Slowenien und Nordirland hinter sich. Man sollte also Respekt haben vor dem Land, das erstmals seit seiner Unabhängigkeit 1993 bei einer WM dabei ist. Viele slowakische Spieler haben bereits in der Bundesliga ihr Können gezeigt.
*als Tschechoslowakei

12 Slowenien

Größte Erfolge: Qualifikation EM 2000 und WM 2002
Bekannte Spieler: Robert Koren (West Bromwich Albion), Milivoje Novakovic, Miso Brecko (beide 1. FC Köln)
Trainer: Matjaz Kek
Erst 1991, nach der Abspaltung vom ehemaligen Jugoslawien, trug Slowenien sein erstes Länderspiel aus. Seitdem hat das Nationalteam, in dem viele Spieler aus Bundesligavereinen stehen, beachtliche Leistungen gezeigt. In der Qualifikation für die WM 2010 schlugen die Slowenen sogar die starke Auswahl Russlands.

13 Spanien

Größte Erfolge: Europameister 1964, 2008
Bekannte Spieler: Iker Casillas (Real Madrid), Xavi (FC Barcelona), Fernando Torres (FC Liverpool)
Trainer: Vicente del Bosque
Die „Selección“ (deutsch „Auswahl“) aus Spanien gewann 2008 überlegen die Europameisterschaft. Das spanische Nationalteam, das wie kaum ein zweites tollen Kombinationsfußball spielen kann, gehört auch 2010 zu den ganz großen Favoriten des Turniers.

1 Argentinien

Größte Erfolge: Weltmeister 1978, 1986, 14 x Copa America
Bekannte Spieler: Lionel Messi (FC Barcelona), Carlos Tévez (Manchester City), Javier Zanetti (Inter Mailand)
Trainer: Diego Maradona
Die Argentinier nennen sich nach ihrem weiß-himmelblauen Trikot „Albicelestes". Die harten Jungs aus dem Land der Rinderhüter, der Gauchos, haben eine erfolgreiche Fußballgeschichte. Doch obwohl sie von dem Ex-Weltfußballer Diego Maradona trainiert werden und im Sturm mit dem aktuellen Weltfußballer Lionel Messi antreten, müssen sie erst noch zur Bestform finden.

2 Brasilien

Größte Erfolge: Weltmeister 1958, 1962, 1970, 1994, 2002, 8 x Copa America
Bekannte Spieler: Kaká (Real Madrid), Robinho (Manchester City), Lucio (Inter Mailand)
Trainer: Carlos Dunga
Die spielerischen Qualitäten der geschmeidigen „Canarinhos" („Kanarienvögel") in den gelben Trikots, die bislang als Einzige bei jeder WM dabei waren, sind legendär. Die Brasilianer können den Ball so schnell wie kaum ein anderes Team in ihren Reihen hin- und herflitzen lassen. Meist lässt die mit Stars gespickte „Seleção" (Auswahl) dem Gegner kaum eine Chance, an den Ball zu kommen.

3 Chile

Größte Erfolge: WM-Dritter 1962
Bekannte Spieler: Alexis Alejandro Sanchez (Udinese Calcio), Jorge Valdivia (Al Ain), Humberto Suazo (Monterrey)
Trainer: Marcelo Bielsa
Chile hat sich frühzeitig für die WM qualifiziert. Die Nationalmannschaft „La Roja" („Die Rote") hatte ihren größten Erfolg 1962, als sie bei der WM im eigenen Land den dritten Platz erreichte. 2007 landete die Junioren-Auswahl bei der U-20-WM ebenfalls auf Platz drei. Sie bildet den Kern des WM-Kaders, dem man durchaus etwas zutrauen darf.

4 Honduras

Größter Erfolg: WM-Qualifikation 1982, Vizemeister CONCACAF 1991
Bekannte Spieler: David Suazo (Inter Mailand), Carlos Costly (GKS Belchatow), Carlos Pavon (Real España)
Trainer: Reynaldo Rueda
„Los Catrachos" – so heißt in Honduras ein Gericht aus Bohnen und Käse, und so werden auch die Honduraner und ihr Nationalteam genannt. 1982 waren die „Catrachos" schon einmal bei einer WM dabei. Damals verloren sie nur ein Spiel und überraschten mit guter Technik und Taktik. Das Team 2010 hat mit Suazo, Costly und Pavon einige sehr torgefährliche Spieler.

5 Mexiko

Größte Erfolge: WM-Viertelfinale 1970, 1986, 8 x CONCACAF-Meister
Bekannte Spieler: Rafael Márquez (FC Barcelona), Jared Borgetti (CF Monterrey), Pavel Pardo (FC America)
Trainer: Javier Aguirre Onaindia
Fußball ist in Mexiko der beliebteste Sport, und entsprechend spielstark sind die dortigen Profis. 13-mal war das Team Mexikos (nach den drei Nationalfarben „El Tri" genannt) schon bei einer WM dabei. Technisch und taktisch macht den Mexikanern niemand etwas vor. Es fehlt ihnen nur manchmal an körperlicher Durchsetzungskraft.

6 Paraguay

Größte Erfolge: WM-Achtelfinale 1986, 1998, 2002, 2 x Copa America
Bekannte Spieler: Nelson Valdez (Borussia Dortmund), Julio Caceres (Boca Juniors), Denis Caniza (Nacional Montevideo)
Trainer: Gerardo Martino
Die Nationalmannschaft Paraguays wird „Albirojos" („Die Weißroten") oder „Guaraníes" genannt. Guaraní ist eine südamerikanische Indianersprache und zugleich der Name für die paraguayische Währung. „Häuptling" des kampfstarken Nationalteams ist der Abwehrspieler Caniza. In Deutschland kennt man vor allem den nicht immer treffsicheren Stürmer Nelson Valdez.

7 Uruguay

Größte Erfolge: Weltmeister 1930, 1950, 14 x Copa America
Bekannte Spieler: Diego Forlán (Atlético Madrid), Diego Lugano (Fenerbahce Istanbul), Luis Suárez (Ajax Amsterdam)
Trainer: Oscar Washington Tabarez

Die großen Zeiten der in Himmelblau spielenden Nationalauswahl („Celeste") sind lange vorbei. Doch fußballverrückt sind die nach der indianischen Urbevölkerung als „Charrúas" bezeichneten Uruguayer noch immer. Große Hoffnungen setzen sie auf ihren Topstürmer Forlán, der bereits zweimal Europas bester Torschütze war.

8 USA

Größte Erfolge: WM-Dritter 1930, WM-Viertelfinale 2002, 4 x CONCACAF-Meister
Bekannte Spieler: Landon Donovan (Los Angeles Galaxy), Steven Cherundolo (Hannover 96), DaMarcus Beasley (Glasgow Rangers)
Trainer: Bob Bradley

In den letzten Jahren haben die Amerikaner mit den Mexikanern gleichgezogen, die früher die Qualifikationszone Nord- und Mittelamerika (CONCACAF) beherrschten. Das Nationalteam der USA hat sich seit 1990 für jede WM-Endrunde qualifiziert. Die US-Boys sind gut trainiert und können jedem Gegner das Leben schwer machen, auch wenn sie technisch nicht zu den Besten gehören.

1 Japan

Größte Erfolge: WM-Achtelfinale 2002, 3 x Asienmeister
Bekannte Spieler: Makoto Hasebe (VfL Wolfsburg), Shunsuke Nakamura (Espanyol Barcelona), Shinji Okazaki (Shimizu S-Pulse)
Trainer: Takeshi Okada

In Japan ist die „J-League" heute der größte Konkurrent der bisher beliebtesten Sportart Baseball. Die Spieler der Nationalmannschaft „Nippon Daihyo" („Auswahl Nippons") sind bekannt für ihren Fleiß und Kampfgeist. Den zeigte auch der Mittelfeldspieler Makoto Hasebe, der 2008/09 einen Stammplatz beim VfL Wolfsburg hatte und mit ihm Deutscher Meister wurde.

2 Nordkorea

Größte Erfolge: WM-Viertelfinale 1966
Bekannte Spieler: Ahn Yong-Hak (Suwon Samsung Bluewings), Hong Yong-Jo (FC Rostov), Ri Jun-Il (Sobaeksu)
Trainer: Kim Jong-Hun

Die Kicker aus dem seit Jahrzehnten von einer Diktatorenfamilie beherrschten Land waren zuletzt bei der WM 1966 in England dabei. Dort sorgten sie für Aufsehen: Sie schlugen Italien mit 1:0 und führten gegen Portugal mit 3:0 (Endstand 3:5). Vielleicht ist die Auswahl des nordkoreanischen Fußballverbandes auch diesmal für eine Überraschung gut.

3 Südkorea

Größte Erfolge: WM-Vierter 2002, 2 x Asienmeister
Bekannte Spieler: Park Ji-Sung (Manchester United), Park Joo-Young (AS Monaco), Lee Chung-Yong (Bolton Wanderers)
Trainer: Huh Jung-Moo

KFA

Die als „Taeguk Warriors" oder als „Tiger" bekannten Südkoreaner schafften bereits die siebte WM-Teilnahme in Folge. Bei der WM 2002 in ihrem Heimatland beeindruckten sie als nimmermüde Laufwunder. In der „K-League" Südkoreas spielen die besten Vereine Asiens.

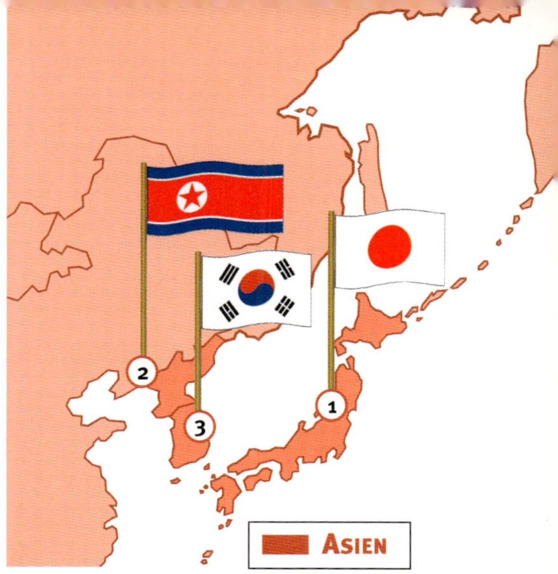

1 Australien

Größter Erfolg: WM-Achtelfinale 2006
Bekannte Spieler: Harry Kewell (Galatasaray Istanbul), Tim Cahill (FC Everton), Marc Bresciano (US Palermo)
Trainer: Pim Verbeek

FOOTBALL FEDERATION AUSTRALIA

Die „Socceroos" (zu Deutsch etwa „Fußball-Kängurus") aus dem sportbegeisterten Australien sind heute nicht mehr in Ozeanien, sondern beim Verband Asiens angemeldet. Dort können sie sich nun häufiger auch mit stärkeren Gegnern messen. Richtig ernst genommen wird das Team, das kaum einen richtigen Star hat, trotzdem nicht. Doch gerade das könnte seine Stärke sein.

2 Neuseeland

Größte Erfolge: WM-Teilnahme 1982, 4 x Ozeanienmeister
Bekannte Spieler: Chris Killen (Celtic Glasgow), Ryan Nelsen (Blackburn Rovers), Shane Smeltz (Gold Coast United)
Trainer: Ricki Herbert

NEW ZEALAND FOOTBALL

Die Neuseeländer werden nach einem flugunfähigen Vogel in ihrer Heimat „Kiwis" genannt. Fußballerisch ist das ganz in Weiß antretende Nationalteam („All Whites") noch nicht so ganz flügge. Bei ihrer einzigen WM-Teilnahme 1982 erreichten die Neuseeländer null Punkte und 2:12 Tore. Vielleicht verbessern sie sich diesmal etwas.

EM-Rekorde

Tore

Die meisten Tore insgesamt fielen bei der EM 2000: 85 (im Durchschnitt 2,74 pro Spiel). Den besten Tordurchschnitt bei einer EM-Endrunde gab es 1976 mit 4,75 Toren pro Spiel.

Den schlechtesten Tordurchschnitt in einer EM-Endrunde gab es 1968 mit 1,4 Toren pro Spiel.
Die meisten Tore in einem EM-Spiel fielen 1960 im Halbfinale Jugoslawien gegen Frankreich (5:4).
Der Tordurchschnitt aller EM-Endrundenspiele bis 2004 beträgt 3,05 Tore pro Spiel.
Das schnellste EM-Tor fiel 2004 im Spiel Russland gegen Griechenland (2:1). Dimitri Kiritschenko erzielte das 1:0 nach 68 Sekunden.

Zuschauer

Die meisten Zuschauer bei einem EM-Turnier gab es 1996 in England: 1 269 894 (im Schnitt 40 964 pro Spiel).
Der beste Zuschauerschnitt wurde beim EM-Turnier 1988 in Deutschland erzielt: 62 379 pro Spiel (damals waren nur acht Teams am Start).
Die meisten Zuschauer (105 000) kamen zum EM-Endspiel am 21. Juni 1964 in Madrid. Spanien besiegte die Sowjetunion mit 2:1.

Rote und Gelbe Karten

Das unfairste EM-Spiel aller Zeiten war die Partie Bulgarien – Spanien (1:1) in England 1996. Der Schiedsrichter verteilte zwei Rote und sieben Gelbe Karten.

EM-Teilnahmen

Die meisten EM-Teilnahmen: 11 (Deutschland von 1968 bis 2008).
EM-Rekordspieler: Lilian Thuram (Frankreich) und Edwin van der Sar (Niederlande), je 16 Einsätze.
Deutsche EM-Rekordspieler mit jeweils 13 Einsätzen sind Thomas Häßler und Jürgen Klinsmann.

Höchster Sieg

6:1 endete das Spiel Niederlande gegen Jugoslawien im Viertelfinale der EM 2000.

Die längste Siegesserie

Spanien (sechs Siege in Folge, 2008)

Die besten EM-Torjäger:

9 Tore: Michel Platini (Frankreich) in 5 Spielen 1984;
7 Tore: Alan Shearer (England) in 9 Spielen 1992, 1996, 2000;
6 Tore: Patrick Kluivert (Niederlande) in 9 Spielen 1996, 2000; Ruud van Nistelrooy (Niederlande) in 8 Spielen 2004, 2008; Thierry Henry (Frankreich) in 11 Spielen 2000, 2004, 2008; Nuno Gomes (Portugal) in 14 Spielen 2000, 2004, 2008;
5 Tore: Savo Milošević (Jugoslawien) in 4 Spielen 2000; Milan Baroš (Tschechien) in 5 Spielen 2004; Marco van Basten (Niederlande) in 9 Spielen 1988, 1992; Zinedine Zidane (Frankreich) in 14 Spielen 1996, 2000, 2004; Jürgen Klinsmann (Deutschland) in 13 Spielen 1988, 1992, 1996.

Jüngster EM-Torschütze

Johan Vonlanthen (Schweiz) erzielte bei der EM 2004 im Alter von 18 Jahren und 141 Tagen das 1:3 gegen Frankreich.

Negative Elfmeter-Rekorde

Einen EM-Rekord stellten die Niederlande im Halbfinale der EM 2000 gegen die Italiener auf: Sie vergaben gleich fünf Elfmeter – zwei in der normalen Spielzeit und drei im Elfmeterschießen, das Italien mit 3:1 gewann. Gleich zwei spezielle Rekorde erzielte die Schweiz bei der WM 2006. In der Vorrunde spielte sie dreimal zu null (0:0 gegen Frankreich, 2:0 gegen Togo, 2:0 gegen Südkorea) und schaffte auch im Achtelfinale gegen die Ukraine ein 0:0, bevor sie im Elfmeterschießen mit 0:3 verlor. Die Schweiz ist damit das erste Team, das ohne Gegentor bei einer WM ausschied. Zugleich ist sie auch das erste Team, das in einem Elfmeterschießen bei einer WM keinen Treffer erzielte.

Elfmeterschießen Schweiz – Ukraine, WM 2006

A *Michel Platini*
B *Thomas Häßler*
C *Zinedine Zidane*
D *Johan Vonlanthen*

WM-Rekorde

Tore
Die meisten Tore insgesamt fielen bei der WM 1954: im Durchschnitt 5,38 Treffer pro Spiel.
Die meisten Tore in einem WM-Spiel fielen 1954 in der Partie Österreich gegen die Schweiz: Österreich siegte mit 7:5.
Die meisten Tore bei einer WM insgesamt erzielte Ungarn 1954: 27 Treffer.
Der schnellste Treffer bei einer WM fiel 11 Sekunden nach dem Anpfiff. Der Torschütze war Hakan Sükür, Türkei, im Spiel gegen Südkorea (WM 2002).

Zuschauer
Die meisten Zuschauer bei einem WM-Spiel (174 000) kamen am 16. Juli 1950 zur Partie Brasilien gegen Uruguay (2:1) im Maracana-Stadion von Rio de Janeiro (offizielle Angabe). Die tatsächliche Zahl war sogar noch höher: etwa 200 000.

1

Die wenigsten Zuschauer bei einem WM-Spiel wurden 1930 bei der Begegnung Rumänien – Peru gezählt: ganze 300.
Den Zuschauerrekord hält die WM 1994 in USA: 68 991 Menschen pro WM-Spiel.

Platzverweis (Feldverweis)
Den schnellsten Platzverweis bei einer WM gab es 1986: Nach 55 Sekunden wurde der Uruguayer José Batista gegen Schottland vom Platz gestellt.
Die meisten Platzverweise gab es bei der WM 2006 in Deutschland: 26 Spieler mussten das Spielfeld vorzeitig verlassen. Allein vier Spieler wurden in der Partie Portugal gegen Niederlande (1:0) vom Platz gestellt – auch das ein WM-Rekord.

Auswechslung
Die schnellste Auswechslung bei einer WM nahm Italien 1998 im Spiel gegen Österreich vor: In der 4. Minute musste Alessandro Nesta wieder vom Platz.

2

Mannschaftsrekorde
Die meisten aufeinanderfolgenden Siege in WM-Spielen errang Brasilien (11 Siege von 2002 bis 2006).
Bei WM-Spielen am längsten sieglos blieb Bulgarien, nämlich 17 Spiele in Folge (1962–1994).

WM-Teilnahmen
Die meisten WM-Teilnahmen: 18 (Brasilien)
Die meisten WM-Spiele: 92 (Brasilien, Deutschland)
Die meisten WM-Finalteilnahmen als Spieler: Cafu (Brasilien) 1994, 1998, 2002
Die meisten WM-Finalteilnahmen insgesamt: Mario Zagallo, Brasilien (zweimal als Spieler, dreimal als Trainer 1958–1998)
Die meisten WM-Turniere (5 Teilnahmen): Antonio Carbajal (Mexiko, 1950–1966) und Lothar Matthäus (Deutschland, 1982–1998)
Die meisten WM-Spiele: Lothar Matthäus, 25 Spiele (1982–1998)
Die meisten WM-Spiele als Trainer: Helmut Schön (Deutschland), 25 Spiele (1966–1978)

3

Höchste Siege
Den höchsten Sieg in einem WM-Spiel erzielte Ungarn gegen El Salvador: 10:1 (WM 1982).
Der höchste Sieg in einem WM-Qualifikationsspiel gelang Australien gegen Amerikanisch-Samoa: 31:0 (zur WM 2002).

Die besten WM-Torjäger:
15 Tore: Ronaldo (Brasilien) 1998 bis 2006
14 Tore: Gerd Müller (Deutschland) 1970 und 1974
13 Tore: Just Fontaine (Frankreich) 1958
12 Tore: Pelé (Brasilien) 1958 bis 1970
11 Tore: Jürgen Klinsmann (Deutschland) 1990 bis 1998, Sandor Kocsis (Ungarn) 1954

4

Spielerrekorde
Der älteste Weltmeister: Dino Zoff (Italien), 40 Jahre, 133 Tage (1982)
Der jüngste Weltmeister: Pelé (Brasilien), 17 Jahre und 239 Tage (1958)
Der älteste WM-Spieler: Roger Milla (Kamerun), 42 Jahre, 39 Tage (1994)
Der jüngste WM-Spieler: Norman Whiteside (Nordirland), 17 Jahre und 42 Tage (1982)

Trainer
Der Trainer mit den meisten verschiedenen WM-Teams: Bora Milutinovic (1986 Mexiko, 1990 Costa Rica, 1994 USA, 1998 Nigeria, 2002 China)

5

1 *Dino Zoff*
2 *Antonio Carbajal*
3 *Gerd Müller*
4 *Pelé*
5 *Helmut Schön*

Geschichten zu WM & EM

Telstar 1970

Telstar 1974

Tango 1978

Tango 1982

Der kleine Hund Pickles, Finder des WM-Siegerpokals, lässt sich stolz fotografieren.

Heimfahrer

Schon dreimal wurden deutsche Spieler wegen ungebührlichen Benehmens aus dem WM-Kader geworfen und nach Hause geschickt. 1994 in den USA, nach einer blamablen Leistung der Deutschen beim glücklichen 3:2-Sieg gegen Südkorea, zeigte Mittelfeldstar Stefan Effenberg den pfeifenden deutschen Fans in beleidigender Weise den Mittelfinger. Während der WM in Mexiko 1986 bezeichnete Ersatztorwart Uli Stein Teamchef Beckenbauer als „Suppenkasper" und die gesamte Mannschaft als „Gurkentruppe". In Italien 1934 aß Siggi Haringer auf dem Bahnsteig ohne Erlaubnis des Trainers eine Apfelsine.

Gestohlener Weltpokal

Vier Monate vor dem WM-Turnier 1966 in England wurde der in Westminster ausgestellte Siegerpokal gestohlen. Nachforschungen der Polizei blieben erfolglos. Erfolgreicher war ein kleiner Hund namens Pickles. Er spürte die Trophäe eine Woche nach ihrem Verschwinden unter einem Gebüsch in einem Vorgarten Süd-Londons auf. Zur Belohnung wurden Pickles und sein Besitzer von der FIFA zum Besuch der nächsten Weltmeisterschaft in Mexiko eingeladen. Der kleine Hund starb aber kurz vor Beginn des Turniers.

Schlechte Vorzeichen

Monika Vogts, Ehefrau von Bundestrainer Berti Vogts, drängte ihren Mann vor der EM 1996, die lange geplante Venedig-Reise nicht abzusagen. Vogts nutzte die Reise, um den in Italien tätigen Profi Oliver Bierhoff zu „besichtigen". Bierhoff spielte schlecht. Als dann in der Nacht noch das Opernhaus von Venedig abbrannte, sagte Monika Vogts zu ihrem Mann: „So schlechte Vorzeichen ... Ich würde ihn mitnehmen. Auf einen mehr oder weniger kommt's doch auch nicht an." Bierhoff schoss beide Tore im EM-Finale.

Kunststückchen

Bei der WM 1934 setzte sich Österreichs Karl Sesta während des Spiels gegen Deutschland plötzlich auf den Ball und verblüffte damit seinen Gegenspieler Edmund Conen. Alle Zuschauer lachten. Kurz vor dem Pausenpfiff probierte Sesta das Kunststückchen noch einmal. Conen passte auf und spitzelte Sesta den Ball unter dem Hintern weg. Lehner schoss ins Tor, Deutschland gewann 3:2.

Lachanfall

Im Halbfinale der WM 1938 gegen Italien hatte Brasiliens Torwart Walter, gegen einen Lachanfall ankämpfend, keine Chance beim Schuss von Giuseppe Meazza. Dem Italiener war kurz zuvor der Gummizug in der Hose gerissen. Er lief an, mit beiden Händen die Hose haltend, täuschte nach rechts und traf ins linke Eck.

Fußballschuh von Fritz Walter, Kapitän der deutschen Nationalelf bei der Weltmeisterschaft 1954. Dieser Schuh ist der Erste mit auswechselbaren Schraubstollen. Darüber: WM-Schuh von 1962.

Azteca 1986

Etrusco Unico 1990

Questra 1994

Tricolore 1998

Fevernova 2002

Teamgeist 2006

Jabulani 2010

Pechvogel

Santiago Canizares, spanischer Nationaltorwart, setzte sich kurz vor Beginn der WM 2002 in seinem Badezimmer selbst schachmatt. Beim missglückten Jonglieren mit einer Parfümflasche fügte er sich so schwere Schnittverletzungen am Fuß zu, dass er auf seinen Einsatz verzichten musste. So wurde der Platz im Tor für seinen Konkurrenten Iker Casillas frei.

Kopfsalat

Vor der EM 1980 machte sich der damalige Bundeslandwirtschaftsminister Josef Ertl Sorgen um die richtige Ernährung der deutschen Fußballer und ließ von der Lufthansa frischen Kopfsalat ins EM-Quartier nach Italien fliegen. Ob der Salat etwas bewirkt hat, ist nicht bewiesen. Fest steht, Horst Hrubesch erzielte den Siegtreffer im Finale (2:1 gegen Belgien) mit dem Kopf.

Telegramm

Italiens faschistischer Diktator Mussolini schickte den italienischen Nationalspielern vor dem Endspiel 1938 in Paris ein Telegramm, in dem er forderte: „Gewinnen oder sterben!“ Glücklicherweise gewannen sie. Die unterlegenen Ungarn meinten, dass sie stolz darauf seien, mit ihrer Niederlage elf Menschen das Leben gerettet zu haben.

Siebzehnmeter

Im Spiel Argentinien – Mexiko bei der WM 1930 entschied der bolivianische Schiedsrichter Ulysses Saucedo auf Strafstoß. Als er feststellte, dass der Elfmeterpunkt nicht markiert war, schritt er die Distanz ab: Der von ihm ermittelte Punkt lag 17 Meter vom Tor entfernt. Später verhängte er nochmals einen „Elfmeter“ aus derselben Entfernung. Auf Proteste der Spieler reagierte er nicht.

Das Aztekenstadion in Mexico City mit über 100 000 Plätzen ist eines der größten und schönsten Stadien der Welt. Bereits zwei WM-Endspiele wurden hier ausgetragen.

Purzelbaum

Beim Spiel Italien gegen Peru bei der WM 1982 wurde der deutsche Schiedsrichter Walter Eschweiler über den Haufen gerannt und schlug einen Purzelbaum. Obwohl er dabei seine Karten und seine Pfeife verlor, ließ sich der immer gut gelaunte Rheinländer nicht irritieren. Er unterbrach die Partie, sammelte alle Utensilien wieder ein und setzte dann das Spiel fort.

Fehltritt

Beim ersten Spiel der WM 1938 in Paris sollte Frankreichs Präsident Albert Lebrun den Anstoß ausführen. Er trat in den Rasen.

Partykrach

Nach dem Sieg im WM-Finale 1974 in München gab es für die Spieler der deutschen Nationalelf eine große Abschlussparty. Ihre Ehefrauen hatte man allerdings nicht dazu eingeladen. Als sie sich dennoch in den Festsaal schlichen, wurden sie von den DFB-Verantwortlichen hinausgeworfen. Der verärgerte Gerd Müller gab noch am selben Abend bekannt, dass er nie mehr in der Nationalmannschaft spielen wolle.

Hand Gottes

Bei der WM 1986, im Viertelfinale gegen England, erzielte der Argentinier Diego Maradona in der 51. Minute ein Tor mit der Hand. Hinterher wollte er sich dafür aber nicht kritisieren lassen und sagte: „Es war ein bisschen die Hand Gottes und ein bisschen Maradonas Kopf.“

Spielerlexikon

Bei einer im Jahr 2000 von internationalen Experten durchgeführten Wahl zum Weltfußballer des Jahrhunderts erhielt der Brasilianer Pelé die höchste Punktzahl. Bester Deutscher war Franz Beckenbauer auf Platz drei. Zum Welttorhüter des Jahrhunderts wurde der Russe Lew Jaschin gewählt. Bester Deutscher war Sepp Maier auf Rang vier. Von Sportjournalisten wird seit 1956 alljährlich eine Wahl zu „Europas Fußballer des Jahres" (im Lexikon: E) durchgeführt. Seit 1988 wird auch ein „Weltfußballer des Jahres" gewählt (im Lexikon: W); die Jury bilden die Nationaltrainer der FIFA-Mitgliedsländer.

Andrade, José Leandro (1.10.1901–5.10.1957)
Tänzerisch eleganter Stürmer („Mann mit den goldenen Füßen"). In den 1920er-Jahren galt er als weltbester Spieler. Er wurde mit Uruguay Olympiasieger (1924 und 1928) und Weltmeister (1930).

Ballack, Michael (*26.9.1976)
Balltechnisch begabter Mittelfeldspieler, wechselte 2002 von Bayer Leverkusen zu Bayern München. Bei der WM 2002 neben Oliver Kahn bester deutscher Spieler. Nach der WM 2006 ging der Chef der Nationalelf zum FC Chelsea.

Banks, Gordon (*30.12.1937)
Ruhiger und gelassener Torhüter der englischen Weltmeisterelf von 1966. Er war so sicher wie die Bank von England.

Basler, Mario (*18.12.1968)
Supertechniker bei Bremen, Bayern und Kaiserslautern. Spezialität: Eckstöße direkt ins Tor zirkeln. Später Trainer in Trier.

Basten, Marco van (*31.10.1964)
Heute Trainer, früher treffsicherer Stürmer aus den Niederlanden. Er gewann einmal den Europacup der Pokalsieger (mit Ajax Amsterdam) und zweimal den Europapokal der Landesmeister (mit AC Mailand). Mit der Nationalelf wurde er 1988 Europameister. E 1988, 1989, 1992, W 1988, 1992

Beckenbauer, Franz (*11.9.1945)
Eleganter Libero. Der heutige Ehrenpräsident von Bayern München ist der erfolgreichste deutsche Fußballer aller Zeiten. Er wurde 1972 Europameister, 1974 als Spieler und 1990 als Teamchef Weltmeister. Mit dem FC Bayern gewann er zwischen 1967 und 1976 sämtliche möglichen nationalen und internationalen Titel. Mit Cosmos New York wurde er dreimal US-Meister, am Ende seiner Karriere auch noch einmal mit dem HSV Deutscher Meister (1982). E 1972, 1976

Beckham, David (*2.5.1975)
Eckball- und Freistoßspezialist, berühmt wegen seiner Frisuren und seiner Ehe mit dem Ex-Spice-Girl Victoria Adams. Im Champions-League-Finale 1999 bereitete er mit zwei Eckbällen den 2:1-Sieg von Manchester United gegen Bayern München vor. Spielte vier Jahre lang bei Real Madrid, seit 2007 in den USA und beim AC Mailand.

Best, George (22.5.1946–25.11.2005)
Mittelfeldspieler von Manchester United. In den 1960er-Jahren als toller Dribbler gefürchtet. Er hatte lange Haare und viele Fans. Wenn er irgendwo auftauchte, wurde er bejubelt wie einer von den Beatles. E 1968

Bierhoff, Oliver (*1.5.1968)
Kopfballstarker Stürmer. Karriere machte er als Torjäger in der italienischen Liga (AC Mailand). Im Endspiel der EM 1996 schoss er für Deutschland das Golden Goal. Seit 2004 Manager der Nationalmannschaft.

Brehme, Andreas (*9.11.1960)
Technisch starker Verteidiger (Kaiserslautern, Bayern). Konnte mit rechts und links gleich gut schießen. Im WM-Finale 1990 verwandelte er den entscheidenden Elfmeter zum 1:0-Sieg der BRD gegen Argentinien.

Breitner, Paul (*5.9.1951)
Linker Außenverteidiger. 1972 wurde er Europa- und 1974 Weltmeister. Mit Bayern München gewann er viele nationale und internationale Titel. Einige Zeit spielte er bei Real Madrid; danach war er wieder beim FC Bayern, diesmal als Regisseur, erfolgreich.

Buchwald, Guido (*24.1.1961)
Kopfballstarker Verteidiger. Führte den VfB Stuttgart 1992 zum Meistertitel und war bei der WM 1990 der beste deutsche Spieler. Weil er gut dribbelte, bekam er in Anlehnung an Maradona den Spitznamen „Diego".

Buffon, Gianluigi (*28.01.1979)
Der Keeper von Juventus Turin ist seit Jahren absolute Spitze: Er gewann als Einziger viermal den Titel des weltbesten Torhüters.

Cannavaro, Fabio (*13.9.1973)
Kleiner, aber enorm kopfballstarker Abwehrchef der italienischen Nationalelf, immer fair, doch kaum zu überwinden. Der Kapitän der „Azzurri" wechselte nach dem WM-Gewinn 2006 von Juventus Turin zu Real Madrid. E 2006, W 2006

Cech, Petr (*20.05.1982)
Nicht nur einer der besten, sondern wegen seines Lederhelms, den er seit einer schweren Kopfverletzung trägt, auch einer der auffälligsten Torhüter. Der Nationaltorwart Tschechiens bildet beim FC Chelsea zusammen mit dem Innenverteidiger John Terry ein fast unüberwindliches Bollwerk.

Charlton, Bobby (*11.10.1937)
Mittelfeldregisseur von Manchester United. In den 1960er-Jahren ein Idol des englischen Fußballs. Er führte das englische Team 1966 zur Weltmeisterschaft. E 1966

Cristiano Ronaldo (*5.2.1985)
Der enorm schnelle und trickreiche Portugiese, der nach dem ehemaligen US-Präsidenten Ronald Reagan benannt wurde, ist seit 2009 der Superstar von Real Madrid. E 2008, W 2008

Cruyff, Johan (*25.4.1947)
Weltbester Mittelfeldspieler der 1970er-Jahre. Er wurde sogar zu „Europas Fußballer des Jahrhunderts" gewählt. Gewann mit Ajax Amsterdam dreimal den Europacup der Landesmeister (1971–1973). Später war er auch als Trainer des FC Barcelona erfolgreich. E 1971, 1973, 1974

Dean, Dixie (21.1.1907–1.3.1980)
Torjäger vom FC Everton (England). Stellte mit 60 Treffern in einer Saison (1927/28) einen bis heute gültigen Torrekord auf.

Didi (8.10.1928–12.5.2001)
Laufstarker Ballkünstler von Fluminense Rio de Janeiro. War Regisseur der brasilianischen Weltmeistermannschaften von 1958 und 1962.

Drogba, Didier (*11.3.1978)
Gewandter, kopfballstarker Stürmer von der Elfenbeinküste (franz. „Côte d'Ivoire"), der nicht nur selbst Tore erzielt, sondern seinen Mitspielern auch gute Vorlagen liefert. Der Ivorer spielte zunächst in Frankreich, seit 2004 stürmt er für den FC Chelsea London.

Eusebio (*25.1.1942)
Schneller Stürmer aus Mosambik. Mit Benfica Lissabon gewann er 1962 den Europapokal der Landesmeister. Bei der WM 1966 wurde er Torschützenkönig. E 1965

Figo, Luis (*4.11.1972)
Zusammen mit Zinedine Zidane bildete der Portugiese bei Real Madrid das beste Mittelfeld aller Zeiten. Der „König der Vorbereiter" glänzte vor allem mit Torvorlagen. 2009 beendete er seine Karriere bei Inter Mailand. E 2000, W 2001

Fischer, Klaus (*27.12.1949)
Torgefährlicher Mittelstürmer (1968–1988, 268 Tore). Hält bei Schalke 04 mit 182 Treffern noch immer den Vereinsrekord. Spezialist für Fallrückzieher-Tore.

Garrincha (28.10.1933–20.1.1983)
Außenstürmer der brasilianischen Weltmeisterteams von 1958 und 1962. Der Mann mit den ungleichen Beinen (ein X- und ein O-Bein) gilt als bester Dribbler aller Zeiten.

Gerrard, Steven (*30.05.1980)
Der kampfstarke und torgefährliche Mittelfeldspieler ist Antreiber beim FC Liverpool und in der englischen Nationalmannschaft.

Gullit, Ruud (*1.9.1962)
Regisseur des niederländischen Europameisterteams von 1988. Mit dem AC Mailand holte der Mann mit den Rastalocken zweimal den Europapokal der Landesmeister. E 1987, W 1987 (inoffiziell)

Hässler, Thomas (*30.5.1966)
Ballsicherer Mittelfeldspieler und gefährlicher Freistoßschütze (101 Länderspiele, 11 Tore). Bester Spieler bei der Europameisterschaft 1992.

Henry, Thierry (*17.8.1977)
Pfeilschneller Angreifer. Ein Weltklassemann, der schon viel erreicht hat: Mit Frankreich wurde er 1998 Weltmeister und 2000 Europameister. 2007 wechselte er von Arsenal London zum FC Barcelona.

Hoeness, Uli (*5.1.1952)
Schneller Stürmer, heute Präsident von Bayern München. Er gewann dreimal den Europapokal, wurde 1972 Europameister und 1974 Weltmeister. Sein jüngerer Bruder Dieter erzielte als kopfballstarker Bayern-Mittelstürmer 127 Tore.

Ibrahimovic, Zlatan (*3.10.1981)
Sohn einer Bosnierin und eines Kroaten, wuchs in Malmö auf und spielt heute im Nationalteam Schwedens. Bei der EM 2004 faszinierte der trickreiche Stürmer mit einem auf artistische Weise erzielten Tor. Seit 2009 kickt er beim FC Barcelona.

Jaschin, Lew (22.10.1929-20.3.1990)
Bester Torhüter aller Zeiten. Der „schwarze Panther" im Tor von Dynamo Moskau war nicht nur für seine guten Reflexe berühmt. Er hatte ein hervorragendes Stellungsspiel, organisierte perfekt die Abwehr und schaltete sich sogar bei Angriffen als zusätzlicher Feldspieler ein. E 1963

Kahn, Oliver (*15.6.1969)
Ehrgeiziger Nationaltorhüter (FC Bayern), galt viele Jahre als bester Keeper der Bundesliga (Abschied 2009). 1999, 2001 und 2002 Welttorwart des Jahres. Höhepunkte seiner Karriere: der Sieg im Champions-League-Finale 2001 (er hielt drei Elfmeter) und die Vize-WM 2002 (man wählte ihn zum besten Spieler des Turniers). Bei der WM 2006 kam er nur einmal zum Einsatz und beendete dann seine Karriere in der Nationalmannschaft.

Kaká (*15.5.1982)
Raffinierter Mittelfeldspieler und einer der weltbesten. Mitglied des brasilianischen Weltmeisterteams von 2002. Mit dem AC Mailand 2004 Italienischer Meister, wechselte er 2009 zu Real Madrid. Gilt mit seinem Teamkollegen Cristiano Ronaldo als schönster Mann unter den Weltklassefußballern.
E 2007, W 2007

Kalb, Hans (3.8.1899–5.4.1945)
In den 1920er-Jahren bester deutscher Spieler auf der Position des Mittelläufers. Er beschwerte sich gern lautstark beim Schiedsrichter. Beim Länderspiel gegen Uruguay während der Olympiade 1928 wurde er als Kapitän vom Platz gestellt.

Keegan, Kevin (*14.2.1951)
Erster Millionär der Bundesliga. Der kleine Mittelfeldspieler war von 1977 bis 1980 beim Hamburger SV Publikumsliebling und Superstar der Mannschaft. E 1978, 1979

Kirsten, Ulf (*4.12.1965)
Torgefährlicher Stürmer und Nationalspieler (49 Länderspiele für die DDR, 51 für die BRD). Spielte zuerst bei Dynamo Dresden und wurde später bei Bayer Leverkusen zu einem der erfolgreichsten Bundesligatorjäger.

Klinsmann, Jürgen (*30.7.1964)
Beliebter und torgefährlicher Stürmer. Der gelernte Bäcker begann seine Karriere bei den Stuttgarter Kickers. Weitere Stationen: VfB Stuttgart, Inter Mailand, AS Monaco, die Tottenham Hotspurs und Bayern München. 1990 wurde er Welt-, 1996 Europameister. Zum UEFA-Cup-Sieg der Bayern 1996 steuerte „Klinsi" in 12 Spielen 15 Tore bei. War von 2004 bis zur WM 2006 Bundestrainer.

Klose, Miroslav (*9.6.1978)
Einer der besten deutschen Stürmer, wurde bei der WM 2006 Torschützenkönig (5 Treffer). Nach erfolgreichen Jahren bei Werder Bremen ging er 2007 zu Bayern München.

Köpke, Andreas (*12.3.1962)
Torhüter mit tollen Reflexen. Verhinderte mehrmals den Abstieg des 1. FC Nürnberg. Europameister 1996. Weltbester Torhüter 1996. Seit 2004 Bundes-Torwarttrainer.

Kohler, Jürgen (*6.10.1965)
Zuverlässiger Manndecker und langjähriger Nationalspieler (105 Länderspiele, 2 Tore). Weltmeister 1990. Vereine: Bayern München, Juventus Turin, Borussia Dortmund.

Krankl, Hans (*14.2.1953)
Torjäger (Rapid Wien, FC Barcelona). Von 1974 bis 1985 war er der berühmteste Stürmer Österreichs. Zum 3:2-Sieg Österreichs über die BRD bei der WM 1978 steuerte er zwei Treffer bei.

Kuzorra, Ernst
(16.10.1905–1.1.1990)
Stürmer der berühmten Mannschaft von Schalke 04, die zwischen 1934 und 1942 sechsmal Deutscher Meister wurde.

Lahm, Philipp (*11.11.1983)
Der kleine Außenverteidiger, der rechts wie links spielen kann, sorgt mit schnellen Vorstößen an der Seitenlinie stets für Torgefahr. Sowohl beim FC Bayern wie in

der Nationalmannschaft hat er sich zu einem Führungsspieler entwickelt, der auch vor den Mikrofonen der Journalisten eine gute Figur macht.

LITTBARSKI, PIERRE (*16.4.1960)
Säbelbeiniger Stürmer des 1. FC Köln. Weltmeister 1990. Spielte am Ende seiner Karriere in Japan, heute Trainer in Liechtenstein.

MAIER, SEPP (*28.2.1944)
Mit Bayern München erfolgreichster deutscher Torhüter. Europa- (1972) und Weltmeister (1974). Wenn er im Spiel nicht beschäftigt war, machte er gerne Späße. Einmal versuchte er, eine Ente zu fangen, die zufällig in seinem Strafraum gelandet war.

MARADONA, DIEGO (*30.10.1960)
Weltbester Fußballer der 1980er-Jahre. Führte in der argentinischen Weltmeistermannschaft von 1986 Regie. 1987 versetzte er ganz Neapel in einen Freudentaumel, als das süditalienische Team erstmals Meisterschaft und Pokal gewann. Bei der WM 1994 wurde er des Dopings überführt. 2008 wurde der Mann, der in seiner Heimat bis heute wie ein Gott verehrt wird, Trainer der Nationalmannschaft Argentiniens.

MATTHÄUS, LOTHAR (*21.3.1961)
Dynamischer Mittelfeldspieler, Nationalmannschaftskapitän und Weltmeister 1990. Der ehrgeizige „Dauerbrenner" (150 Länderspiele von 1980 bis 2000) feierte auch nach schweren Verletzungen immer wieder ein Comeback. Mit Bayern München und Inter Mailand gewann er alle möglichen Titel – bis auf den Europapokal der Landesmeister. Außerhalb des Fußballplatzes sorgte er mit seinem „Plappermaul" ständig für Aufregung. 2004 wurde er Trainer, blieb bislang aber ohne große Erfolge. E 1990, W 1990, 1991

MATTHEWS, STANLEY (1.2.1915–23.2.2000)
Trickreicher Rechtsaußen, erfand den „Matthews-Trick". War Profispieler bis zu seinem 50. Lebensjahr (886 Spiele). 1965 wurde er von der englischen Queen zum Sir geadelt. Dabei sagte sie: „Stan, Sie sind eine Legende." E 1956

MESSI, LIONEL (*24.6.1987)
Der wendige Argentinier vom FC Barcelona gilt als einer der trickreichsten und gefährlichsten Stürmer der Welt. Der Dribbelkönig wurde 2009 zum weltbesten Fußballer gewählt. Wegen seiner relativ geringen Körpergröße (1,69 Meter) und seiner hastigen Bewegungen trägt er den Spitznamen „La Pulga" („Der Floh"). E 2009, W 2009

MÜLLER, GERD (*3.11.1945)
Der erfolgreichste deutsche Torjäger aller Zeiten (365 Bundesligatore für den FC Bayern, davon 40 Tore in der Saison 1971/72, 68 Länderspieltore in 62 Spielen, 14 WM-Tore). 1972 wurde er Europa- und 1974 Weltmeister. Sein erster Trainer in München, Tschik Cajkovski, hatte diese Karriere nicht vorausgesehen. Er meinte, dass aus dem „kleinen Dicken" nie etwas werden würde. E 1970

NETZER, GÜNTER (*14.9.1944)
Spielmacher der deutschen Superelf, die 1972 Europameister wurde. Zweifacher Deutscher Meister mit Mönchengladbach und zweifacher Spanischer Meister mit Real Madrid. Heute sieht man ihn oft im Fernsehen, wenn er Fußballspiele kommentiert.

OVERATH, WOLFGANG (*29.9.1943)
Der brillante Techniker wurde als 20-Jähriger mit dem 1. FC Köln erster Bundesligameister. In der Nationalelf stritt er lange Zeit mit Günter Netzer um die Position des Spielmachers. 1974 setzte er sich gegen den Gladbacher durch und wurde Weltmeister.

PELÉ (*23.10.1940)
Bester Fußballer aller Zeiten. Der geschmeidige und torgefährliche Mittelfeldspieler des FC Santos machte das Trikot mit der Rückennummer 10 berühmt. Mit Brasilien wurde er 1958, 1962 und 1970 Weltmeister. Insgesamt bestritt er 1 363 Spiele und schoss 1 281 Tore. Seine Karriere beendete er 1977 neben Franz Beckenbauer bei Cosmos New York.

PLATINI, MICHEL (*21.6.1955)
Genialer Regisseur aus Frankreich, spielte bei AS St. Etienne und Juventus Turin. Dreimal in Folge wurde er Torschützenkönig in Italien, dreimal in Folge wählte man ihn zu „Europas Fußballer des Jahres". 1984 führte er die französische Nationalmannschaft zur Europameisterschaft. E 1983–1985

PODOLSKI, LUKAS (*4.6.1985)
Im November 2003 kickte „Poldi" noch in der A-Jugend des 1. FC Köln. Es folgte ein rasanter Aufstieg, der ihn bis in die A-Nationalmannschaft führte (obwohl er mit dem FC Köln zunächst nur in der 2. Liga spielte). Nach vier Jahren beim FC Bayern, wo er sich nie so richtig durchsetzen konnte, kehrte er 2009 zu seinem Stammverein nach Köln zurück. Auch wenn ihm der ganz große Durchbruch bisher noch nicht gelungen ist, zeigte er sich in der Nationalmannschaft stets als einer der torgefährlichsten Stürmer.

PUSKÁS, FERENCZ (*2.4.1927)
Stürmer, berühmt für seinen starken linken Fuß. Er war der Star der ungarischen Superelf der 1950er-Jahre. Von 1958 bis 1960 gewann er mit Real Madrid dreimal in Folge den Europacup der Landesmeister. In der spanischen Liga wurde er viermal Torschützenkönig. Insgesamt brachte er es bis zum Ende seiner Karriere 1965 auf 1 176 Treffer.

RAHN, HELMUT (16.8.1929–14.8.2003)
Stürmer von Rot-Weiß Essen. Im WM-Endspiel 1954 schoss der „Boss" das entscheidende Tor zum 3:2 gegen Ungarn.

RAÚL (*27.6.1977)
Der geschmeidige Offensivspieler erregte bereits als 17-Jähriger bei Real Madrid mit begeisternden Dribblings Aufsehen und legte dann auch in der spanischen Nationalelf eine erfolgreiche Karriere hin.

RIBÉRY, FRANCK (7.4.1983)
Der kleine französische Mittelfeldspieler, seit 2007 beim FC Bayern München, erlebte als Kind einen schweren Autounfall, von dem er eine große Gesichtsnarbe zurückbehalten hat. Heute sorgt er auf dem Fußballplatz mit seinen tollen Dribblings für ordentlich Dampf und begeistert das Publikum.

RONALDINHO (*21.3.1980)
Überragender Ballkünstler des FC Barcelona und der brasilianischen Nationalmannschaft. Ronaldinho sagt von sich, dass er nicht nur gewinnen, sondern beim Fußball auch Spaß haben will. Seit er 2008 zum AC Mailand wechselte, haben die Leistungen des einst weltbesten Fußballers deutlich nachgelassen. E 2005, W 2004, W 2005

RONALDO (*22.9.1976)
Der schnelle und sehr trickreiche Stürmer aus Brasilien war der Superstar der Jahre 1996 bis 2002. Er enttäuschte bei der WM 1998, feierte aber dann ein tolles Comeback

und wurde 2002 mit Brasilien Weltmeister. Ronaldo gehörte mit Figo und Zidane zum Team der „Galaktischen“ von Real Madrid. Inzwischen ist seine größte Zeit vorbei, und er kickt wieder in seiner Heimat in Sao Paulo. E 1997, 2002 W 1996, 1997, 2002

Rooney, Wayne (*24.10.1985)

Bulliger Stürmer, Spitzname „Roonaldo“. Er bestritt als 16-Jähriger sein erstes Spiel in der Premier League für den FC Everton. Im englischen Nationalteam eroberte er sich während der EM 2004 in Portugal mit seiner kraftvollen und wilden Spielweise die Herzen der Zuschauer. Manchester United sicherte sich seine Dienste für knapp 40 Millionen Euro.

Rummenigge, Karl-Heinz (*25.9.1955)

Schneller, dribbelstarker Stürmer (Bayern München, Inter Mailand) mit zahlreichen Erfolgen: 95 Länderspiele (45 Tore), Europameister 1980, Vizeweltmeister 1982, 1986. Dreimal Bundesliga-Torschützenkönig. Seit 2002 Vorstandsvorsitzender von Bayern München. E 1980, 1981

Sammer, Matthias (*5.9.1967)

Unermüdlicher Antreiber im Mittelfeld. Mit Dynamo Dresden wurde er DDR-Meister, mit dem VfB Stuttgart und Borussia Dortmund Meister in der Bundesliga. Höhepunkt in der Laufbahn des rothaarigen „Feuerkopfes“ war der Gewinn der Europameisterschaft 1996. Eine Knieverletzung beendete seine Karriere. E 1996

Schön, Helmut (15.9.1915–23.2.1996)

Klassestürmer des Dresdener SC in den 1940er-Jahren. Der „Lange“ wurde als Trainer der BRD-Nationalmannschaft 1972 Europa- und 1974 Weltmeister.

Schweinsteiger, Bastian (*1.8.1984)

Obwohl beim FC Bayern manchmal auf der Bank, konnte der dribbel- und schussstarke „Basti“ in der Nationalelf oft begeistern. Bei der WM 2006 erzielte er im Spiel um den dritten Platz zwei tolle Tore. Mit 22 Jahren hatte er damals bereits 34 Länderspieleinsätze: ein Rekord in diesem Alter.

Seeler, Uwe (*5.11.1936)

Kopfballstarker und beliebter Stürmer. Von 1953 bis 1972 schoss der Torjäger in 916 Spielen für den Hamburger SV 772 Tore. Als Nationalspieler brachte er es auf 72 Einsätze und 43 Tore. Im Jahr 2001 sollte das neue Hamburger Stadion nach Seeler benannt werden. Doch dann bot ein Internetanbieter dem HSV 15 Millionen Euro für den Namen „AOL-Arena“. Heute heißt das Stadion HSH-Nordbank-Arena.

Sindelar, Matthias 10.2.1903–23.1.1939)

Herausragender Spieler des österreichischen Wunderteams der 1930er-Jahre. Er konnte den Ball so kunstvoll „streicheln“, dass ihn die Wiener einen „Mozart des Fußballs“ nannten.

Stefano, Alfredo di (*4.7.1926)

Torgefährlicher Spielmacher der Supermannschaft von Real Madrid, die fünfmal in Folge den Europapokal der Landesmeister gewann (1956–1960). Holte Landesmeistertitel in Argentinien (mit River Plate), in Kolumbien (mit Millionarios Bogota) und in Spanien (mit Real Madrid). In welcher Liga er auch spielte – er wurde immer Torschützenkönig. E 1957, 1959

Stuhlfauth, Heiner (11.1.1896–12.9.1966)

Erster Weltklassetorhüter Deutschlands. Gewann mit dem 1. FC Nürnberg zwischen 1920 und 1927 fünf deutsche Meisterschaften und spielte dabei in jedem Endspiel zu null.

Szepan, Fritz (2.9.1907–14.12.1974)

Technisch starker Spielmacher des FC Schalke 04. Er begründete zusammen mit seinem Schwager Ernst Kuzorra in den 1930er-Jahren den Ruhm des „Schalker Kreisels“.

Torres, Fernando (*20.03.1984)

Torgefährlicher, schneller Stürmer der spanischen Europameistermannschaft von 2008 und des FC Liverpool. Wird wegen seines jugendlichen Aussehens auch „El Niño“ („Das Kind“) genannt.

Van Nistelrooy, Ruud (*1.7.1976)

Gefürchteter Torjäger von Manchester United, Real Madrid und der niederländischen Nationalmannschaft.

Völler, Rudi (*13.4.1960)

Viel bejubelter Stürmer bei Werder Bremen, AS Rom und Olympique Marseille (Champions-League-Sieger 1993). Weltmeister 1990 (90 Länderspiele, 47 Tore). Bis 2004 Bundestrainer, seitdem Sportdirektor in Leverkusen.

Vogts, Berti (*30.12.1946)

Erfolgreicher Verteidiger bei Gladbach und in der Nationalelf (Weltmeister 1974). Trug den Spitznamen „Terrier“, weil er sich so verbissen an die Fersen seiner Gegner heftete. Als Bundestrainer Europameister 1996.

Walter, Fritz (31.10.1920–17.06.2002)

Genialer Mittelfeldspieler des 1. FC Kaiserslautern. Als Nationalspieler (61 Länderspiele, 33 Tore) lenkte er die Angriffe seiner Mannschaft mit großem taktischem Verständnis. 1954, als er die deutsche Nationalmannschaft zu ihrem ersten Weltmeistertitel führte, galt er als verlängerter Arm des Bundestrainers Sepp Herberger. Was „der Chef“ befahl, setzte „der Fritz“ auf dem Platz perfekt um.

Xavi (*25.01.1980)

Spanischer Supertechniker mit enorm vielen Ballkontakten. 2008 bester Spieler der EM und Champions-League-Sieger mit dem FC Barcelona. Er ist einer der zahlreichen Spieler (wie Messi, Iniesta, Krkic), die als Jugendliche in der berühmten Fußballschule des Vereins ausgebildet wurden.

Zamora, Ricardo (21.1.1901–18.9.1978)

Eleganter Torhüter des FC Barcelona. Galt in den 1920er- und 1930er-Jahren als der Beste seines Faches.

Zidane, Zinedine (*23.6.1972)

Galt über Jahre hinweg als bester Spieler der Welt und war einer der teuersten (2001 zahlte Real Madrid für ihn 76 Millionen Euro an Juventus Turin). Mit Frankreich 1998 Welt- und 2000 Europameister. Von Adidas bekam er anlässlich der Wahl zum Weltfußballer (2000) ein Paar goldene Fußballschuhe. Seine Karriere endete unrühmlich: Nach einem Kopfstoß gegen den Italiener Materazzi wurde er im WM-Finale 2006 vom Platz gestellt. Es war sein letztes Spiel in der französischen Nationalelf. E 1998, W 1998, 2000, 2003

Zoff, Dino (*28.2.1942)

Torhüter von Juventus Turin. Bestach durch seine unerschütterliche Ruhe. Der beliebte Schlussmann („Dino Nazionale“) wurde mit Italien 1968 Europa- und 1982 Weltmeister. Insgesamt bestritt er 112 Länderspiele.

Statistik

Deutschland
Sieger in der Meisterschaft

1903 VfB Leipzig
1905 Union 92 Berlin
1906 VfB Leipzig
1907 Freiburger FC
1908 Viktoria 89 Berlin
1909 Phönix Karlsruhe
1910 Karlsruher FV
1911 Viktoria 89 Berlin
1912 Holstein Kiel
1913 VfB Leipzig
1914 SpVgg Fürth
1920 1. FC Nürnberg
1921 1. FC Nürnberg
1923 Hamburger SV
1924 1. FC Nürnberg
1925 1. FC Nürnberg
1926 SpVgg Fürth
1927 1. FC Nürnberg
1928 Hamburger SV
1929 SpVgg Fürth
1930 Hertha BSC Berlin
1931 Hertha BSC Berlin
1932 FC Bayern München
1933 Fortuna Düsseldorf
1934 FC Schalke 04
1935 FC Schalke 04
1936 1. FC Nürnberg
1937 FC Schalke 04
1938 Hannover 96
1939 FC Schalke 04
1940 FC Schalke 04
1941 Rapid Wien
1942 FC Schalke 04
1943 Dresdner SC
1944 Dresdner SC

BR Deutschland:

1948 1. FC Nürnberg
1949 VfR Mannheim
1950 VfB Stuttgart
1951 1. FC Kaiserslautern
1952 VfB Stuttgart
1953 1. FC Kaiserslautern
1954 Hannover 96
1955 Rot-Weiß Essen
1956 Borussia Dortmund
1957 Borussia Dortmund
1958 FC Schalke 04
1959 Eintracht Frankfurt
1960 Hamburger SV
1961 1. FC Nürnberg
1962 1. FC Köln
1963 Borussia Dortmund

Deutsche Meister in der Bundesliga

1964 1. FC Köln
1965 SV Werder Bremen
1966 TSV 1860 München
1967 Eintracht Braunschweig
1968 1. FC Nürnberg
1969 FC Bayern München
1970 Borussia Mönchengladbach
1971 Borussia Mönchengladbach
1972 FC Bayern München
1973 FC Bayern München
1974 FC Bayern München
1975 Borussia Mönchengladbach
1976 Borussia Mönchengladbach
1977 Borussia Mönchengladbach
1978 1. FC Köln
1979 Hamburger SV
1980 FC Bayern München
1981 FC Bayern München
1982 Hamburger SV
1983 Hamburger SV
1984 VfB Stuttgart
1985 FC Bayern München
1986 FC Bayern München
1987 FC Bayern München
1988 SV Werder Bremen
1989 FC Bayern München
1990 FC Bayern München
1991 1. FC Kaiserslautern
1992 VfB Stuttgart
1993 SV Werder Bremen
1994 FC Bayern München
1995 Borussia Dortmund
1996 Borussia Dortmund
1997 FC Bayern München
1998 1. FC Kaiserslautern
1999 FC Bayern München
2000 FC Bayern München
2001 FC Bayern München
2002 Borussia Dortmund
2003 FC Bayern München
2004 SV Werder Bremen
2005 FC Bayern München
2006 FC Bayern München
2007 VfB Stuttgart
2008 Bayern München
2009 VfL Wolfsburg

Sieger im DFB-Pokal

1935 1. FC Nürnberg
1936 VfB Leipzig
1937 FC Schalke 04
1938 Rapid Wien
1939 1. FC Nürnberg
1940 Dresdner SC
1941 Dresdner SC
1942 TSV 1860 München
1943 Vienna Wien

BR Deutschland:

1953 Rot-Weiß Essen
1954 VfB Stuttgart
1955 Karlsruher SC
1956 Karlsruher SC
1957 FC Bayern München
1958 VfB Stuttgart
1959 Schwarz-Weiß Essen
1960 Borussia Mönchengladbach
1961 SV Werder Bremen
1962 1. FC Nürnberg
1963 Hamburger SV
1964 TSV 1860 München
1965 Borussia Dortmund
1966 FC Bayern München
1967 FC Bayern München
1968 1. FC Köln
1969 FC Bayern München
1970 Kickers Offenbach
1971 FC Bayern München
1972 FC Schalke 04
1973 Borussia Mönchengladbach
1974 Eintracht Frankfurt
1975 Eintracht Frankfurt
1976 Hamburger SV
1977 1. FC Köln
1978 1. FC Köln
1979 Fortuna Düsseldorf
1980 Fortuna Düsseldorf
1981 Eintracht Frankfurt
1982 FC Bayern München
1983 1. FC Köln
1984 FC Bayern München
1985 Bayer 05 Uerdingen
1986 FC Bayern München
1987 Hamburger SV
1988 Eintracht Frankfurt
1989 Borussia Dortmund
1990 1. FC Kaiserslautern
1991 SV Werder Bremen
1992 Hannover 96
1993 Bayer 04 Leverkusen
1994 SV Werder Bremen
1995 Borussia Mönchengladbach
1996 1. FC Kaiserslautern
1997 VfB Stuttgart
1998 FC Bayern München
1999 SV Werder Bremen
2000 FC Bayern München
2001 FC Schalke 04
2002 FC Schalke 04
2003 FC Bayern München
2004 SV Werder Bremen
2005 FC Bayern München

2006 FC Bayern München
2007 1. FC Nürnberg
2008 Bayern München
2009 Werder Bremen

Die besten deutschen Vereine

FC Bayern München
21 x Deutscher Meister, 14 x Deutscher Pokalsieger, 4 x Europacup der Landesmeister/Champions League, 1 x Europacup der Pokalsieger, 1 x UEFA-Cup, 2 x Weltpokal

1. FC Nürnberg
9 x Deutscher Meister, 4 x Deutscher Pokalsieger

FC Schalke 04
7 x Deutscher Meister, 4 x Deutscher Pokalsieger, 1 x UEFA-Cup

Hamburger SV
6 x Deutscher Meister, 3 x Deutscher Pokalsieger, 1 x Europacup der Pokalsieger, 1 x Europacup der Landesmeister

BV Borussia Dortmund
6 x Deutscher Meister, 2 x Deutscher Pokalsieger, 1 x Europacup der Pokalsieger, 1 x Champions League, 1 x Weltpokal

Borussia Mönchengladbach
5 x Deutscher Meister, 3 x Deutscher Pokalsieger, 2 x UEFA-Cup

VFB Stuttgart
5 x Deutscher Meister, 3 x Deutscher Pokalsieger

SV Werder Bremen
4 x Deutscher Meister, 6 x Deutscher Pokalsieger, 1 x Europacup der Pokalsieger

1. FC Kaiserslautern
4 x Deutscher Meister, 2 x Deutscher Pokalsieger

1. FC Köln
3 x Deutscher Meister, 4 x Deutscher Pokalsieger

SPVGG Greuther Fürth
3 x Deutscher Meister

Hannover 96
2 x Deutscher Meister, 1 x Deutscher Pokalsieger

Hertha BSC Berlin
2 x Deutscher Meister

Eintracht Frankfurt
1 x Deutscher Meister, 4 x Deutscher Pokalsieger, 1 x UEFA-Cup

Karlsruher SC
1 x Deutscher Meister, 2 x Deutscher Pokalsieger

TSV München 1860
1 x Deutscher Meister, 2 x Deutscher Pokalsieger

Bayer 04 Leverkusen
1 x Deutscher Pokalsieger, 1 x UEFA-Cup

Europa

Sieger im Europacup der Pokalsieger (letzter Titel 1999)

1961 AC Florenz
1962 Atletico Madrid
1963 Tottenham Hotspur
1964 Sporting Lissabon
1965 West Ham United
1966 Borussia Dortmund
1967 Bayern München
1968 AC Mailand
1969 Slovan Bratislava
1970 Manchester City
1971 Chelsea London
1972 Glasgow Rangers
1973 AC Mailand
1974 1. FC Magdeburg
1975 Dynamo Kiew
1976 RSC Anderlecht
1977 Hamburger SV
1978 RSC Anderlecht
1979 FC Barcelona
1980 FC Valencia
1981 Dynamo Tiflis
1982 FC Barcelona
1983 FC Aberdeen
1984 Juventus Turin
1985 FC Everton
1986 Dynamo Kiew
1987 Ajax Amsterdam
1988 KV Mechelen
1989 FC Barcelona
1990 Sampdoria Genua
1991 Manchester United
1992 Werder Bremen
1993 AC Parma
1994 Arsenal London
1995 Real Saragossa
1996 Paris St. Germain
1997 FC Barcelona
1998 Chelsea London
1999 Lazio Rom

Sieger im Europacup der Landesmeister (ab 1993 Champions League)

1956 Real Madrid
1957 Real Madrid
1958 Real Madrid
1959 Real Madrid
1960 Real Madrid
1961 Benfica Lissabon
1962 Benfica Lissabon
1963 AC Mailand
1964 Inter Mailand
1965 Inter Mailand
1966 Real Madrid
1967 Celtic Glasgow
1968 Manchester United
1969 AC Mailand
1970 Feyenoord Rotterdam
1971 Ajax Amsterdam
1972 Ajax Amsterdam
1973 Ajax Amsterdam
1974 Bayern München
1975 Bayern München
1976 Bayern München
1977 FC Liverpool
1978 FC Liverpool
1979 Nottingham Forest
1980 Nottingham Forest
1981 FC Liverpool
1982 Aston Villa
1983 Hamburger SV
1984 FC Liverpool
1985 Juventus Turin
1986 Steaua Bukarest
1987 FC Porto
1988 PSV Eindhoven
1989 AC Mailand
1990 AC Mailand
1991 Roter Stern Belgrad
1992 FC Barcelona
1993 Olympique Marseille
1994 AC Mailand
1995 Ajax Amsterdam
1996 Juventus Turin
1997 Borussia Dortmund
1998 Real Madrid
1999 Manchester United
2000 Real Madrid
2001 Bayern München
2002 Real Madrid
2003 AC Mailand
2004 FC Porto
2005 FC Liverpool
2006 FC Barcelona
2007 AC Mailand
2008 Manchester United
2009 FC Barcelona

Sieger im UEFA-Pokal (1958 bis 1971 Pokal der Messestädte, seit 2009 Europa League)

1972 Tottenham Hotspurs
1973 FC Liverpool
1974 Feyenoord Rotterdam
1975 Borussia Mönchengladbach
1976 FC Liverpool
1977 Juventus Turin
1978 PSV Eindhoven
1979 Borussia Mönchengladbach
1980 Eintracht Frankfurt
1981 Ipswich Town
1982 IFK Göteborg
1983 RSC Anderlecht

1984 Tottenham Hotspur
1985 Real Madrid
1986 Real Madrid
1987 IFK Göteborg
1988 Bayer Leverkusen
1989 SSC Neapel
1990 Juventus Turin
1991 Inter Mailand
1992 Ajax Amsterdam
1993 Juventus Turin
1994 Inter Mailand
1995 AC Parma
1996 Bayern München
1997 Schalke 04
1998 Inter Mailand
1999 AC Parma
2000 Galatasaray Istanbul
2001 FC Liverpool
2002 Feyenoord Rotterdam
2003 FC Porto
2004 FC Valencia
2005 ZSKA Moskau
2006 FC Sevilla
2007 FC Sevilla
2008 Zenit St. Petersburg
2009 Schachtjor Donezk

Die besten Vereine Europas

Real Madrid
9 x Europacup der Landesmeister/Champions League, 2 x UEFA-Cup, 3 x Weltpokal
AC Mailand
7 x Europacup der Landesmeister/Champions League, 2 x Europacup der Pokalsieger, 4 x Weltpokal
Ajax Amsterdam
4 x Europacup der Landesmeister/Champions League, 1 x Europacup der Pokalsieger, 1 x UEFA-Cup, 2 x Weltpokal
FC Liverpool
5 x Europacup der Landesmeister/Champions League, 3 x UEFA-Cup
Juventus Turin
2 x Europacup der Landesmeister/Champions League, 1 x Europacup der Pokalsieger, 3 x UEFA-Cup, 2 x Weltpokal
FC Barcelona
3 x Europacup der Landesmeister/Champions League, 4 x Europacup der Pokalsieger, 3 x Messepokal
Inter Mailand
2 x Europacup der Landesmeister/Champions League, 3 x UEFA-Cup, 2 x Weltpokal
Manchester United
3 x Europacup der Landesmeister/Champions League, 1 x Europacup der Pokalsieger, 2 x Weltpokal

Weltmeisterschafts-Endspiele

1930 in Uruguay:
Uruguay – Argentinien 4:2
1934 in Italien:
Italien – Tschechoslowakei 2:1 n.V.
1938 in Frankreich:
Italien – Ungarn 4:2
1950 in Brasilien:
Uruguay Weltmeister, kein Endspiel
1954 in der Schweiz:
BR Deutschland – Ungarn 3:2
1958 in Schweden:
Brasilien - Schweden 5:2
1962 in Chile:
Brasilien – Tschechoslowakei 3:1
1966 in England:
England – BR Deutschland 4:2 n.V.
1970 in Mexiko:
Brasilien – Italien 4:1
1974 in Deutschland:
BR Deutschland – Niederlande 2:1
1978 in Argentinien:
Argentinien – Niederlande 3:1 n.V.
1982 in Spanien:
Italien – BR Deutschland 3:1
1986 in Mexiko:
Argentinien – BR Deutschland 3:2
1990 in Italien:
BR Deutschland – Argentinien 1:0
1994 in USA:
Brasilien – Italien 0:0 n.V./3:2 i.E.
1998 in Frankreich:
Frankreich – Brasilien 3:0
2002 in Japan/Korea:
Brasilien – BR Deutschland 2:0
2006 in Deutschland:
Italien – Frankreich 1:1 n.V./5:3 i.E.

Europameisterschafts-Endspiele

1960 in Frankreich:
Sowjetunion – Jugoslawien 2:1 n.V.
1964 in Spanien:
Spanien – Sowjetunion 2:1
1968 in Italien:
Italien – Jugoslawien 1:1 n.V.; 2:0 nach Wiederholungsspiel
1972 in Belgien:
BR Deutschland – Sowjetunion 3:0
1976 in Jugoslawien:
Tschechoslowakei – BR Deutschland 2:2 n.V., 5:3 i.E.
1980 in Italien:
BR Deutschland – Belgien 2:1
1984 in Frankreich:
Frankreich – Spanien 2:0
1988 in Deutschland:
Niederlande – Sowjetunion 2:0
1992 in Schweden:
Dänemark – BR Deutschland 2:0
1996 in England:
BR Deutschland – Tschechien 2:1 n.V
2000 in Belgien und den Niederlanden:
Frankreich – Italien 2:1 n.V.
2004 in Portugal:
Griechenland – Portugal 1:0
2008 in Österreich und der Schweiz:
Deutschland – Spanien 0:1

Die erfolgreichsten Fußball-Nationen

Brasilien
Weltmeister 1958, 1962, 1970, 1994, 2002
8 x Copa America
Deutschland
Weltmeister 1954, 1974, 1990
Europameister 1972, 1980, 1996
Italien
Weltmeister 1934, 1938, 1982, 2006
Europameister 1968
Argentinien
Weltmeister 1978, 1986
14 x Copa America
Uruguay
Weltmeister 1930, 1950
14 x Copa America
Frankreich
Weltmeister 1998
Europameister 1984, 2000
England
Weltmeister 1966

Die deutsche Nationalmannschaft (DFB) in der Statistik

Gesamtbilanz nach DFB (5.4.1908 bis 31.12.2009):
825 Spiele, 473 Siege, 169 Unentschieden, 183 Niederlagen, 1 837:988 Tore

Ganz aktuell auf: www.dfb.de

Rekordspieler:
1. Lothar Matthäus: 150 Länderspiele
2. Jürgen Klinsmann: 108 Länderspiele
3. Jürgen Kohler: 105 Länderspiele
4. Franz Beckenbauer: 103 Länderspiele
5. Thomas Häßler: 101 Länderspiele

Torjäger:
1. Gerd Müller: 68 Tore/62 Länderspiele
2. Miroslav Klose: 48 Tore/93 Länderspiele
3. Jürgen Klinsmann: 47 Tore/108 Länderspiele; Rudi Völler: 47 Tore/90 Länderspiele

Die meisten Tore im Durchschnitt:
Ernst Willimowski (8 Länderspiele/13 Tore): 1,6 Tore pro Spiel

Höchster Sieg:
16:0 gegen Russland (1.7.1912, Stockholm)

Höchste Niederlage:
0:9 gegen England (16.3.1909, Oxford)

Die meisten Tore in einem Spiel:
Gottfried Fuchs: 10 Tore
(Deutschland – Russland 16:0, 1912)
Otto Siffling („Breslau-Elf“): 5 Tore
(Deutschland – Dänemark 8:0, 1937)

Ewige WM-Tabelle

Pos.	Land (WM-Teilnahmen)	Spiele[1]	G	U	V	Tore	Punkte[2]
1	Brasilien (18)	92	64	14	14	201:84	206
2	Deutschland (16)	92	55	19	18	190:112	184
3	Italien (16)	77	44	19	14	122:69	151
4	Argentinien (14)	65	33	13	19	113:74	112
5	England (12)	55	25	17	13	74:47	92
6	Frankreich (12)	51	25	10	16	95:64	85
7	Spanien (12)	49	22	12	15	80:57	78
8	Schweden (11)	46	16	13	17	74:69	61
9	Niederlande (8)	36	16	10	10	59:38	58
10	UdSSR/Russland (9)	37	17	6	14	64:44	57
11	Jugoslawien/Serbien und Montenegro (10)	40	16	8	16	62:56	56
12	Uruguay (10)	40	15	10	15	65:57	55
13	Polen (7)	31	15	5	11	44:40	50
14	Ungarn (9)	32	15	3	14	87:57	48
15	Mexiko (13)	45	11	12	22	48:84	45
16	Österreich (7)	29	12	4	13	43:47	40
17	Belgien (11)	36	10	9	17	46:63	39
18	Tschechoslowakei (8)	30	1	15	14	44:45	38
19	Portugal (4)	19	1	1	17	32:21	34
20	Rumänien (7)	21	8	5	8	30:32	29
21	Schweiz (8)	26	8	5	13	37:51	29
22	Chile (7)	25	7	6	12	31:40	27
23	Paraguay (7)	22	6	7	9	27:36	25
24	Dänemark (3)	13	7	2	4	24:18	23
25	USA (8)	25	6	3	16	27:51	21
26	Kroatien (3)	13	6	2	5	15:11	20
27	Kamerun (5)	17	4	7	6	15:29	19
28	Schottland (8)	23	4	7	12	25:41	19
29	Südkorea (7)	24	4	7	13	22:53	19
30	Bulgarien (7)	26	3	8	15	22:53	17
31	Türkei (2)	10	5	1	4	20:17	16
32	Peru (4)	15	4	3	8	19:31	15
33	Irland (3)	13	2	8	3	10:10	14
34	Nordirland (3)	13	3	5	5	13:23	14
35	Nigeria (3)	11	4	1	6	14:16	13
36	Kolumbien (4)	13	3	2	8	14:23	11
37	Marokko (4)	13	2	4	7	12:18	10
38	Costa Rica (3)	10	3	1	6	12:21	10
39	Ecuador (2)	7	3	0	4	7:8	9
40	Norwegen (3)	8	2	3	3	7:8	9
41	Senegal (1)	5	2	2	1	7:6	8
42	DDR (1)	6	2	2	2	5:5	8
43	Japan (3)	10	2	2	6	8:14	8
44	Saudi-Arabien (4)	13	2	2	9	9:32	8
45	Ukraine (1)	5	2	1	2	5:7	7
46	Algerien (2)	6	2	1	3	6:10	7
47	Tunesien (4)	12	1	4	7	8:17	7
48	Wales (1)	5	1	3	1	4:4	6
49	Ghana (1)	4	2	0	2	4:6	6
50	Südafrika (2)	6	1	3	2	8:11	6
51	Australien (2)	7	1	2	4	5:11	5
52	Iran (3)	9	1	2	6	6:18	5
53	Nordkorea (1)	4	1	1	2	5:9	4
54	Kuba (1)	3	1	1	1	5:12	4
55	Elfenbeinküste (1)	3	1	0	2	5:6	3
56	Tschechien (1)	3	1	0	2	3:4	3
57	Jamaika (1)	3	1	0	2	3:9	3
58	Honduras (1)	3	0	2	1	2:3	2
59	Angola (1)	3	0	2	1	1:2	2
60	Israel (1)	3	0	2	1	1:3	2
61	Ägypten (2)	4	0	2	2	3:6	2
62	Kuwait (1)	3	0	1	2	2:6	1
63	Trinidad und Tobago (1)	3	0	1	2	0:4	1
64	Bolivien (3)	6	0	1	5	1:20	1
65	Irak (1)	3	0	0	3	1:4	0
66	Slowenien (1)	3	0	0	3	2:7	0
67	Togo (1)	3	0	0	3	1:6	0
68	Kanada (1)	3	0	0	3	0:5	0
69	Niederländisch Indien (1)	1	0	0	1	0:6	0
70	Ver. Arab. Emirate (1)	3	0	0	3	2:11	0
71	China (1)	3	0	0	3	0:9	0
72	Neuseeland (1)	3	0	0	3	2:12	0
73	Griechenland (1)	3	0	0	3	0:10	0
74	Haiti (1)	3	0	0	3	2:14	0
75	Zaire (1)	3	0	0	3	0:14	0
76	El Salvador (2)	6	0	0	6	1:22	0

(1) 1934 und 1938 sind insgesamt vier Achtel- bzw. Viertelfinalbegegnungen nach Unentschieden erst in Wiederholungsspielen entschieden worden. In diese Tabelle sind jeweils beide Spiele separat eingegangen. Berücksichtigt sind außerdem insgesamt fünf zusätzliche Platzierungsspiele, die 1954 und 1958 nach Ende der Gruppenrunden erforderlich waren, weil die Tordifferenzen punktgleicher Teams damals kein Kriterium für die Platzierung waren.

(2) Siege sind mit 3 Punkten gewertet worden, Unentschieden mit 1 Punkt. Spiele, die im Elfmeterschießen entschieden worden sind, sind in diese Tabelle als Unentschieden eingegangen.

INDEX

A,B,C

Abseits 29, 36, 37, 52, 54
Abseitsfalle 54, 56
Abstoß 28, 29, 43
Andrade, José Leandro 90, 114
Angerer, Nadine 26, 27
Asamoah, Gerald 98
Auswärtstor-Regelung 82
Auswechslung 32
Bajramaj, Fatmire 26
Ballack, Michael 66, 98, 99, 106, 114
Baresi, Franco 54, 86
Basler, Mario 58, 114
Basten, Marco van 86, 110, 114
Beckenbauer, Franz 45, 51, 72, 80, 85, 88, 94–96, 112, 114
Beckham, David 58, 83 114
Bickel, Alfred 91
Bierhoff, Oliver 96, 97, 99, 112, 114
Binder, Franz 49, 64, 65
Brehme, Andreas 58, 96, 114
Breitner, Paul 51, 72, 83, 94, 95, 114
Breslau-Elf 53, 91
Buchwald, Guido 69, 96, 114
Bundesliga 60–62, 65–72
Bundesligavereine 72–75
Calcio 10
Catenaccio 54
Champions League 78, 79
Chapman, Herbert 52
Charlton, Bobby 47, 87 114
Coaching Zone 28
Corinthians 14, 15, 19
Cristiano Ronaldo 32, 48, 49, 59, 81, 86, 107, 114
Cruyff, Johan 47, 57, 80, 86, 87, 94, 114

D,E,F

Dean, Dixie 37, 114
Defensive 50, 51, 54
Derby 9, 65
Deutsche Meisterschaft 21, 23, 60–70, 76
DFB 21, 22, 25, 60–62, 66, 76
DFB-Pokal 61, 64, 70
DFL 61
Double 64, 70, 73
Dribbling 39, 48, 54, 56
Drogba, Didier 40, 105, 115
Dropkick 41
Eckstoß 28, 29, 58, 59
Effet 41, 58, 59
Eigentor 31
Elfmeterschießen 61, 70, 82
Europacup 78–86
Europameisterschaft (EM) der Frauen 26
Europameisterschaft (EM) der Männer 78, 89, 94–97, 99, 101
Eusebio 38, 81, 115
Fair Play 14, 15
FIFA 28, 53, 85, 88, 90, 98
Figo, Luis 32, 77, 86, 115
Fischer, Klaus 48, 75, 95 115
Foulspiel 29, 34, 35, 45
Frauen-Bundesliga 25, 26
Frauenfußball 24–27
Freistoß 34–37, 54, 58, 59

G,H,I

Garrincha 48, 93, 115
Gelbe Karte 29, 35, 110
Gentlemen-Fußball 14, 15, 18
Golden Goal 33, 97
Gullit, Ruud 86, 96, 115
Hacking 13
Häßler, Thomas 58, 75, 96, 110, 115
Happel, Ernst 57
Henry, Thierry 56, 77, 87, 106, 115
Herberger, Sepp 53, 56, 91, 92
Hitzfeld, Ottmar 50
Hoeneß, Uli 51, 71, 83, 95, 115
Hooligans 84
Hrubesch, Horst 49, 72, 78, 95, 113
Ibrahimovic, Zlatan 87, 115

J,K,L

Jaschin, Lew 43, 115
Jugendfußball 76, 77
Kahn, Oliver 42, 66, 72, 75, 83, 98, 99, 115
Kaká 80, 86, 108, 115
Kalb, Hans 52, 53, 63, 91, 115
Kaltz, Manfred 41, 56, 75
Keegan, Kevin 66, 72, 87, 115
Kinderprofis 77
Klassisches System 52, 53
Klinsmann, Jürgen 30, 84, 87, 96, 99, 100, 110, 111 115
Klose, Miroslav 45, 48, 98, 100, 115
Klub-Weltmeisterschaft 85
K.o.-System 18, 27, 60, 65, 79, 88
Köpke, Andreas 96, 97, 115
Kohler, Jürgen 44, 115
Konter 54, 94
Kopfball 40, 44, 45
Lahm, Philipp 55, 76, 106, 115
Lehmann, Jens 68
Libero 44, 45, 54
Libuda, Stan 78
Ligasystem 60, 79
Linienrichter 34
Löw, Joachim 99, 100, 101

M,N,O

Maier, Sepp 51, 72, 75, 95, 116
Magath, Felix 51, 72
Manndeckung 50, 55
Maradona, Diego 87, 96, 113, 116
Matthäus, Lothar 70, 72, 87, 96, 111, 116
Matthews, Stanley 48, 56, 116
Mauer 59
Mertesacker, Per 45
Messi, Lionel 48, 56, 87, 108, 116
Müller, Gerd 48, 49, 51, 54, 67, 72, 75, 83, 90, 94, 95, 111, 113, 116
Nachwuchsförderung 76
Neuer, Manuel 43, 77
Netzer, Günter 47, 51, 59, 72, 82, 94, 116
Oberliga 61, 65, 66, 72
Offensive 56
Overath, Wolfgang 39, 66, 73, 95, 116

P,R,S

Passpyramide 52
Pelé 47, 49, 52, 56, 93, 111, 116
Platini, Michel 46, 47, 87, 110, 116
Podolski, Lukas 48, 57, 73, 76, 116
Pressing 57
Prinz, Birgit 27
Profifußball 61, 66, 71
Puskás, Ferencz 49, 82, 92 116
Rahn, Helmut 92, 93, 116
Raumdeckung 55
Rehhagel, Otto 56, 73, 81, 85, 89, 99
Ribéry, Franck 39, 72, 106, 116
Ronaldinho 39, 48, 86, 98 116
Ronaldo 88, 99, 111, 116
Rooney, Wayne 48, 87, 106, 117
Rote Karte 35
Rugby 10–14
Rummenigge, Karl-Heinz 72, 83, 87, 95, 117
Sammer, Matthias 71, 73, 96, 97, 117
Schalker Kreisel 53, 64
Schiedsrichter 14, 15, 28, 29, 34, 35
Schiedsrichterassistent 34, 36
Schön, Helmut 51, 65, 94, 95, 111, 117
Schweinsteiger, Bastian 76, 100, 106, 117
Seeler, Uwe 65, 72, 94 117
Silver Goal 33, 97
Soccer 13, 14
Sperre 35
Spielertransfer 81
Spielfeld 28, 29
Spielmacher 47
Spielsystem 51–53
Standardsituation 58, 59
Strafraum 28, 29
Strafstoß 14, 15, 28, 29, 34, 58
Stuhlfauth, Heiner 52, 62, 72, 117

T,U,V

Tackling 44, 45
Taktik 50–59
Technische Zone 28
Torraum 28
Trapattoni, Giovanni 55
UEFA 78, 79, 82, 84, 89, 97
UEFA-Cup 78, 79, 80, 84, 85
Vereine Europas 86–87
Vereinsfußball 60, 61, 79
Verlängerung 33
Völler, Rudi 77, 96, 99, 117
Vogts, Berti 95, 96, 97, 112, 117
Volley 41

W,Z

Walter, Fritz 32, 38, 75, 92, 112, 117
Weisweiler, Hennes 57, 67
Weltmeisterschaft (WM) der Frauen 24–27
Weltmeisterschaft (WM) der Männer 88–109
Weltpokal 85
Wembley-Tor 30, 94
Wiener Schule 53
WM-System 52, 53
Zidane, Zinedine 40, 47, 81, 86, 97, 110, 117

BUCKAROO BILL
THE CHAMPION
keeps up the old form!

Wilton-House-Diptychon: Johannes der Täufer empfiehlt König Richard II. der Muttergottes und dem Kind, um 1395.

Bild- und Quellennachweis

Danksagungen

Für die großzügige Unterstützung bei der Gestaltung dieses Buches danken Autorin und Verlag der Privatsammlung Hans Fasold, München für die Bereitstellung der historischen Motive.

Ebenso danken wir dem Erzgebirgischen Spielzeugmuseum, Seiffen, dafür, uns die Dias einiger Ausstellungsstücke zur Verfügung gestellt zu haben. Auch ist der CPC Deutschland GmbH/ Treffpunkt Küche für die Bereitstellung ihrer Motive zu danken, sowie den Fotografen für ihre Bilder, den Verlagen und Rechteinhabern für die freundlich erteilten Abdruckgenehmigungen ihrer Texte.

1. Advent, Advent

(2) Fra Angelico, Engel (Detail aus der Krönung Mariens), um 1434/35. Tafelbild, Florenz, Uffizien; (6/7) Simone Martini, Engel und Maria der Verkündigung, nach 1339. Leinwand auf Holz, Antwerpen, Koninklijk Museum voor Schone Kunsten; (8) Martin Schongauer, Das segnende Jesuskind, zweite Hälfte 15. Jh. Paris, Bibliothèque Nationale; (9) Geburt Christi (Ausschnitt aus dem Weihnachtsfenster), um 1315. Königsfelden, ehemalige Klosterkirche; (10) Ludwig Richter, Zeichnung, 19.Jh.; (12) J.F. de Götz, Knecht Ruprecht, 1784. Radierung, München, Stadtmuseum; (13) C. Huth, Christkind im Elsaß, um 1868. Zeichnung; (16) Foto: Klaus Ender; (17) Carl Larsson (1853-1919), Die Lichtbringerin. Graphik; (17) Foto: Christian Heeb; (20) Foto: Klaus Ender; (21) Richard Ernst Kepler, Der Weihnachtsbaum, um 1915. Verlag Reichhold & Lang, »zweite Ausgabe«, München; (22) Fritz Eckle, »Das Land der Bibel«, München 1965. Adolf Korsch Verlag, Nr. 381; (23) Foto: Ingeborg Lehmann; (24) »Im Lande des Christkinds«. Rückwand mit aufgeklebten Einzelbildern. Einer der ersten Adventskalender, Anfang des 20. Jh.; (25) Foto: Ingeborg Lehmann; (27) Foto: Heinz Erhardt; (28/29) Foto: Ulrike Schneiders; (30) Foto (Mitte): Auerbach für das Erzgebirgische Spielzeugmuseum, Seiffen; (31) Foto (oben rechts): Georgi für das Erzgebirgische Spielzeugmuseum, Seiffen; (31) Foto (unten rechts): Langhammer für das Erzgebirgische Spielzeugmuseum, Seiffen; (32) Werner Zehme, Weihnachtsparade der Nußknacker; (33) Foto (oben): Weihnachtspyramide um 1890, Erzgebirgisches Spielzeugmuseum, Seiffen; (33) Räuchermännchen aus dem Erzgebirge, Anfang 20.Jh.; (33) Daniel Nikolaus Chodowiecki, Häusliches Fest am Weihnachtsabend, 1797. Radierung aus Lang's Almanach für 1799; (36) Der Lebküchner. Nürnberg, Stadtgeschichtliche Museen; (38) Jan Steen, das St. Niklasfest, 17.Jh. Amsterdam, Rijksmuseum; (39) Printenmodeln, angefertigt nach älteren Vorlagen, um 1920; (40) Foto: Walter Pfisterer für Mondamin © CPC Deutschland GmbH/ Treffpunkt Küche; (41) Foto: hoyerdesign grafik gmbh, Freiburg; (43) Foto: Mondamin, © CPC Deutschland GmbH/ Treffpunkt Küche; (44) Foto Ulrike Schneiders; (45) Foto: Walter Pfisterer für Mondamin, © CPC Deutschland GmbH/ Treffpunkt Küche; (51) Pietro di Giovanni d'Ambrogio, Die Anbetung der Hirten (Ausschnitt aus dem Mittelteil eines Triptychons), erste Hälfte des 15.Jh.; (53) Foto: Walter Pfisterer für Pfanni, © CPC Deutschland GmbH/ Treffpunkt Küche; (54) Christian Gottfried Heinrich Geißler, Budenstadt im Lichterglanz. Kalenderblattentwurf für den Monat Dezember, um 1825. Aquarell; (57) Auf dem Nürnberger Christkindlmarkt. Aus: »Der Kindlas-Markt in Nürnberg oder wör die Krohmleut ihr Wes'n treib'n, a Kupferbouch für klani und graußi Kinder mit 24 g'moalt'n schwarz'n Kupfern«, Nürnberg bei G.N. Renner & Schuster. Nürnberg, Stadtbibliothek; (58) Foto: Ingeborg Lehmann; (59) Franz Barbarini (1802-1873), Weihnachtsmarkt »Am Hof« in Wien. München, Bayerische Staatsgemäldesammlungen.

2. Es weihnachtet sehr

(60/61) Melchior Broederlam, Gottvater, Retabel des Jacques de Baerze, vor 1399. Öl auf Holz, Dijon, Musée des Beaux Arts; (62) Aqua rosacea – Rosenwasser. Miniatur aus dem Hausbuch der Cerruti Codex Vindobonensis S.N. 2644 »Tacuinum sanitatis in medicina«, Ende 14.Jh. Österreichische Nationalbibliothek; (62) Pierre-Joseph Redouté (1759-1840), Rosa gallica pontiana; (63) Pierre-Joseph Redouté (1759-1840), Rosa alba regalis; (63) Martin Schongauer, Maria im Rosenhag, 1473. Öl auf Holz, Colmar, St.Martin, ausgestellt in der Dominikaner-Kirche; (65) Fresko aus der Casa del Frutteto, Pompeji, 1.Jh.n.Chr.; (66) Miniatur aus dem Hausbuch der Cerruti Codex Vindobonensis S.N.2644 »Tacuinum sanitatis in medicina«, Ende 14 Jh. Österreichische Nationalbibliothek; (67) Weihnachtliches Stilleben. Der Gabentisch eines Knaben. Wien, um 1840; (69) Lucas Cranach d.Ä., Adam und Eva, 1521. Öl auf Holz, Schleswig-Holsteinisches Landesmuseum; (70) Nikolaus Hartmann (zugeschrieben), Weihnachtsbescherung; (71) Illustration zu Johann Peter Hebels Alemannischen Gedichten (Ausgabe von 1820); (71) Weihnachtsengel, vermutlich Christbaumspitzen. Bäuerlicher Haushalt, mittlerer Schwarzwald, um 1900; (72) Der Weihnachtsbaum als Feldpostpaket, 1914-1918; (73) Christbaumständer mit Drehmechanismus und Musikwerk der Firma Eckard, 1879 patentiert; (74) Joseph Lada, Frisch gesägter Weihnachtsbaum; (75) Foto: Ulrike Schneiders; (75) Da liegt die Bescherung, nach einem Gemälde von A. Lüben, 1877; (77) Hans-Bossart-Zwerg, Rot-Ceramic 1995; (80) Franziska Schenkel. Der Nikolaus kommt; (83) Kolorierter Kupferstich aus Amalia Schoppe (1791-1858) »Die Pflegemutter und ihre Pflegetöchter. Ein unterhaltendes und belehrendes Lesebuch für Teutschlands gebildete Jugend beiderlei Geschlechts«, Leipzig o.J. (um 1839); (83) Zinnfigur aus der Biedermeierzeit; (84) Foto: Christian Heeb; (85) Plakat der Konsum-Geschäfte, Entwurf Horst Jockusch, 1950; (89) Weihnachtsfest im Kreis der Familie. Dezemberblatt aus einer Folge von sechs Bilderbogen, 1850er Jahre. Kolorierte Kreidelithographie, Bilderbogen »No.290«. Erschienen bei Winckelmann & Söhne, Berlin.

3. Der Weihnachtsschmaus

(92/93) Willem Kalf, Stilleben mit Akeleipokal, Obstschüssel und Gläsern, um 1655. Öl auf Leinwand, Hannover, Niedersächsisches Landesmuseum; (98) Martin Schongauer, Wildschweinfamilie, zweite Hälfte 15.Jh. Federzeichnung in Braun, Hamburg, Kunsthalle; (99) Peter von der Heden, Bauern beim Schlachten, Kupferstich, Nürnberg, Germanisches Nationalmuseum; (100/101) Martin teilt seinen Mantel mit den Armen am Stadttor von Amiens, um 1230. Glasfenster aus der Kirche von Varenne-Jarcy, Essone, Paris, Musée de Cluny; (102) Foto: Knorr, © CPC Deutschland GmbH/ Treffpunkt Küche; (103) Bernardo Strozzi, Die Köchin, erste Hälfte des 17.Jh. Öl auf Leinwand, Genua Palazzo Rosso; (109) Foto: Knorr, © CPC Deutschland GmbH/ Treffpunkt Küche; (110) Foto: Knorr, © CPC Deutschland GmbH/ Treffpunkt Küche.

4. Das Fest der Feste

(112/113) Duccio di Buoninsegna, Anbetung der Könige (Ausschnitt aus der Predella der Maestà), 1308-1311. Öl auf Holz, Siena, Opera del Duomo; (114) Moritz von Schwind, Herr Winter. Aus: Die Christnacht; (117) Foto: Karl-Heinz Raach; (119) Thomas Nast, Merry Old Santa Claus. Aus: Harper's Weekly, Jan. 1, 1881; (120) Englische Postkarte von 1890; (121) Melozzo da Forli, Musikengel, 1480. Fresko, Sammlungen des Vatikan; (124) Stefan Lochner, Madonna im Rosenhag, um 1448. Öl auf Holz, Köln, Wallraf-Richartz-Museum; (125) Walter Buhe, Leuchter in Siebenbürgen, erste Hälfte des 20.Jh. Kolorierte Federzeichnung; (126) Zwei Musiker mit Harfe und Violine erfreuen eine Weihnachtsgesellschaft. Kolorierter Kupferstich aus einem unbekannten Kinderbuch, um 1810; (127) Engel aus illuminierter Haggada-Handschrift von 1583; (127) Burchard Dörbeck, Die alte Berliner Currende, Gesänge zur Weihnachtszeit vortragend, 1830; (129) Stefan Lochner, Musikengel (Ausschnitt aus »Madonna im Rosenhag«), um 1448. Öl auf Holz, Köln, WallrafRichartz-Museum; (130) Ridolfo Guariento, Die himmlischen Heerscharen, 14.Jh. Padua, Museo Civico; (131) Martin Schongauer, Engel der Verkündigung, zweite Hälfte des 15.Jh. Federzeichnung in Braun, Berlin, Kupferstichkabinett; (131) Erzengel Michael, Schmelzarbeit am Maurinusschrein, Ende des 12.Jh. Köln, St.Pantaleon;(131) Nürnberger Rauschgoldengel in verschiedenen Variationen, dargestellt in Spielzeugmusterbüchern des 19.Jh.; (132) Werkstatt Stefan Lochner, Anbetung des Kindes, erste Hälfte des 15.Jh. Tüchleinbild, Köln, Erzbischöfliches Diözesanmuseum; (133) Gerard van Honthorst, Anbetung der Hirten, 1622. Öl auf Leinwand, Köln, Wallraf-Richartz-Museum; (134) Sandro Botticelli, Madonna mit dem Granatapfel, zweite Hälfte des 15.Jh. Öl auf Holz, Florenz, Galleria degli Uffizi; (135) Das gewickelte Christkind in der Krippe mit Ochs und Esel. Teil von der Seitenverkleidung eines Altars, 12.Jh. Solsona, Museum; (136) Tiroler Kastenkrippe aus dem 18.Jh.; (136) »Dießener Christkindl« im Marienmünster Dießen; (139) Fra Angelico, Der kindliche Christus mit Segensgestus und Herrschaftsinsignien (Ausschnitt aus »Thronende Madonna mit Jesuskind«), erste Hälfte des 15.Jh.Fresko, Florenz, Museo di S.Marco; (141) Taddeo di Bartolo, Anbetung der Hirten (Predella des Triptychons mit der Verkündigung), erstes Viertel des 15.Jh. Siena, Pinakothek; (142/143) Wilton-House-Diptychon: Johannes der Täufer empfiehlt König Richard II. der Muttergottes und dem Kind, um 1395. Öl auf Holz, London, National Gallery.

Marie Luise Kaschnitz, Im Lauf der Zeit,
aus: dies., Orte © 1981 by Insel Verlag, Frankfurt/ Main.

Manfred Kyber, Der verliebte Pfefferkuchen, Der kleine Tannenbaum,
aus: ders., Gesammelte Tiergeschichten © 1972 by Rowohlt Verlag GmbH, Reinbek.

Selma Lagerlöf, Die Legende von der Christrose (Auszug),
aus: dies., Gesammelte Werke, II. Aus dem Schwedischen von Maria Franzos
© 1980 by Nymphenburger Verlagshandlung, München.

Cécile Ines Loos, Der Weihnachtsengel (Auszug),
aus: dies., Verzauberte Welt © 1985 by Leonardo Loos, Küssnacht.

Joachim Maass, Das Weihnachtsmahl (Auszug),
aus: ders., Die unwiederbringliche Zeit ©1985 by Suhrkamp Verlag, Frankfurt/Main.

Otfried Preußler, Die Möldnersche Weihnachtskrippe (Auszug),
aus: ders., Die Flucht nach Ägypten © 1991 by K.Thienemanns Verlag, Stuttgart-Wien-Bern.

Margret Rettich, Die Geschichte vom Weihnachtsbraten,
aus: dies., Wirklich wahre Weihnachtsgeschichten © 1976 by Annette Betz Verlag im Verlag Ueberreuter, Wien-München.

Eugen Roth, Das Weihnachtsbild,
aus: ders., Sämtliche Werke © 1977 by Stefan und Thomas Roth, München.

Lizenzausgabe für KOMET MA-Service und
Verlagsgesellschaft mbH, Frechen

Gesamtherstellung: KOMET MA-Service und
Verlagsgesellschaft mbH, Frechen

ISBN 3-89836-207-8